스마트한
월급 관리의 법칙

ⓒ 김경필, 2015

이 책의 저작권은 저자에게 있습니다.
저작권법에 의해 보호를 받는 저작물이므로
저자의 허락 없이 무단 전재와 복제를 금합니다.

스마트한 월급 관리의 법칙

월급만으로 부자가 된 평범한 직장인들의 30일 재정 관리 프로젝트

김경필 지음

비즈니스북스

스마트한 월급 관리의 법칙

1판 1쇄 발행 2015년 1월 15일
1판 17쇄 발행 2023년 8월 18일

지은이 | 김경필
발행인 | 홍영태
편집인 | 김미란
발행처 | (주)비즈니스북스
등 록 | 제2000-000225호(2000년 2월 28일)
주 소 | 03991 서울시 마포구 월드컵북로6길 3 이노베이스빌딩 7층
전 화 | (02)338-9449
팩 스 | (02)338-6543
대표메일 | bb@businessbooks.co.kr
홈페이지 | http://www.businessbooks.co.kr
블로그 | http://blog.naver.com/biz_books
페이스북 | thebizbooks
ISBN 978-89-97575-39-8 13320

* 잘못된 책은 구입하신 서점에서 바꾸어 드립니다.
* 책값은 뒤표지에 있습니다.
* 비즈니스북스에 대한 더 많은 정보가 필요하신 분은 홈페이지를 방문해 주시기 바랍니다.

비즈니스북스는 독자 여러분의 소중한 아이디어와 원고 투고를 기다리고 있습니다.
원고가 있으신 분은 ms1@businessbooks.co.kr로 간단한 개요와 취지, 연락처 등을 보내 주세요.

| 프롤로그 |

"30일간의 머니 트레이닝으로 인생이 달라진다!"

　　1990년대 중반 정점을 찍은 이후 계속 내리막길을 걸어온 대한민국의 경제성장률은 이제 2~3퍼센트대에 머물고 있다. 경제성장률이 1퍼센트 떨어질 때마다 새로운 일자리 10만 개가 사라진다고 하니 매년 직장을 구하기 위해 쏟아져 나오는 대학생과 취업재수생들이 꼬박꼬박 나오는 월급을 받는 안정된 일자리를 확보하기가 점점 더 어려워지고 있다. 이런 상황에서 당신이 지금 월급을 받는 직장인이라면 이미 이 시대의 수많은 사람들이 갖지 못하는 것을 소유하고 있는 셈이다.

　　직장인들의 애환을 담은 인기 드라마《미생》에 이런 대사가 나온다.

　　"회사가 전쟁터라고? 밖은 지옥이야."

　　한 치 앞도 내다보지 못하는 불확실성의 시대, 전쟁터보다 더 무서운 지옥 같은 세상에서 오직 확실한 것은 꼬박꼬박 나오는 당신의 월급이다. 하지만 놀랍게도 월급을 받는 대다수의 사람들은 이런 사실을 잘 인식하지 못한다.

　　물론 월급도 영원하지 않다. 하지만 월급을 받는 당신은 지금 바로 미래를 계획할 수 있는 엄청난 특권을 손에 쥐고 있는 것이나 마찬가지다. 특권을 가진 사람은 그 특권이 무엇인지 모르며, 기회 속에 있는 사람 역시 그 기회가 다 지나가고 나서야 그것이 기회였음을 뒤늦게 깨닫는다. 매월 월급을 받는 당신도 이런 월급의 소중함을 깨닫지 못하는 것은 아닐까? 지금 이 순간 당신의 월급은 어떻게 관리되고 있는가?

일반적으로 30년 동안 직장 생활을 한다면 360번의 월급을 받는다. 운이 좋아 더 일할 수 있다고 해도 대략 400번 정도다. 월급이란 조금씩 오르기 때문에 마치 완만한 언덕을 오르는 것 같지만 어느새 꼭대기에 다다르면 갑자기 눈앞에는 깎아지는 듯한 절벽이 기다리고 있다. 어느 누구도 언덕을 열심히 오르는 동안에는 상상조차 못 한 절벽과 마주하는 것이다. 언덕의 가장 높은 곳에 다다르면 올라갈 때와 마찬가지로 완만한 내리막길이 있을 거라고 기대하지만 착각에 불과하다. 이것이 바로 현대인들이 마주하는 은퇴 시점의 소득절벽이다. 은퇴란 월급의 완만한 감소가 절대 아니다. 마치 번지점프처럼 절벽 아래로 뛰어내리는 것과 같다.

얼마 전 대기업에 다니는 김영석 부장의 가족을 만났다. 다소 늦은 결혼으로 40대 중반에 여덟 살과 네 살배기 자녀를 두었다. 전업주부인 아내가 아이들 교육에 엄청난 공을 들이는 그야말로 대한민국의 전형적인 중산층 가정이었다. 외벌이지만 김 부장의 연봉은 1억이 훌쩍 넘는 수준인 데다

판교 지역에 대출 없이 아파트까지 분양받은 터라 주변의 부러움을 한 몸에 받았다. 그런데 한 가지 이상한 점은 이런 높은 연봉에도 불구하고 저축은 단 한 푼도 하지 않는다는 사실이다. 아니 하지 못한다는 표현이 더 정확할 것이다. 큰아이의 반 친구들 중 절반 이상이 부모가 의사나 변호사 같은 고소득 전문직이다 보니 엄청난 소비와 사교육비 때문에 저축은 아예 꿈도 꾸지 못한다.

20여 년 동안 직장 생활을 하면서 번 돈은 모두 아파트에 쏟아부었고 이제 실질적인 정년까지는 10년도 채 남지 않은 상황에서 소득은 높으나 미래를 전혀 준비하지 못하는 진퇴양난의 상황에 빠진 것이다. 왜 이러한 현상이 생길까?

만약 10년 후 소득절벽과 마주한다면 이 가정의 모습은 어떻게 바뀔까? 진지하게 이어진 상담을 마치고 나서야 김 부장은 10년 후 마주할 소득절벽이 조금씩 실감난다고 했다. 사실 그동안 매년 오르는 월급에 기대어 언젠간 월급이 바닥날 것이라는 생각을 전혀 하지 못했고, 그로 인해 철저한 월급 관리의 필요성 또한 느끼지 못했음을 솔직히 털어놓았다.

김 부장의 사례는 이제 더 이상 특별한 이야기가 아니다. 대다수의 미혼 직장인들 역시 언젠가 마주할 소득절벽을 전혀 의식하지 못하고 월급 관리에 대해 미온적인 반응을 보인다. 젊은 층일수록 앞으로 월급 받을 날이 많이 남았다는 생각에 소비를 절제하지 않는다. 그들이 보이는 소비의 대담성이 예사롭지 않은데, 월 소득 300만 원 정도라면 보통 2,000cc 중형 차량이나 그와 비슷한 SUV 차량을 손쉽게 구매한다. 주로 주말에만 탄다고 하지만 소득의 10퍼센트에 가까운 금액을 유류비로 쓰는 셈이다. 더욱 큰 문제는 이런 과잉 소비의 심각성을 우리 모두 제대로 인식하지 못한다는 점이다.

이제 막 가정을 이룬 신혼부부나 아기를 낳은 부부 역시 별반 다르지 않다. 얼마 전 첫아이를 출산한 30대 초반의 고객이 수입 명품 유모차를 시중의 절반 가격인 150만 원에 싸게 구입했다고 자랑삼아 이야기하는 걸 들었다. 아이를 키워 본 지 10년이 훌쩍 넘은 필자로서는 정말 이해하기 힘들었다. 유모차가 150만 원이라니, 그것도 반값으로 할인 받은 가격이라고 하니 더욱 놀랍다.

이 부부는 2억 원이 훌쩍 넘는 전세금을 충당하기 위해 1억 원을 대출 받아 신혼 생활을 시작했으며 월 소득 400만 원 정도의 평범한 생활을 하고 있다. 첫아이를 얻은 부모가 가장 좋고 귀한 것만 해 주고 싶은 마음을 이해 못 하는 것은 아니지만, 유아용품 하나에 월 소득의 40퍼센트 가까이를 지출하다니 씁쓸할 따름이었다. 이 정도의 소비 속도라면 10년 목표로 시작한 월 200만 원 저축 계획은 이제 곧 물거품처럼 사라질 것이 뻔했다.

현재 대한민국의 2030세대는 치열하게 일하고 열심히 돈을 모으는 데 한평생을 바친 5060세대의 자녀다. 5060세대는 열심히 일해서 모은 돈으로 토지, 상가, 주택 같은 부동산에 투자했고, 그 결과는 우리가 알고 있는 대로 대성공이었다.

이러한 부모들의 경제 습관은 자녀 세대에게 고스란히 학습되었다. 아끼고 모은다는 면에서만 보면 고무적이다. 하지만 열심히 돈을 모은 2030세대는 과거 부모님과 다르게 마땅한 투자처를 찾지 못한다. 그 결과 애써 모은 목돈이 과잉 소비의 제물로 고스란히 사라지고 있다.

또 다른 문제점은 더 많은 젊은이들이 돈을 모으는 것 자체에 대해 회의적인 시각을 가지고 있다는 점이다. 때로는 소비를 통제하지 못해 아예 저축할 돈이 없기도 하다. 여기에는 많은 사람들이 공감하는 신용카드 사용과 마이너스 통장의 함정이 숨어 있다. 이 두 가지 때문에 한두 번 고민해보지 않은 사람이 없을 정도다. 이는 결국 돈 관리의 가장 기본이 되는 월급 관리가 무너지고 있음을 의미한다.

이 책은 무분별한 소비로 인해 늘어난 카드 값과 마이너스로 얼룩진 우리의 월급을 다시 정상 궤도로 돌려놓는 방법을 소개하고 있다. '스마트한 월급 관리'를 통해 30일이라는 짧은 시간 안에 스스로 올바른 월급 관리 방법을 깨닫고 실천할 수 있도록 도와준다. 사람은 돈 문제에 관한 한 쉽게 유혹에 빠지며, 때로는 스스로가 용납하지 못하는 행동을 반복할 때도 있다. 따라서 머니 트레이너가 옆에서 목표를 향해 꾸준히 노력할 수 있도록 도와준다면 중간중간 옆길로 새는 사고를 방지할 수 있다.

  머니 트레이닝을 하는 동안 머리로만 이해하고 행동으로 옮기지 않는다면 변화는 일어나지 않는다. 따라서 독자들에게 과제로 주는 내용을 하나하나 실천하면서 본인에게 최대한 적용하자. 매월 반복되는 월급의 주기를 이용해 30일 동안의 트레이닝으로 월급 관리의 중요성을 깨닫고 제대로 된 월급 관리 방법을 배워 나가기 바란다.

2015년 1월
테헤란로에서
김경필

| 차례 |

프롤로그 | 30일간의 머니 트레이닝으로 인생이 달라진다!   5
월급 관리 체크리스트   18

1단계 나의 월급 관리 현황을 파악하라

01 days | 월급 관리의 장애물을 뛰어넘어라

첫째, 나도 내 월급을 잘 모른다   27
둘째, 필요하지 않아도 싸면 산다   31
셋째, 쓴 돈을 갚는다   33
넷째, 목적 없이 저축한다   36
다섯째, 금융 지식이 부족하다   40

02 days | 월급을 사라지게 하는 착각에서 벗어나라

첫째, 소득은 계속 올라갈 것이다   43
둘째, 월급 관리만 잘해서는 부자가 될 수 없다   46
셋째, 소비를 줄이면 많이 불편해질 것이다   48
넷째, 주택 가격은 무조건 하락할 것이다   50
다섯째, 노후 생활비는 지금보다 적게 들 것이다   52

03 days | 돈을 모으려면 라이프스타일을 바꿔라

직장인의 공통된 라이프스타일, 과잉 소비	55
과잉 소비의 진짜 원인	57
당신의 과잉 소비를 체크해 보자	59
언제 어디서나 손쉽게 결제하는 사람들	65
수명은 길어지고 소득은 줄어든다	67

04 days | 이 시대 월급쟁이 부자에게 배워라

변화하는 진정한 부자들	69
월급쟁이 부자의 특징을 알면 답이 보인다	72
변화를 위한 자기 혁신을 선언하라	78

05 days | 스마트 월급 관리로 시작하라

누구나 손쉽게 월급을 관리하는 방법	80
지금 필요한 돈과 나중에 필요한 돈을 구분하라	84
여윳돈에는 수익이, 급한 돈에는 비용이 따라다닌다	85
번 돈과 앞으로 벌 돈을 계산하라	87

2단계 내 월급을 정확히 들여다보자

06 days | 월급을 제대로 이해하라

정기 소득과 비정기 소득을 정확하게 알고 있는가	90
세전 소득과 세후 소득, 진짜 내 월급은 얼마인가	94
사회보험을 정확히 이해하라	98
세액공제는 늘고 소득공제는 줄어든다	102

07 days | 월 현금 흐름을 파악하라

쓰는 돈, 모으는 돈, 남는 돈 — 104
대출과 빚의 차이는 무엇인가 — 106
남는 돈은 결국 소비로 흘러간다 — 111
나의 자산이 열심히 일하게 만들어라 — 112

08 days | 월급 관리의 컨트롤 타워를 만들어라

부부의 월급 관리, 컨트롤 타워가 필요하다 — 116
가정 경제도 경영이 필요하다 — 119
돈 관리는 계속 발전한다 — 121

3단계 월급 관리를 위한 새판을 만들자

09 days | 저축과 소비의 황금비율을 찾아라

저축과 소비의 현금 흐름을 쉽게 정리하는 방법 — 126
저축으로 금융 상품의 효과를 모두 누리자 — 130
어디에, 얼마나, 어떻게 저축할까 — 134

10 days | 월급 관리를 위한 황금 가이드라인

투자는 정말 필요할까 — 144
소비는 에스컬레이터, 저축은 엘리베이터를 타라 — 146
월 현금흐름표를 작성하면 길이 보인다 — 156

11 days | 통장과 계좌 만들기로 절반은 성공한다

어떤 길도 문제없는 사륜구동식 통장 만들기 — 159
흔들리지 않는 강한 힘, 콰트로 계좌 만들기 — 168
나를 위한 투자, 자기 계발 비용을 만들어라 — 170

나만의 재무 목표를 세우자

12 days | 나는 정말 무엇을 원하는가

생각한 대로 살아가는 삶을 위해 ... 174
명확한 육아 계획이 있어야 한다 ... 176
원하는 시기에 내 집을 마련할 수 있을까 ... 177
세상에서 가장 중요한 마스터플랜 세우기 ... 180

13 days | 단기간에 결혼 자금 모으기

결혼하는 데 얼마나 필요할까 ... 183
결혼의 딜레마, 빚내서 빨리 할까 아니면 돈 벌어서 할까 ... 184
나에게 알맞은 결혼 계획을 세우자 ... 186

14 days | 주택 계획이 평생을 좌우한다

어떤 집에서 살아야 할까 ... 190
첫째, 집값에 영향을 미치는 수요와 공급을 이해하자 ... 191
둘째, 주택 가치를 따져 보자 ... 192
평생 전세로 살면 어떨까 ... 194
주택 자금이란 또 다른 모습의 교육 자금 ... 195

15 days | 미루기 쉬운 숙제, 교육 자금

억 소리 나는 자녀의 교육 자금 ... 197
조금만 일찍 준비하면 당하지 않는다 ... 198

16 days | 몰라도 너무 모르는 노후 생활

일하다 죽어야 하는 대한민국 노후의 현실 ... 201
학습되지 않는 상대적 노인빈곤율 ... 203
아름다운 노후 계획을 위한 필요조건 ... 204
합리적인 노후 계획을 세워 보자 ... 206

17 days | 나의 꿈과 계획을 세상에 알려라

널리 퍼뜨릴수록 좋다   209
눈으로 볼 수 있다면 더 효과적이다   210

5단계 꿈을 현실로 만드는 세부 계획

18 days | 저축 계획의 새 틀을 만들자

금융 상품의 6대 효과 따라잡기   214
빚 정리 계획부터 시작하라   215
우선순위에 맞는 보험 계획을 세우자   221

19 days | 목적별 저축 계획을 세우자

결혼 자금, 적금을 우습게 보지 마라   226
주택 자금, 저축과 투자의 투톱 시스템   228
교육 자금, 조금씩 오래 준비하는 장학 기금 만들기   231
노후 자금, 일찍 시작하고 꾸준히 실천하자   233
이벤트 자금, 때로는 자신에게 상을 주자   237

20 days | 경제를 모르면 재테크감이 떨어진다

대출 상환이 먼저인가, 저축이 먼저인가   242
금융 상품의 비용과 기대 성과를 알면 재테크에 성공한다   243

21 days | 현명한 소비 습관 만들기

현명하게 지출을 통제하는 방법   249
고정 지출 항목에 새는 돈은 없는가   251
변동 지출을 줄이는 소예산 관리   254

6단계 스스로 만드는 스마트한 월급 관리

22 days | 통장 쪼개기와 부스러기 빚 정리하기
반나절 투자로 끝내는 중요한 일들 258

23 days | 적금과 펀드로 라인업을 완성하라
기본이 되는 적금부터 시작하라 263
좋은 펀드를 직접 골라 보자 267

24 days | 나에게 맞는 보험과 연금 찾기
보험 가입을 위한 가이드라인 271
보험 설계의 기본이 되는 방법 274
연금 상품 가입을 위한 가이드라인 276
빠를수록 유리하다 281

25 days | 재정사명선언서를 만들자
인생에서 강제로 해야 하는 세 가지 282
돈 관리 철학을 바로 세우자 283
재정사명선언서를 작성하라 284

7단계 마지막 5일간의 최종 체크

26 days | 10년 현금흐름표 만들기 288

27 days | 가족과 함께 재정 로드맵을 만들어라 292

28 days	가족회의로 목표를 공유하라	**295**
29 days	재테크 조력자를 구하라	**298**
30 days	최종 실행 점검을 위한 체크리스트	**300**

에필로그 | 미래의 두려움을 희망으로 바꾸자!　　　　　　　　　**303**

01 현재 사용 중인 통장 혹은 계좌는 모두 몇 개인가?
ⓐ 5개 이상 (4점) ⓑ 4개 (3점)
ⓒ 3개 (2점) ⓓ 2개 이하 (1점)

02 통장별로 자금을 나누는 기준은 무엇인가?
ⓐ 소비, 저축, 예비 자금 등 세 가지 이상의 항목으로 나눈다. (4점)
ⓑ 소비와 저축 두 가지로 나눈다. (3점)
ⓒ 특별한 기준 없이 두 개 이상의 통장에 나눈다. (2점)
ⓓ 한 개의 통장을 사용하며 별도로 나누지 않는다. (1점)

03 통장 정리를 어느 정도의 간격으로 하는가?
ⓐ 월 1회 이상 하고 통장별로 입출금 내용과 금액을 기록한다. (4점)
ⓑ 월 1회 이상 하지만 통장별 입출금 내용을 눈으로만 확인한다. (3점)
ⓒ 두세 달에 한 번 정도 하고 통장별 입출금 내용을 눈으로만 확인한다. (2점)
ⓓ 통장 정리는 거의 하지 않는다. (1점)

※ 통장 정리란 실물 통장의 경우 은행 ATM 기기로 통장 정리를 하여 실제 입출금 내용을 확인하고, 인터넷 통장의 경우 입출금 내용을 출력하여 본인이 확인하는 것을 말한다.

04 아래 보기 가운데 사용 중인 통장은 몇 개인가?

• CMA • 고금리 월급 통장 • 자유입출금 통장 • 적금 통장

ⓐ 4가지 (4점) ⓑ 3가지 (3점)
ⓒ 2가지 (2점) ⓓ 1가지 (1점)

05 월 소비와 월 저축 예산이 있는가?
ⓐ 두 가지 모두 숫자로 명확하게 정해진 예산이 있다. (4점)
ⓑ 한 가지만 숫자로 명확하게 정해진 예산이 있다. (3점)
ⓒ 명확하게 정하지 않았으나 대략의 예산이 있다. (2점)
ⓓ 정해진 예산이 없다. (1점)

06 월 소비와 월 저축 예산은 지키는가?
ⓐ 두 가지 모두 예산 범위 안에서 사용하며 잘 지킨다. (4점)
ⓑ 한 가지만 예산 범위 안에서 사용하며 잘 지킨다. (3점)
ⓒ 예산을 잘 지키지 않는 경우가 많다. (2점)
ⓓ 정해진 예산이 없다. (1점)

07 예비 자금을 별도로 관리하고 있는가?
ⓐ 소비나 저축과 다른 별도의 예비 자금 통장을 가지고 있다. (4점)
ⓑ 소비 또는 저축 통장에 예비 자금을 가지고 있다. (3점)
ⓒ 평상시에는 없지만 보너스 같은 비정기 소득이 생길 때 예비 자금을 챙긴다. (2점)
ⓓ 별도의 예비 자금이 없다. (1점)

08 지난달 지출 금액과 내용을 정확하게 알고 있는가?
ⓐ 금액과 사용한 용도를 모두 확인하고 정확히 안다. (4점)
ⓑ 금액은 정확히 알고 있으나 사용한 용도는 확인하지 않는다. (3점)
ⓒ 금액만 대략 안다. (2점)
ⓓ 금액과 사용한 용도를 잘 모른다. (1점)

09 사용하고 있는 신용카드는 몇 개인가?
ⓐ 사용하지 않음 또는 2개 이하 (4점)   ⓑ 3개 (3점)
ⓒ 4개 (2점)   ⓓ 5개 이상 (1점)

10 한 개 이상의 신용카드를 사용한다면 카드를 나누는 기준은 무엇인가?

ⓐ 교육비, 쇼핑, 문화생활비 등 자금의 용도를 구분하기 위해서 나눈다. (4점)

ⓑ 포인트나 할인 혜택을 기준으로 나눈다. (3점)

ⓒ 특별한 기준 없이 사용한다. (2점)

ⓓ 사용 한도 때문에 나눈다. (1점)

11 신용카드 할부와 부가 서비스를 사용하는가?

ⓐ 할부와 리볼빙, 현금 서비스는 전혀 사용하지 않는다. (4점)

ⓑ 할부를 사용하지만 월 예산에 할부금을 정확하게 반영한다. (3점)

ⓒ 가끔 할부를 사용하는 편이다. (1점)

ⓓ 할부와 리볼빙, 현금 서비스를 사용한다. (0점)

12 저축을 어떻게 하고 있는가?

ⓐ 매월 받는 정기 소득의 일정 부분을 정기 저축 한다. (4점)

ⓑ 매월 받는 정기 소득의 일정 부분을 자유 저축 한다. (3점)

ⓒ 비정기 소득의 일정 부분을 자유 저축 한다. (2점)

ⓓ 저축하지 않는다. (1점)

13 목적 자금을 만드는 저축을 하고 있는가?

ⓐ 모든 저축의 만기 금액에 대해 사용 목적(용도, 시기, 금액)을 명확히 정해 놓았다. (4점)

ⓑ 일부 저축의 만기 금액에 대해 사용 목적을 명확히 정해 놓았다. (3점)

ⓒ 일부 저축의 만기 금액에 대해 사용 목적을 어느 정도 정해 놓았다. (2점)

ⓓ 모든 저축의 만기 금액에 대해 사용 목적을 정해 놓지 않았다. (1점)

14 어떻게 저축하고 있는가?

ⓐ 목적 자금의 기간과 상품의 장단점을 고려해 세 가지 이상의 저축을 하고 있다. (4점)

ⓑ 목적 자금의 기간을 고려하여 두 가지 이내의 상품에 저축하고 있다. (3점)

ⓒ 목적 자금의 기간보다는 상품의 장단점 위주로 두 가지 상품에 저축하고 있다. (2점)

ⓓ 한 가지 상품에 저축하고 있다. (1점)

15 가입한 금융 상품의 내용을 얼마나 이해하는가?

ⓐ 모든 상품의 특징과 장점, 만기와 금액을 정확히 안다. (4점)
ⓑ 일부 상품의 특징과 장점, 만기와 금액을 정확히 안다. (3점)
ⓒ 상품의 특징이나 장점을 대략 안다. (2점)
ⓓ 상품의 내용을 잘 모른다. (1점)

16 월 현금 흐름 중에서 발생하는 당월 잉여 자금은 얼마인가?

> • 당월 잉여 자금 = 월 소득 - (월 소비 예산 + 정기 저축)
> • 월 소비 예산이 없다면 직전 3개월 소비 금액을 적용한다.

ⓐ 월 소득의 10퍼센트 이내 (4점)
ⓑ 월 소득의 10~20퍼센트 (3점)
ⓒ 월 소득의 20퍼센트 이상 (2점)
ⓓ 마이너스가 발생한다. (1점)

17 월 소득 중에서 저축 금액과 사교육비가 차지하는 비율은 얼마인가?

ⓐ 월 소득의 50퍼센트 이상 (4점)
ⓑ 월 소득의 30~40퍼센트 (3점)
ⓒ 월 소득의 20~30퍼센트 (2점)
ⓓ 월 소득의 20퍼센트 미만 (1점)

※ 미혼이나 자녀가 없는 경우 저축 금액만 계산, 자녀가 있는 경우 월 저축 금액과 월 사교육비로 계산한다.

18 월급의 공제 내용에 대해 어느 정도 알고 있는가?

ⓐ 국민연금, 국민건강보험, 고용보험, 산재보험 모두 공제 내용을 정확히 안다. (4점)
ⓑ 국민연금, 국민건강보험, 고용보험, 산재보험 일부의 공제 내용을 안다. (3점)
ⓒ 4대 보험의 공제 내용 규모를 대략 안다. (2점)
ⓓ 4대 보험의 공제 내용을 전혀 모른다. (1점)

19 **보너스 같은 비정기 소득은 어떻게 관리하는가?**

  ⓐ 연간 보너스에 대해 미리 계획을 세워 50퍼센트 이상 저축한다. (4점)
  ⓑ 연간 보너스에 대해 30퍼센트 이상 저축하되 그때그때 상황에 따라 다르다. (3점)
  ⓒ 연간 보너스의 50퍼센트 이상을 특별 소비에 지출한다. (2점)
  ⓓ 마이너스를 갚으면 대부분 사라진다. (1점)

20 **한 달 치 월급 이상의 자금이 들어가는 여행이나 제품을 구입할 때 사용하는 경비는 무엇인가?**

  ⓐ 사전 저축으로 종잣돈을 만들어 사용한다. (4점)
  ⓑ 월급 통장에 있는 잉여 자금을 가지고 사용한다. (3점)
  ⓒ 보너스 같은 비정기 소득이 생기면 사용한다. (2점)
  ⓓ 할부 또는 마이너스 통장을 사용하는 편이다. (1점)

월급 관리 결과 보기

이제 본인이 체크한 항목의 점수를 모두 합산해 보자. 자신의 월급 관리 습관을 확인할 수 있을 것이다. 본격적으로 머니 트레이닝을 시작하기 전에 자신의 월급 관리 수준을 가늠해 볼 수 있으며, 앞으로 어떤 점을 개선해야 하는지 꼼꼼히 따져 보기 바란다.

월급 관리의 최고 전문가

당신을 월급 관리의 신(神)이라 부르고 싶다. 관리 측면에서 완벽에 가까울 정도로 훌륭한 시스템을 갖추고 있으며 월급쟁이들이 꿈꾸는 소득안정형 부자가 될 가능성이 매우 높다. 재무 목표에 맞는 저축과 투자의 금액만 뒷받침된다면 월급쟁이 부자는 머지않아 현실이 될 것이다.

월급 관리 우수자

당신은 높은 수준의 월급 관리를 하고 있다. 월급 관리의 정석을 잘 이해하며 상당 부분을 실천하고 있다. 평상시 더 좋은 방법이나 아이디어를 찾는 스타일로 20개 질문 항목 중에서 3점이라고 답한 항목이 왜 4점이 되지 못했는지 작은 차이를 살펴보고 개선점을 찾아보자. 단기 목표 외에 장기 목표를 함께 세운다면 더 바랄 나위가 없을 것이다.

노력하는 현실형

당신의 월급 관리는 더 노력해야 하는 부분이 많다. 당신은 지금 귀찮다는 핑계로 검증된 좋은 방법을 미루고 있는 상황인지도 모른다. 아울러 그런 작은 변화가 어떤 커다란 차이로 나타날까 하는 약간의 의구심도 가지고 있다. 물론 변화가 당장의 커다란 차이를 보여 주지 않을지도 모르지만 분명 다른 결과를 가져온다. 평범을 넘어 좀 더 남다름에 도전해 보기 바란다.

자유로운 방임형

당신의 현재 월급 관리는 매우 불안하다. 목표도 예산도 명확하지 않아 월급이 어디로 들어와서 어디로 흘러가는지 정확하게 파악하지 못하고 있다. 하지만 이런 상황에 대한 문제점을 깊게 공감하지도 않는다. 일정한 규칙이나 원칙에 얽매이는 것을 다소 부자연스럽다고 생각할 수도 있다. 동기부여가 필요하며 리더십이 강력한 재정 멘토를 만날 것을 추천해 주고 싶다.

월급 관리 부재의 심각한 수준

당신의 현재 월급 관리는 심각한 수준이다. 어쩌면 소득에 비해 지출이 많고 마이너스가 생길 수도 있다. 높아진 소비 심리를 컨트롤할 수 없다면 당장 전문가와 상담하기 바란다. 이번 기회를 발판 삼아 철저한 현실 인식과 자기 개선의 의지를 갖는다면 정상적인 월급 관리의 길에 들어설 수 있을 것이다.

늘어나는 소비와 좀처럼 빠져나오기 힘든 마이너스를 극복하고 올바른 월급 경영의 길을 가려면 우선 자신의 월급 관리 수준을 정확히 파악해야 한다.
1단계에서는 당신의 잘못된 월급 관리와 나쁜 습관의 실체가 그대로 드러날 것이다.
문제에 대한 정확한 인식이야말로 새로운 월급 경영의 원동력이다. 새로운 출발을 시작해 보자.

스마트한 월급 관리의 법칙

1단계

나의 월급 관리 현황을 파악하라

월급 관리의 장애물을 뛰어넘어라

- 월급 관리를 방해하는 다섯 가지 장애물 가운데 어떤 것이 나에게 해당하는지 체크해 보자.
- 잘못된 행동이 몸에 밴 근본 원인을 알아보자.
- 머니 트레이닝 첫날을 맞아 30일간 잘못된 습관을 고치겠다는 강한 의지를 다져 보자.

요즘은 모든 지불을 카드나 인터넷 뱅킹으로 해결하는 터라 액수가 큰 현금을 마주할 기회가 별로 없다. 월급이 통장에 잠깐 들어왔다 사라지고 마는 숫자에 불과하다는 기분이 드는 이유도 바로 이 때문이다. 어린 시절을 떠올려 보면 어머니는 아버지가 꺼내 놓은 월급봉투를 가지고 온 식구가 둘러앉은 방에서 한 달간 필요한 돈을 용도에 따라 나누고는 세고 또 세는 일을 몇 번이나 반복하셨다. 돈이 현실로 다가오는 시절이었다.

당신은 한 달 치 월급을 현금으로 찾아 본 적이 있는가? 한번도 없다면 이번 달 월급은 현금으로 찾아 볼 것을 권한다. 얼마짜리 지폐로 찾느냐에 따라 다르겠지만 생각보다 월급이 참 많다고 생각할지도 모른다. 평상시 숫자로 지나가기만 했던 월급의 가치를 새삼 느끼는 계기가 될 것이다.

우리 부모님들은 월급날이 되면 쓰임새에 맞게 돈을 나누고 메모를 하면서 한 달간의 살림살이를 궁리하셨는데 지금 우리는 그러한 계획과 관리를 제대로 하지 못한다. 월급 관리를 방해하는 다섯 가지 장애물 때문이다. 머니 트레이닝 1일 차에서는 이러한 장애물을 뛰어넘을 수 있도록 노력하자.

첫째, 나도 내 월급을 잘 모른다

2030 직장인을 상담하다 보면 본인 월급을 정확히 모르는 직장인이 많아 깜짝 놀라곤 한다. 한 달 동안 얼마가 들어오고 또 어디로 얼마나 나가는지 잘 모르는 것이다. 직장인의 한 달 살림은 1년 열두 달 똑같이 반복되는데, 이렇게 반복되는 현금 흐름을 본인이 정확히 파악하지 못한다면 월급 관리는 절대로 불가능하다.

월급의 현금 흐름은 세 줄기로 구분된다.

구분	세부 항목	내용
모으는 돈	저축 투자	매월 정기적으로 돈을 모으는 현금 흐름 예) 정기 적금, 펀드, 연금, 보험 등
쓰는 돈	고정 지출 변동 지출 비정기 지출	매월 정기적 또는 비정기적으로 지출되는 현금 흐름 예) 교통통신비(고정 지출), 쇼핑비(변동 지출), 경조사비(비정기 지출)
남는 돈	잉여 자금 예비 자금	당월에 모으는 돈과 쓰는 돈으로 구분되지 않고 대기하는 현금 흐름 예) 자유입출금 통장, 월급 통장에 남은 현금

월급의 쓰임은 단순하다. 모이거나 쓰이거나 아니면 통장에 남는다. 딱 세 가지밖에 없다. 그런데 왜 이토록 단순한 세 가지 현금 흐름을 정확히 알지 못할까?

이런 현상이 벌어지는 진짜 이유는 매월 달라지는 두 가지 현금이 있기 때문이다. 저축은 딱 정해져서 변하지 않는데 쓰는 돈과 남는 돈은 달라진다. 게다가 이 돈줄기가 서로 분리되지 않고 한 통장에 섞여서 돌아간다면 당연히 흐름을 모를 수밖에 없다.

통장이란 돈을 모아 놓은 일종의 돈주머니인데 한 주머니에 세 가지 용도의 돈이 한꺼번에 모여 있으니 이런 결과를 낳는 것이다. 통장은 돈이 들어오고 나가는 현황이 자동으로 기록된다. 사용한 내역을 따로 기록하지 않아도 어디에 얼마만큼 쓰였는지 돈의 흐름을 정확히 알려 주는 유용한 장부인 셈이다.

특히 한 통장을 사용하다 보면 세 가지 현금 흐름 중 쓰이는 돈, 즉 소비를 통제하기 어려워진다. 내가 월 기준으로 지금 얼마나 소비하는지 현재 상태를 수시로 알려 주는 장치가 없으니 눈 감고 길을 걷는 듯한 답답함의 연속이다. 고속도로에서 운전하는데 현재 남은 연료의 양이나 속도를 보여 주는 계기판이 없다면 어떨까? 쓰는 돈과 남는 돈 그리고 저축으로 나가야 하는 돈이 분리되지 않은 통장은 돈 관리를 방해하는 가장 커다란 걸림돌이다.

Check up

나는 월급의 세 가지 현금 흐름을 각각 다른 통장에 나누어 관리하는가?

☐ Yes   ☐ No

만약 체크업 질문에 예스라고 답하지 못했다면 우선 통장을 분리해서 각각의 성격에 맞게 따로 돈을 관리해야 하는 일부터 시작해 보자. 필요한 통장은 아래와 같다.

세 가지 현금 흐름	통장 이름	통장 종류	평상시 잔고
모으는 돈	저축 통장	저축 통장 주거래 은행 자유입출금 통장	없음
쓰는 돈	소비 통장	자유입출금 통장	있음
남는 돈	월급 통장	주거래 은행 월급 통장 또는 CMA 계좌	있음

세 개까지는 아니지만 월급 통장과 저축 통장을 하나로 사용하고 소비 통장을 따로 관리하는 사람도 있다. 통장 한 개로 해결하는 것보다는 낫지만 효과가 반감될 수 있으니 머니 트레이닝 9일 차에 나오는 통장을 나누어 관리하는 법을 참고하여 개선해 나가자.

지금 당신의 옷장을 한번 열어 보자. 내부가 어떻게 배치되어 있는가? 셔츠와 타이, 바지와 양말, 겉옷과 속옷이 모두 한데 섞여 있는가? 아마도 종류별로 정리해 놓고 필요할 때마다 편리하게 꺼내 입을 것이다. 돈 관리도 이와 똑같다.

직장인 김한동 씨(30세)는 아래 통장으로 월급을 받는다. 이 통장에서 적금과 펀드 등이 빠져나가고, 현금을 인출하며, 지난달 사용한 카드 대금이 결제된다.

■ 김한동 씨의 월간 통장 정리 내용

예금(겸 자동 대출) 신탁

연 월 일	적요	찾으신 금액	맡기신 금액	잔액	내역	취급점
2014. 5. 20		30,000		-2,374,520	ATM	강남역
2014. 5. 21	플랜하우투		3,500,000	1,125,480	REAL	역삼동
2014. 5. 21	433-20-2	100,340		1,025,140		역삼동
2014. 5. 23	신한카드	784,520		240,620	FBC	
2014. 5. 24		100,000		140,620	ATM	강남역
2014. 5. 25	조영수		50,000	190,620	전자금융	
2014. 5. 25	신한생명보	18,300		172,320		서소문
2014. 5. 25	삼성생명보	98,550		73,770		종각역
2014. 5. 25	하나-송금	150,000		-76,230	인터넷	
2014. 5. 25	신한은행 01	200,000		-276,230	CC	강남금융
2014. 5. 27	LGU인터넷	32,850		-309,080		
2014. 5. 28		100,000		-409,080	ATM	강남역
2014. 5. 29	삼성카드	923,510		-1,332,590		
2014. 5. 29	우리투자증	300,000		-1,632,590		
2014. 5. 30	김영준		30,000	-1,602,590		
2014. 5. 30	조영수		30,000	-1,572,590		
2014. 5. 30	와이프		200,000	-1,372,590	I/B	
2014. 6. 05		100,000		-1,472,590	ATM	강남역
2014. 6. 11		30,000		-1,502,590	ATM	강남역
2014. 6. 20		30,000		-1,532,590	ATM	강남역

이 통장은 세 줄기의 현금 흐름이 정확히 얼마나 되는지 한눈에 들어오지 않는다. 김한동 씨도 평상시에 신경 쓰지 않는다고 말한다. 월급 350만 원이라는 현금 흐름이 매월 반복되는 터, 21일 월급이 들어온 이후 지난 한 달간의 현금 흐름을 하나씩 적어서 정리해 보니 다음과 같았다.

소비 69%	저축 18%	잉여 13%
2,421,220원	616,800원	461,980원

정리를 하고 보니 세 가지 돈이 한눈에 들어온다. 하지만 무작정 통장을 들여다보면 돈이 어떻게 움직이는지 쉽게 파악하기 어렵다. 좀 더 쉽게 파악하려면 반드시 통장을 분리해서 관리해야 한다. 만약 당신의 통장도 감한동 씨와 다르지 않다면 오늘 당장 은행에 갈 것을 권한다.

둘째, 필요하지 않아도 싸면 산다

20대 후반의 직장인 이서연 씨는 쇼핑을 좋아한다. 세일 기간을 이용하거나 특별한 혜택이 주어지는 특가 상품만 고집하는 자칭 알뜰 소비족이다. 다만 그녀의 쇼핑에는 특이한 점이 한 가지 있는데 항상 사은품을 챙겨 온다는 것이다.

이서연 씨는 일정 금액을 채워서 상품권을 받는다든지 사은품을 챙겨야만 쇼핑을 잘 한 것 같다고 말한다. 쇼핑을 마치고 영수증을 보면 어김없이 드는 생각이 있다. '5만 원어치만 더 사서 30만 원 채우면 1만 5,000원짜리 상품권을 받겠구나.' 무엇이든 5만 원짜리를 더 사면 1만 5,000원을 할인받는 셈이다. 오늘도 어김없이 상품권을 챙겼다.

이서연 씨의 쇼핑 습관이 잘못되었다고 말할 수는 없겠지만, 어느새 필요해서 사는 것이 아니라 싸니까 사는 버릇이 든 것이다. 우리는 심리상 이익보다 손해에 민감하다. "고객님께 이익이 될 겁니다."라는 말보다는 "정녕 이런 기회를 놓치는 손해를 보실 겁니까?"라는 말에 더욱 민감해진다. 저렴한 가격을 내세우는 영업의 핵심은 가격이 아니라 손해 감수 여부다. 이 가격에 사지 못하면 손해를 본다는 암시가 담겨 있다. 이제는 일상화된

마케팅 방법이다. '이 조건으로 마지막' '이 구성으로 마지막' '이 가격대로 마지막' 등의 홈쇼핑 단골 멘트도 지금 이 순간이 지나가면 기회가 사라지니 손해라는 점을 강조하는 것이다. 도대체 정말 언제가 마지막일까?

우리의 소비 심리는 필요성보다 저렴한 가격에 쉽게 반응한다. 매우 싸게 산다는 만족감 때문에 불필요한 물건을 사들이는 이유다.

사소한 소비 습관으로 인해 전체 소비 금액이 커지는 것처럼 사소한 습관이 월급 관리의 질을 결정짓는다. 좋은 습관과 시스템을 몸에 익히면 열두 달이 잘 굴러가서 365일 좋아지는 결과로 이어지고, 나쁜 버릇으로 1년을 보낸다면 그 반대의 결과를 마주하는 것이다. 작은 것에 나쁜 버릇을 갖고 있다면 큰 일에도 같은 버릇이 나타난다.

꼭 필요한 물건인데 마침 홈쇼핑에서 좋은 조건으로 판매하는 걸 보고 구입했다면 적절한 소비 행동이다. 하지만 전혀 필요하지 않은 물건인데 저렴한 가격 혹은 마지막 기회라는 멘트에 이끌려 전화기를 들었다면 나쁜 소비 결정 버릇을 들인 것이다.

Check up

필요성을 먼저 생각하고 가격 조건에 따라 신중하게 소비를 결정하는가?
☐ Yes　　☐ No

두 번째 현금 흐름인 쓰는 돈, 즉 구체적인 월 소비 예산을 설정해 놓았는가?
☐ Yes　　☐ No

직장인들에게 소비 예산이 얼마인지 물어보면 "100만 원에서 150만 원 정도 같아요."라고 두루뭉술하게 대답한다. 이것은 자신이 느끼기에 이번 달에는 많이 썼다, 혹은 많이 쓰지는 않았다 정도를 대충 가늠하는 기준일 뿐이지 소비 예산이 아니다. 소비 예산이란 하늘이 두 쪽 나도 주어진 금액 안에서만 써야 하는 것을 의미한다. 운전 중에 절대 넘어서면 안 되는 중앙선 같은 경계인 셈이다.

셋째, 쓴 돈을 갚는다

30대 후반의 직장인 최종현 씨는 자꾸만 늘어나는 카드 값 때문에 고민이 많다. 신용카드로 결제할 때마다 지금껏 사용한 금액을 신경 쓰지만 어느 순간이 되면 잊어버리기 일쑤고, 생각과 달리 지출이 줄어들지 않는다고 말한다. 월급을 현금으로 받은 부모님 세대와 지금 세대의 가장 큰 차이점이 바로 여기에 있다.

신용카드를 사용하면 실제 내 주머니에서 돈이 나가야 하는 시점이 한 달 뒤로 연기된다. 한 달 동안 아무런 이자 없이 돈을 빌려 쓰는 셈이다. 평생 처음 신용카드를 썼다면 그 한 달은 소비는 있으나 결제는 없는, 돈 없이도 살아갈 수 있는 한 달이다. 하지만 결제일이 다가오면 지난달 사용한 카드 값을 갚는 데 이번 달 월급을 쏟아 붓고, 이번 달 생활비는 또다시 신용카드에 기댈 수밖에 없는 구조가 시작된다. 평생 한 달 대출로 살아가는 시스템이 시작되는 것이다.

평생 동안 월급을 400번 받는다는 큰 흐름에서 보면 사실 한 달 후 결제가 큰 이점은 아니다. 그럼에도 불구하고 신용카드라는 편리를 쉽게 뿌리치지 못한다. 신용카드는 내 통장에 잔액이 얼마인지 확인하지 않아도 되는 면죄부를 준다. 내가 가진 돈과 관계없이, 적정한 소비 예산과 무관하게, 결국 나중에 받을 돈을 당겨서 쓰는 빚의 또 다른 모습이다.

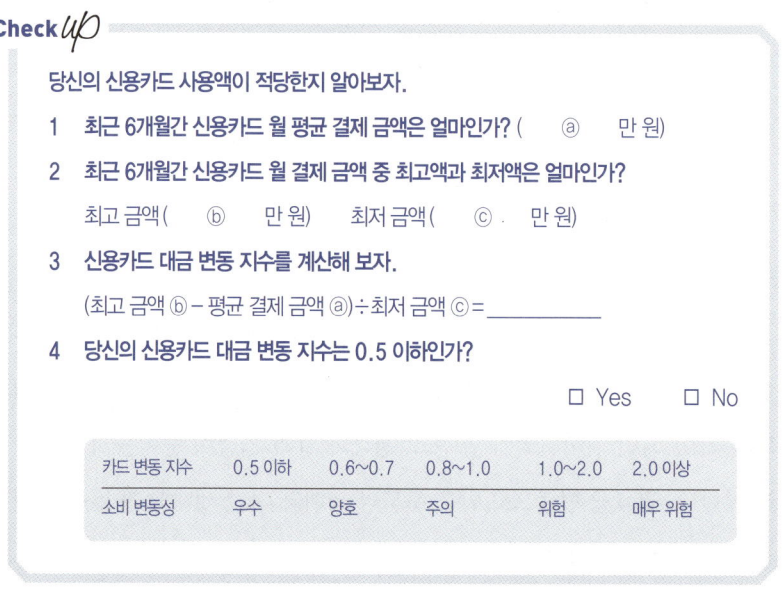

 요즘 흔히 사용하는 '지름신'이란 말은 신용카드 소비 생활을 빗대어 나온 신조어다. 나중 일은 모르겠고 일단 쓰고 보자는 의미를 내포한다. 옛 사람들은 '외상이면 소도 잡아먹는다.'라며 손에 들어오지도 않은 미래의 수입을 담보로 돈을 빌리는 행동을 경계했다. 실제로 신용카드는 자신도 모르는 사이에 올바른 소비 생활을 방해하는 존재가 되었다.
 앞에서 언급한 것처럼 명확한 예산을 가지고 카드를 사용한다면 크게 문제 되지 않는다. 신용카드를 사용한다 하더라도 위의 카드 변동 지수가 0.5 이하라면 매월 일정한 수준으로 소비 예산을 지킨다고 할 수 있다. 반면 카드 변동 지수가 1.0을 넘는다면 당장 신용카드를 없애야 한다.

큰돈이 필요한 여행이나 이사 등 비정기적인 지출을 제외하고 계산해 보기 바란다. 쇼핑비, 문화생활비, 유흥비는 모두 포함된다. 신용카드가 문제라면 대안은 무엇인가? 현금을 사용하는 것이다. 현금을 지니고 다니는 게 번거롭다면 체크카드가 대안이다. 체크카드는 신용카드와 달리 사용 즉시 은행 잔고에서 지불되므로 직불카드라고도 한다. 한마디로 쓴 돈을 갚지 말고 번 돈을 쓰면 된다. 작은 차이 같지만 커다란 변화의 시작이다.

현금이나 체크카드는 신용카드에 비해 소득공제 혜택도 더 크다.

■ 신용카드와 체크카드의 소득공제 비율 차이

카드	신용카드	체크카드	현금영수증
공제 금액 기준	연봉 25퍼센트 초과액	연봉 25퍼센트 초과액	연봉 25퍼센트 초과액
소득공제 비율	15퍼센트	30퍼센트	30퍼센트

습관처럼 사용하는 신용카드를 잘라 버리고 현금과 직불카드를 사용하는 사람이 늘고 있다. 앞에서 언급한 신용카드의 폐해를 몸소 느꼈기 때문이다. 정부도 무분별한 신용카드 생활에 제동을 걸기 위해 소득공제 비율을 2014년부터 20퍼센트에서 15퍼센트로 낮추었다. 또한 2년 후에는 신용카드 소득공제를 아예 폐지할 예정이다. 반면 현금과 체크카드의 경우 그보다 높은 30퍼센트를 소득공제해 준다. 체크카드 결제 비율은 역대 최고로 높아지고, 신용카드 결제 비율은 역대 최저를 기록할 만큼 신용카드를 버리고 현금을 사용하는 올바른 월급 관리를 선택하는 사람이 계속 늘고 있다.

넷째, 목적 없이 저축한다

'배는 우연히 목적지에 도착하지 않는다.'란 말이 있다. 드넓은 바다로 나가 수천 킬로미터를 항해하는 배가 오랜 기간 거친 파도와 거센 바람을 이겨 내고 마침내 목적지에 도착할 수 있는 이유는 목적지를 향한 고정된 방향타가 있기 때문이다. 목적지가 없는 배는 표류할 뿐 항해하는 것이 아니다. 항해를 인생에 비유하는 이유가 여기에 있다.

월급 관리와 저축도 마찬가지다. 한번도 경험하지 못한 저금리 탓에 지금 대한민국의 저축률은 바닥까지 떨어졌다. 그럼에도 불구하고 아직은 많은 사람들이 미래를 위해 저축한다. 여기서 문제는 뚜렷한 목적 없이 진행된 저축은 만기가 되는 즉시 소비로 흘러가 버리고 만다는 점이다. 왜 사람들은 목적 없는 저축을 반복할까?

> **Check up**
>
> 당신의 저축(적금, 펀드, 예금 등)은 언제 얼마를 어떤 용도로 사용할 거라는 명확한 목적이 있는가?
>
> ☐ Yes   ☐ No

뚜렷한 목적 없이 불입한 저축이 만기가 되면 차의 엔진 소리가 유난히 크게 들리고, 잘 쓰던 노트북이 낡아 보인다. 신형 냉장고가 눈에 들어오고, 쇼윈도에 진열된 물건들이 필요하다고 느껴지기도 한다. 이런 경험을 해 본 적이 있는가? 위 체크업의 질문에 예스라고 대답하지 못했다면 그동안 필요하다고 느낀 적이 없는 물건을 사는 데 애써 모은 목돈을 쏟아 부을 수도 있다.

얼마 전 재무 상담을 받으러 온 이영곤 씨(가명, 37세)는 결혼을 앞둔 예비 신랑으로 한눈에 봐도 철저한 자기 관리가 몸에 밴 직장인이었다. 그는 월급 사용 내역과 저축, 투자 내용을 한눈에 알 수 있도록 엑셀로 정리해서 보여 주었다. 감탄사가 저절로 나올 만큼 깔끔하게 정리되어 있었다. 이 정도로 관리한다면 조언할 내용이 별로 없을 거라는 생각이 들었다. 10년 전 대기업에 취직하여 술 담배도 안 하고 회사와 집밖에 모르는 절제된 생활을 하는 것은 물론이며 매달 200만 원 넘게 저축하는 성실한 사람이었다.

그런데 이야기를 나누면서 의외의 사실을 발견했다. 이상하게도 생각보다 모은 돈이 없다는 점이었다. 전문가의 눈으로 보건대 10년간 일하며 받은 돈에 비해서 모아 놓은 돈이 확실히 적었다. 지난 10년간 월급과 보너스로 5억 원이 넘는 돈을 받았는데 현재 수중에 있는 자산은 2억이 조금 넘었다. 지난 10년간 2억 5,000만 원 이상을 생활비로 썼다는 말인데, 매월 200만 원이 넘는 금액이다. 월급의 30퍼센트 정도만 소비하는 알뜰한 스타일인 그의 돈은 다 어디로 사라진 걸까?

부모님께 매월 큰돈을 드리는지 아니면 유지비가 많이 드는 외제차를 타고 다니는지 혹은 주식을 하다 많은

■ 직장인 이영곤 씨의 자산 현황

과목	금액
예적금	2,570만
청약저축	800만
적립식 펀드	1,200만
부모님께 맡긴 돈	1,000만
개인연금	1,700만
전세금	1억 7,500만
자산 합계	**2억 4,770만**

지난 10년간 총 급여와 상여금 약 5.2억

돈을 잃었는지 물어보았지만 모두 아니었다.

상담을 이어 가면서 그도 돈을 아끼지 않고 투자하는 부분이 있다는 사실을 알아냈다. 이씨는 어떤 분야든 신제품이 나오면 가장 먼저 구매하고 사용 후기를 세상에 전하는 얼리어댑터였다. 외식비나 문화생활비 같은 푼돈은 아끼고 자제하는 편이지만 전자제품이나 고급 운동 기구 등 목돈이 들어가는 쇼핑에는 과감히 지갑을 열었다. 그 자신도 잘 모르는 성향이었다. 저축은 많이 하지만 그 돈이 확실한 목적을 위해 계속 재투자된 것이 아니라 무언가를 사들이는 데 사용된 셈이다. 그냥 열심히 모아서 쓰고, 또 모아서 쓰고 하다 보니 결혼을 앞두고 밀려오는 아쉬움에 자책을 하는 것이다.

항상 절약하며 열심히 살아왔다고 자부했지만 일한 기간과 나이에 비해 큰돈을 모으지 못했다는 사실을 결혼 준비를 시작하면서 실감했다고 한다. 결혼 자금뿐 아니라 주택 자금과 노후 자금에 이르기까지 10년 전에 상담을 받았더라면 더 좋았을 거라는 아쉬움이 남았다.

여기서 두 가지 질문을 던져 보겠다. 첫째, 지금 당신에게 500만 원이 있다면 무엇을 하겠는가? 투자, 저축, 쇼핑 등 다양한 선택이 가능하다. 둘째, 금액을 키워서 5,000만 원이 있다면 어떻게 할 것인가?

500만 원을 묻는 첫 번째 질문에 뭐라고 대답했는가? 투자나 저축을 선택한 경우도 있지만 75퍼센트 이상은 쇼핑을 원한다. 500만 원 이하의 종잣돈을 한마디로 표현하자면 '쓰기 딱 좋은 돈'이다. 명확한 목표가 없는 한 재투자보다는 소비의 유혹을 받을 만한 돈인 것이다.

반면 5,000만 원의 경우는 쇼핑을 선택하지 않는다. 돈의 무게감 때문이다. 이 정도 목돈이면 자연스레 투자나 저축을 생각한다.

우리는 왜 저축의 목적을 잃어버렸을까? 첫째, 인생이란 긴 여정을 지나는 데 돈이 얼마나 필요한지 잘 모르기 때문이다. 30세 직장인이라면 앞으로 30년 돈을 버는 시기와 그 이후 30년의 노후 생활이 예상된다. 단순히 생각해도 30년 벌어서 60년을 써야 하는데, 인생이란 문제집 안에는 풀어야 하는 숙제가 몇 가지 들어 있다. 바로 인생의 필요 자금 또는 목적 자금이라고 부르는 것이다.

> **Check up**
>
> 인생의 목적 자금이 얼마나 필요한지 계산해 본 일이 있는가? 그 숫자를 기억하는가?
>
> ☐ Yes   ☐ No

위의 질문에 예스라고 답하지 못했다면 저축과 투자를 하면서 목적을 쉽게 잃어버릴 가능성이 크다. 설령 목적을 설정한 저축이라도 중도에 다른 곳으로 용도가 바뀌는 경우가 허다하다. 많은 경우 이런 사실을 잘 알면서도 목적 자금을 쉽게 계산하지 못한다. 정보가 부족하거나 방법을 모르기 때문이라고 할 수도 있겠지만 사실은 미래와 마주하는 것 자체를 두려워하는 면도 있다.

세상에서 가장 무서운 것이 모르고 당하는 일이다. 준비된 위험은 더 이상 위험일 수 없다. 지금 당장 인생의 목적 자금을 계산해 보고 내 저축에 이름표를 붙여야 한다. 그것만이 나의 미래를 우연에 맡기는 어리석은 일로부터 벗어나는 첫 번째 시작인 것이다.

다섯째, 금융 지식이 부족하다

올바른 월급 관리를 위해 금융 상품을 열심히 공부하거나 투자 시장을 연구하는 등 수준 높은 금융 지식과 투자 감각까지 익힐 필요는 없다. 기본 지식만 갖추어도 충분하다. 그런데 2030세대를 상담하다 보면 기본 수준의 금융 지식이 부족하다는 것을 깨닫는다. 교육 탓으로 돌리기에는 기본 지식이 부족하다. 경제와 금융을 제대로 이해하지 못하면 월급 관리, 더 나아가서 부자가 되는 데도 큰 장애가 될 수밖에 없다.

필자는 상담을 시작할 때 예금과 적금의 차이를 아는지 묻는다. 금융 기관에 일정한 금액을 맡겼다가 일정 기간이 지난 후 원금과 이자를 돌려받는 예금과, 일정 기간 동안 매월 같은 금액을 납입했다가 원금과 이자를 돌려받는 적금을 구분하지 못하는 직장인이 그만큼 많기 때문이다.

금융 상품에 대한 관심이 낮아진 이유는 저금리 때문이라고 볼 수 있다. 금리는 왜 자꾸 떨어지는 걸까? 결론부터 말하자면 금리는 그 나라의 경제 성장률과 밀접한 연관성이 있다. 알다시피 이제 우리나라도 선진국에 진

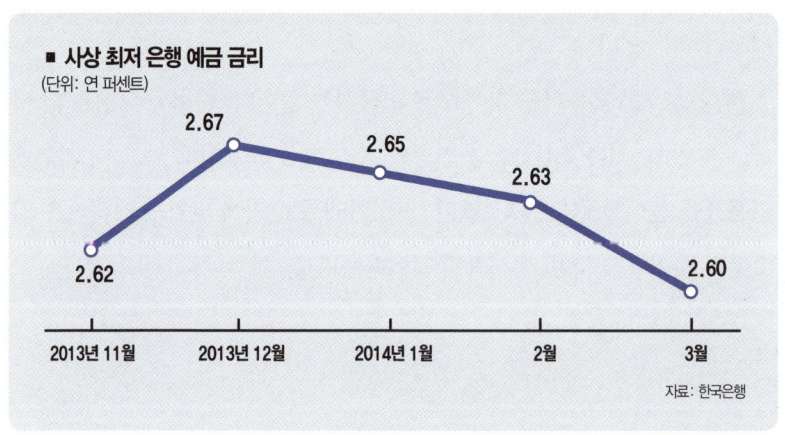

■ 사상 최저 은행 예금 금리
(단위: 연 퍼센트)

2013년 11월: 2.62
2013년 12월: 2.67
2014년 1월: 2.65
2월: 2.63
3월: 2.60

자료: 한국은행

입하면서 경제성장률이 매우 낮아졌다. 주요 기관에서 발표하는 2015년의 예상 경제성장률도 3퍼센트대에 불과하다.

경제가 급속하게 성장할 때는 높은 금리를 주고라도 돈을 빌리려는 사람이 많으니 금리가 높아질 수밖에 없다. 신흥국의 금리가 높은 이유다. 선진국에 들어선 이상 금리가 다시 높아질 것을 기대하기란 어렵다고 봐야 한다. 사정이 이렇다 보니 금융 기관에 돈을 맡기고 열심히 저축하는 사람이 줄어드는 만큼 금융 상품에 대한 관심도 낮아진 것이다.

그러나 경제 금융에 더욱 관심을 가지고 공부해야 한다. 금리가 낮아질수록 저금리를 극복하기 위해 금융 상품은 날로 복잡해지기 때문이다. 컴퓨터가 세상에 보급되면서 컴맹이 살아가기 힘든 것처럼 앞으로 금융을 모르는 사람, 즉 금맹(金盲)은 살아가기 어려운 세상이 될 것이기 때문이다. 당신의 금융 지식은 어느 정도인가?

Check up

1년 동안 월 100만 원씩 납입하는 연이율 3퍼센트 정기적금을 들었다. 1년 후 만기에 이자 금액은 얼마인가?(이자소득세 공제 전으로 계산하라)

연이율 3퍼센트란 1년간 돈을 맡겼을 때 원금의 3퍼센트를 이자로 준다는 말이다. 100만 원씩 12개월 납입했으니 원금은 1,200만 원이다. 1,200만 원을 한번에 맡기는 예금의 경우 1,200만 원 원금의 3퍼센트인 36만 원이 이자가 되겠지만, 매월 100만 원씩 납입하는 적금의 경우 12개월간 납입하는 모든 100만 원에 3퍼센트의 이자를 주지는 않는다. 적금의 이자 계산 방법은 다소 복잡하다.

■ 월 100만 원 정기 적금, 연이율 3퍼센트의 이자 계산 방법

납입 회차	납입 금액	맡긴 기간	적용 이자	이자 금액
1회차	100만 원	12개월	3퍼센트	30,000
2회차	100만 원	11개월	3퍼센트×(11÷12)	27,500
3회차	100만 원	10개월	3퍼센트×(10÷12)	25,000
4회차	100만 원	9개월	3퍼센트×(9÷12)	22,500
⋮	⋮	⋮	⋮	⋮
12회차	100만 원	11개월	3퍼센트×(11÷12)	2,500

경제의 중요성은 TV 뉴스만 봐도 쉽게 알 수 있다. 뉴스의 첫머리는 언제나 경제 뉴스가 차지하며 금리, 환율, 주가지수 등의 경제 지표는 필수 전달 사항이 되었다. 국민의 먹고사는 문제와 경제 금융은 떼려야 뗄 수 없는 관계가 된 것이다. 그만큼 경제와 금융을 제대로 이해하기 위해 좀 더 많은 노력을 기울여야 한다. 트레이닝을 통해 기본 금융 지식뿐 아니라 경제 환경의 변화를 보는 안목까지 갖추자.

머니 트레이닝 02 DAYS

월급을 사라지게 하는 착각에서 벗어나라

- 월급 경영의 필요성은 현대인의 다섯 가지 착각에서 비롯된다.
- 나는 지금 어떤 착각 속에서 살아가는지 정확하게 알아보자.

첫째, 소득은 계속 올라갈 것이다

앞으로 당신의 소득이 더 올라갈 거라고 생각하는가?

필자가 직장인과 자영업자를 대상으로 매월 진행하는 재테크 세미나에 2014년 한 해 동안 참여한 260명을 대상으로 조사한 내용을 보면 77퍼센트가 올라갈 거라고 대답했다. 직장인이라면 근속 연수가 늘어날수록 직급과 호봉이 올라가니 자연스러운 일이라고 생각할 수도 있다. 소득이 일정하지 않은 자영업자라 할지라도 막연하게나마 자신의 사업에 희망을 갖는 것은 당연하다. 경제가 아무리 어렵다고 해도 많은 사람이 이런 기대와 희망 속에서 살아가는 것이다.

과연 그럴까? 생각해 보자. 우리는 소득을 내가 자유롭게 쓸 수 있는 돈으로 생각한다. 자유롭게 쓸 수 있는 돈은 삶의 질을 높이고 소득이 없는 노후에도 좀 더 풍요로운 삶을 보장하는 수단이 될 거라는 믿음을 갖고 있는 것이다. 그러나 현실은 많이 다르다. 가처분소득이란 개인 소득에서 자유롭게 사용할 수 있는 부분, 즉 소비나 저축을 말하는데 이상하게도 소득이 올라감에 따라 가처분소득이 올라간다고 느끼는 사람은 극히 드물다.

왜 그럴까? 소득이 증가하는 만큼 삶의 질을 높이는 소비나 미래 준비를 위한 저축이 늘어나는 것이 아니기 때문이다. 늘어나는 절대 소득에 비해서 가처분소득이 제자리걸음을 하는 이유는 소득보다 소비의 상승 속도가 빠르기 때문이다. 특히 우리나라는 소득이 높을수록 교육비 증가 속도가 매우 빠르다.

신입 사원 시절부터 알고 지낸 H중공업 이종민 고객(35세)은 얼마 전 과장으로 승진했다는 반가운 소식을 전하면서 씁쓸한 웃음을 지어 보였다. 월급이 대략 70만 원 정도 올랐지만 아이가 영어 유치원에 입학하면서 매달 30만 원씩 적자가 나기 시작했다는 것이다. 이종민 과장도 신입 사원 시

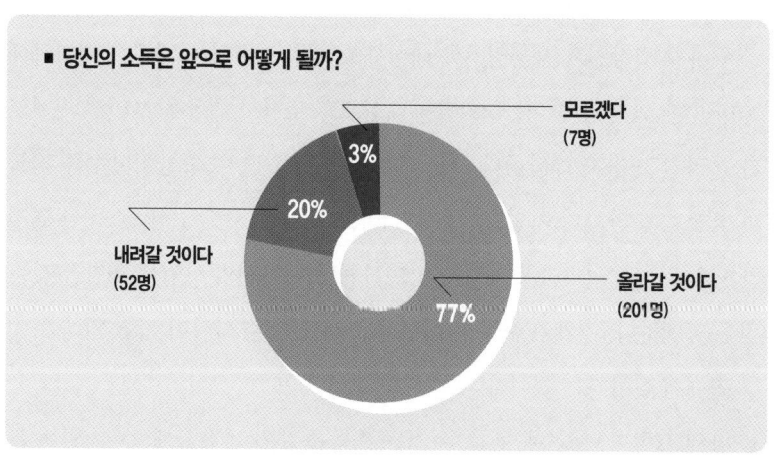

절에는 "지금은 월급이 적어서 저축을 못 하지만 과장이나 차장 이상으로 승진하면 통장이 두둑해질 겁니다."라고 호언장담하곤 했다.

그런데 이제야 신입 사원 때가 가처분소득이 더 높았음을 깨달았다. 한 달에 200만 원을 버는 사람이나 2,000만 원을 버는 사람이나 결혼하고 10년 정도 지나면 빠듯하기는 매한가지다. 200만 원을 버는 사람은 그렇다고 쳐도 2,000만 원을 버는 사람이 왜 여유가 없다는 것일까?

우선 이 정도의 소득이면 차량이 두 대다. 차종도 범상치는 않다. 십중팔구는 아이들이 해외에서 공부한다. 소득이 올라가면 소비도 올라간다는 것은 당연한 논리겠지만, 이런 고소득자들조차 높아지는 소득이 당장 눈앞에 보이는 삶의 질만 높이고 미래의 삶을 준비하는 저축으로 이어지지 못하면서 많이 벌어도 여유가 없다는 말이 나오는 것이다. 그래서 대한민국에는 신 엥겔지수라는 말이 등장했다. 신 엥겔지수는 총 가계 지출에서 자녀 교육비가 차지하는 비중을 의미하며, 소득이 올라가도 삶의 질이 개선되지 못하는 원인이 된다. 소득이 높을수록 교육비 지출도 커지기 때문이다.

아이에게 더 좋은 교육을 시키고 싶은 것은 모든 부모의 마음이다. 그 자체가 삶의 질을 높이는 방법이라고 항변할 수도 있다. 하지만 분명한 것은 자신의 미래를 위한 준비는 설 자리를 잃는다는 사실이다. 적절한 균형이 필요하다.

미래 소득은 분명히 늘어나겠지만 삶의 질을 높이는 실질 소득은 줄어들 수 있다는 사실을 정확히 알아야 한다. 바로 지금 올바른 월급 관리를 시작해야 하는 이유다.

둘째, 월급 관리만 잘해서는 부자가 될 수 없다

당신은 어떤 사람이 부자라고 생각하는가? 한국인은 자산이 25억 원은 돼야 부자라고 생각한다는 조사 결과가 있다. 25억 원을 가진 부자는 어떤 사람들일까? 월급쟁이는 한명도 없고 모두 상속으로 부자가 된 것일까?

사실 필자가 아는 부자는 거의 다 월급쟁이다. 물론 월급만 모아서 부자가 되지는 않았다. 올바른 월급 관리가 부자의 충분조건은 아니지만 필수조건인 것만은 분명하다. 월급 관리를 잘한다고 부자가 되는 것은 아니지만 부자는 모두 월급 관리를 잘했다는 말이다.

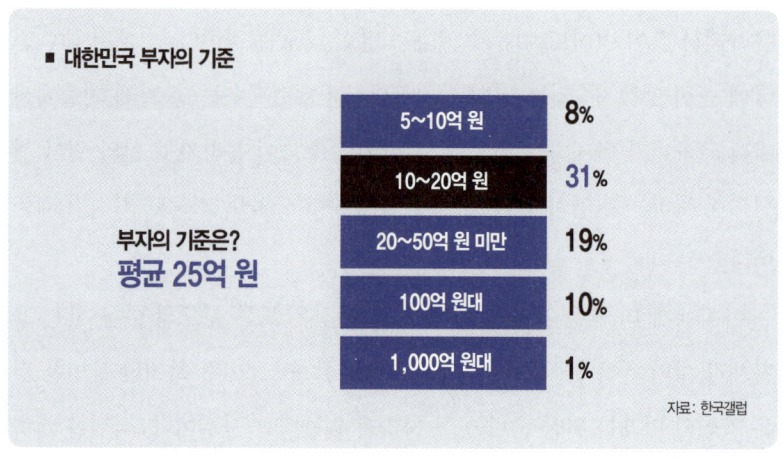

한 가지 중요한 의식의 차이가 있다. 우리는 부자를 부러워하지만 월급쟁이가 부자 되기는 어렵다는 그릇된 선입관을 가지고 부자가 되는 기본 원칙을 행동으로 옮기지 않는다. 이런 의식 차이가 세월이 흐른 뒤 비슷한 월급을 받으며 생활하다 은퇴를 맞은 사람들 간에도 상당히 큰 자산의 차이를 불러오는 것이다.

남편은 직업군인으로 30년 일하고, 본인은 초등학교 교사로 26년간 재직한 김연숙 씨(53세) 부부는 체계적인 월급 관리의 표준이라고 부를 정도로 철저한 돈 관리 습관이 몸에 밴 경우다. 공격적인 투자나 특별한 재테크는 물론 물려받은 돈 없이도 남부럽지 않은 자산을 이루었다.

김연숙 씨는 얼마 전 남편 군인 동기들 모임에 갔다가 놀라운 사실을 발견했다. 전역이 가까운 터라 대화는 자연히 은퇴 생활에 대한 이야기로 집중되었는데, 여섯 가족 중에 집을 소유한 것은 둘뿐이었다. 의외였다. 직업군인은 은퇴하면 군인연금이 나오니까 안정된 생활을 할 수 있겠지만, 군인 아파트에서 나가면 당장 거주할 집부터 걱정해야 한다. 여섯 가족 모두 맞벌이였음에도 불구하고 이런 큰 차이가 벌어진 원인은 무엇일까?

현재 30년 이상 재직한 영관급 군인 월급은 10년차 대기업 과장보다 적다. 이렇게 적은 월급으로 안정된 자산을 확보한 김연숙 씨야말로 이 시대의 진정한 부자다. 서울에 40평형대 집과 금융 자산, 토지 그리고 향후 생활하는 데 전혀 불편함이 없는 연금을 가지고 있기 때문이다.

부자의 기준이 높은 수준의 자산을 가진 사람, 즉 자산형 부자에서 평생 큰 돈 걱정 없이 안정된 생활을 유지할 수 있는 소득안정형 부자로 바뀌어야 할 때다. 이런 시각의 변화가 있어야만 월급으로는 자산형 부자가 될 수 없다는 핑계를 대며 무분별한 소비를 정당화하는 일이 사라질 것이다. 또한 이러한 변화야말로 월급 관리의 기초부터 회피해 버리는 직장인들에게 희망의 전환점이 될 것이다.

셋째, 소비를 줄이면 많이 불편해질 것이다

월급 관리의 기초는 적정한 소비 예산을 세워서 잘 지켜 나가는 것, 한 마디로 합리적인 소비 컨트롤이다. 이 사실을 잘 알지만 지금 당장 실천하지 못하는 이유는 소비가 줄면 급격하게 불편해질 거라는 우려 때문이다.

직장인들의 소비 내용을 들여다보면 고정 지출보다는 변동 지출이 많다. 월 지출이 150만 원 이상인 경우 변동 지출이 60~70퍼센트에 달한다. 관리비, 통신비, 교통비 같은 고정 지출이 아니라 쇼핑비, 유흥비, 문화생활비 등의 변동 지출 때문에 고민하는 것이다.

변동성 지출은 같은 형태와 규모의 소비가 반복해서 이루어지는 경우가 많다. 예를 들어 A, B, C, D 라는 항목에 돈을 소비하는 것도 있겠지만 의외로 A 다섯 번, B 세 번 등 동일한 소비가 반복된다. 동일한 형태의 소비 간격을 줄인다면 어떨까? 정말로 많이 불편해질까?

광고 회사에 근무하는 김미진 차장(38세)은 초등학생 둘을 키우는 맞벌이 부부다. 야근과 잔업이 많다 보니 외식을 자주 하는 편이다. 주말은 물론이고 평일에도 남편이 조금만 일찍 귀가하면 외식을 하다 보니 아이들이 좋아하는 패밀리 레스토랑은 물론이고 웬만한 맛집은 다 가 본 터다. 아이들이 맛있는 음식을 먹으며 행복해하는 모습을 볼 때마다 '그래, 이 맛에 돈을 벌지.' 하다가 어느덧 외식의 빈도가 높아졌다고 한다.

그런데 언제부터인가 아이들이 집밥을 안 먹으려 한다는 것을 깨달았다. 반찬 투정도 늘고 먹지 않는 음식이 하나 둘 늘어났다. 비싼 식당에서도 음식 타박을 하곤 했다. 그제야 비로소 기하급수적으로 늘어난 외식비 청구서가 눈에 들어오기 시작했는데, 어찌해야 할지 고민이었다.

필자는 원인을 외식에서 찾았다. 너무 잦은 외식이 외식의 가치를 떨어뜨린 것이다. 그동안 김씨도 과다한 외식비를 우려하여 횟수를 줄이려고 했으나, 자칫 지금 누리는 생활의 만족감이 줄어들지 않을까 싶어 두려웠다고 한다. 필자는 즉흥적인 외식을 삼가고 외식하는 날을 미리 알려 주되 횟수를 줄여 볼 것을 권했다. 한동안은 가사 노동 시간이 증가하고, 밖에서 해결하는 편리함에 익숙해진 가족들의 습관 때문에 적응하는 데 시간이 필요하겠지만 분명 외식의 빈도가 줄어든 만큼 외식의 만족과 가치가 올라갈 거라고 격려해 주었다.

효과는 기대 이상이었다. 음식을 만들고, 차리고, 치우는 일을 가족이 함께하면서 더 많은 대화가 오갔다. 바쁜 엄마 아빠를 대신해서 아이들도 적극적으로 집안일을 거드는 등 서로를 이해하는 마음이 커졌다. 가족들의 만족도가 커지면서 외식을 줄일 수 있었다. 오랜만에 다 같이 나가서 먹을 때도 불평보다는 새로운 메뉴에 대한 즐거움이 앞섰다. 고마움을 느끼는 소중한 식탁이 된 것이다.

모름지기 가족은 집에서 먹든 외식을 하든 서로를 마주한 식탁에서 대화하고 소통하며 사랑과 관심을 채워 나가는 법이다. 이것이 바로 가치다. 소비가 있는 곳에 가치가 있다. 하지만 모든 소비가 동일한 가치를 갖지는 않는다. 이제 동일하게 계속 반복되면서 가치를 잃어 가는 소비에 대해 살펴봐야 한다.

일정 수준의 소비 감소는 평상시에 몰랐던 가치를 발견하는 계기가 되기도 한다. 모든 것을 계획해서 소비하며 살아갈 수는 없지만, 모든 일을 계획도 없이 무작정 해 나갈 수는 더더욱 없는 법이다. 적당한 계획과 빈도 조절을 통해 소비도 줄이고 가치도 올리는 작업이 필요하다.

실제로 얼마를 소비하고 얼마를 저축해야 하는지 정해진 답은 없다. 다만 뚜렷한 목표를 가지고 소비 수준을 낮춰도 생각처럼 불편하지 않다. 오히려 일상의 가치를 발견해 소소한 행복을 느끼기도 한다.

넷째, 주택 가격은 무조건 하락할 것이다

2030세대는 부동산에 대해 회의적이다. 2000년대 중반 이후 하락 국면으로 접어든 부동산 시장에 회의적 시각을 부추긴 언론에 길들여진 탓일 수도 있다. 앞으로 예상되는 인구 감소는 당연히 주택 수요에 대한 감소를 가져오고 향후 주택 가격을 하락시킬 것이란 예측을 할 수 있기 때문이다.

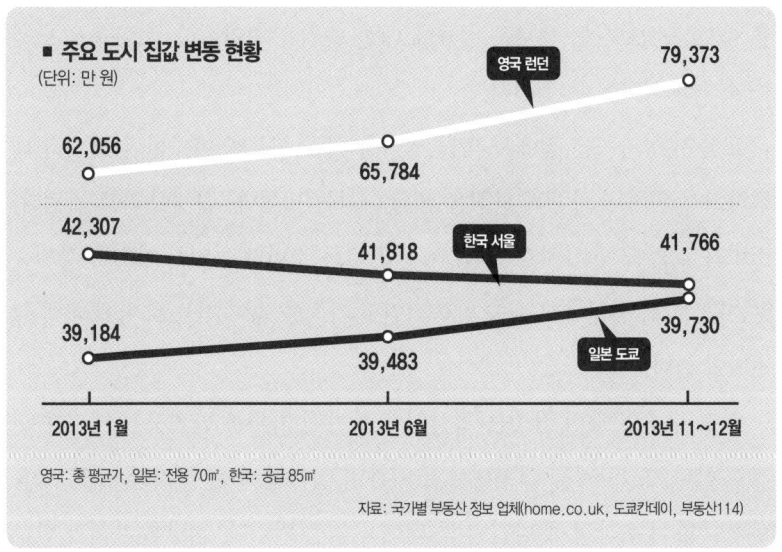

게다가 전국의 주택보급률이 112퍼센트를 넘어서면서 이러한 예측에 힘을 실어 주고 있다(2010년 기준). 실제로 주요 도시의 집값 변동 현황을 살펴보면 서울의 집값은 꾸준한 하락세를 보인다.

집 없는 사람들에게 주택 가격 하락은 좋은 소식일 수밖에 없다. 하지만 집 없는 사람들의 주택난은 여전하다. 집값 하락이란 호재가 피부에 와 닿지 않는 것이다. 왜일까? 집값이 안정되는 대신 전세 가격이 폭등하기 때문이다. 여기에 우리 모두의 착각을 불러일으키는 통계의 착시 현상이 숨어 있다.

앞에서 언급한 주택보급률 112퍼센트는 우리나라 총 가구 수에 비해 주택 수가 112퍼센트라는 말이지 모든 사람이 집을 가지고 있다는 말이 아니다. 모든 주택이 동일한 수준도 아니다. 사람마다 주거를 선호하는 지역이 따로 있게 마련이다. 실제로 거주를 원하는 지역에 따라서 주택보급률은 달라질 수 있는 것이다.

가계 부채 때문에 구매 능력이 떨어진 사람들이 집을 사지 않고 전세 시장으로 몰리면서 전세 가격이 폭등하는 것이다. 집값이 안정세를 보이는 이유는 집에 대한 수요가 줄어든 것이 아니라 사는 것을 포기한 수요가 한꺼번에 전세 시장으로 들어온 결과라고 봐야 하기 때문에 집에 대한 수요는 여전히 높다는 것을 알아야 한다. 서울 일부 지역은 전세 가격이 집값의 80퍼센트에 이르기도 한다.

인구가 줄어드는 속도보다 더 빠르게 늘어나는 가구 수의 증가를 감안할 때, 막연히 집값이 급격히 떨어질 것이라고 보는 건 잘못된 예측일 수 있다. 집값이 떨어질 거라고 생각하는 사람일수록 주택 자금을 모으기보다는 문화 생활이나 다른 소비에 더 많은 관심을 나타내기 때문이다. 우리가 간과하면 안 되는 사실은 투자 성격의 부동산에 관심이 없는 것은 몰라도 주거 성격의 부동산마저 관심을 기울이지 않는다면 큰 낭패를 볼 수도 있다는 것이다. 평생 전세를 산다고 하더라도 주택 가격의 70퍼센트를 넘는 자금을 모아야 하기 때문에 일찍부터 철저한 준비가 필요하다.

다섯째, 노후 생활비는 지금보다 적게 들 것이다

얼마 전 기초연금제정안이 국회를 통과하면서 기초연금에 많은 관심이 모아졌다. 65세 이상 노인 가운데 하위 70퍼센트에 들면 매월 10만~20만 원까지 기초연금을 지급하는 것이다. 과연 한 달에 20만 원으로 생활이 가능할까? 현재 한국의 노인빈곤율이 50퍼센트라는 사실이 말해 주듯이 가난에 적응된 세대가 바로 지금 대한민국 노인들이다.

이런 부모님 또는 조부모님을 바라보는 젊은 세대나 4050세대에게 노후란 암울하고 걱정부터 앞서는 부정적인 말이 되어 버렸다. 나이 들어 힘

> **Check up**
>
> **65세 이후 한 달 생활비가 얼마나 들 거라고 생각하는지 체크해 보라**(현재 화폐 가치 기준).
> ☐ 700만~1,000만 원
> ☐ 500만~700만 원
> ☐ 400만~500만 원
> ☐ 300만~400만 원
> ☐ 200만~300만 원
> ☐ 100만~200만 원
> ☐ 100만 원 미만

도 없고 경제 능력도 상실해 버린 노후란 인생의 암흑기로만 여겨지기 때문이다.

2030세대에게 노후에 대해 물어보면 매우 현실감 떨어지는 대답을 듣는다. 당신은 위의 질문에 얼마라고 대답했는가? 현실감이 떨어지는 대답은 노후에는 지금보다 생활비가 훨씬 적게 들어간다고 생각하는 것이다. 2030세대가 지금 생활비의 70퍼센트 이하 또는 200만 원 미만을 답했다거나, 4050세대가 지금 생활비의 50퍼센트 이하를 답했다면 노후 생활비를 잘못 생각한 것이다.

대답이 현실감을 잃어버린 이유를 생각해 보자. 우리는 노후라는 시기를 겪어 본 일이 없다. 따라서 은퇴 이후의 삶을 지금 노인들의 모습에서 찾고 있는지도 모른다.

매우 낮은 생활비에 체크한 경우는 은퇴하면 경제적으로 어려울 테니 지금보다 훨씬 적은 돈으로 생활해야만 한다는 압박감이 작용한 결과다. 최소한의 소비만 하며 살아가는 지금의 노인층과 달리 2030세대는 인터넷과 스마트폰, 취미와 문화 생활에 과감하게 지갑을 여는 선진국형 소비를 경험했다. 따라서 지금의 노인층과 분명히 다른 특징을 가지고 있다.

2030세대가 노후 생활비를 계산할 때 참고해야 하는 점이 있다. 우선 태어나면서부터 도시 생활을 했기 때문에 전원 생활이 불가능하므로 도심형 노후 생활이 필요하고, 소비 경험 세대라 건강관리비와 문화생활비가 크게 증가한다. 게다가 평균 수명이 늘어나 노후 생활이 더 길어진다.

도시형 노후 생활은 치안이나 보안 문제, 지역 난방으로 인해 발생하는 관리비 등 기본적으로 고정비가 많이 들어간다. 5060세대도 은퇴 후 병원과 지하철역이 가까운 도시에 거주하기를 희망한다. 도시는 취미나 문화

생활을 하기 쉬우며 '60대 청춘'이란 말에서 드러나듯이 젊은이처럼 왕성한 활동을 하는 노인 세대를 만들어 낼 것이란 의견도 있다. 또한 직장인들의 소비는 주말과 휴일에 집중된다. 그런데 은퇴하면 월요일부터 일요일까지 전부 휴일일 수 있다. 건강과 시간 여유는 생각보다 많은 소비를 유발할 것이다.

이런 여러 가지 요소를 감안하여 만든 적정 노후 생활비를 아래 표에서 확인할 수 있다. 당신의 생각과 어떤 차이가 있는지 가늠해 보자.

■ **적정한 노후 생활비는 얼마인가?**
(단위: 원, 부부 기준)

전체 평균
183만 9,700

성별	남	191만 4,200
	여	178만 5,600

거주 지역	서울	204만 9,600
	광역시	183만 9,400
	도	176만 9,800

최종 학력	무학	143만 4,400
	초졸	164만 2,800
	중졸	184만 9,500
	고졸	209만 8,700
	대졸 이상	269만 9,400

자료: 국민연금공단

돈을 모으려면 라이프스타일을 바꿔라

머니 트레이닝
03 DAYS

▫ 직장인의 라이프스타일인 과잉 소비가 어떤 문제를 일으킬 것인가?
▫ 과잉 소비를 유발하는 정보화 사회의 문화 트렌드를 알아보자.
▫ 길어지는 소비 기간, 줄어드는 소득 기간의 문제는 무엇일까?

직장인의 공통된 라이프스타일, 과잉 소비

지난 10년간 직장인을 만나면서 가장 많이 들은 질문이 있다.

"돈을 얼마나 써야 하나요?"

"제가 많이 쓰는 건가요?"

"다른 사람들은 얼마나 소비하나요?"

간단하고 쉬운 질문이지만 대답하기는 매우 어렵다. 우리는 자신과 비슷한 집단의 평균 소비에 관심이 많은데 이유는 누구나 평균이 되는 큰 틀을 깨고 싶지 않은 심리가 있기 때문이다.

직장인은 월급이 오른다. 하지만 소득을 전부 소비하지 않고 저축이나 투자를 통해 미래를 준비하는 이유는 우리 인생의 로드맵에 큰돈이 들어나 소비가 증가하는 일들이 있기 때문일 것이다. 바로 결혼과 주택 마련, 자녀 출산과 교육 그리고 소득이 중단되는 은퇴 이렇게 세 가지다.

이처럼 사람들은 앞으로 다가올 큰일에 대비하기 위해 현재 소득의 일부만 소비한다. 그런데 소득 증가에 따른 소비 증가의 균형을 벗어나 일시적 또는 지속적으로 너무 많이 소비하는 일이 발생하는데 이를 과잉 소비라고 한다.

오버 슈팅이란 경제 금융 용어가 있다. 금융 자산의 가격이 일시적으로 폭등하는 것을 말한다. 그런데 가격이란 시간이 지나면 평균 가격으로 돌아지만 개인 소비는 그렇지 못한 것이 현실이다. 한번 높아진 소비 수준은 좀처럼 낮아지지 않는데 이를 톱니 효과(ratchet effect)라고 말한다.

소비는 도미노 현상 같은 연쇄적 특징이 있는데 예를 들면 좋은 집은 그 집에 걸맞은 좋은 가구를, 또한 좋은 가구는 좋은 음식과 그 수준에 맞는 라이프스타일을 동반한다. 우리는 흔히 "집과 차는 수준이 올라갈 뿐 내려오지는 못한다."라고 말한다. 큰 집에 살던 사람이 작은 집에서 살기 힘들고 큰 차를 타던 사람이 작은 차를 타기란 쉽지 않다는 말이다. 지금 당장 과잉 소비를 통제하지 않으면 안 되는 이유다.

그럼에도 불구하고 너무 쉽게 소비 수준을 높이면 지금 당장은 좋겠지만 미래는 어려워질 수밖에 없다. 소득이 올라가면 소비도 당연히 올라간다. 그 자체가 문제가 되지 않는다. 하지만 소득 증가의 기울기에 비해 소비 증가의 기울기가 너무 가파르기 때문에 오버 슈팅이란 표현을 하는 것이다. 굳이 경제 이론을 인용하지 않더라도 주변에서 쉽게 목격되는 것이 소비 증가의 문제, 바로 오버 슈팅이다.

> **Check up**
> 당신은 결혼 자금, 주택 자금, 자녀 교육 자금, 노후 자금을 예측하여 기간과 숫자로 계산해 본 일이 있는가?
> ☐ Yes   ☐ No

과잉 소비의 진짜 원인

지난 10년간 상담을 통해 직장인의 과잉 소비 문제는 인생에서 써야 하는 돈을 정확하게 예측하지 못하는 데서 비롯했음을 확인했다. 앞으로 본인이 써야 하는 돈을 정확히 인식했다면 적어도 소득 증가보다 소비 증가의 기울기가 가파르게 올라가는 과잉 소비는 일어나지 않았을 것이고, 지금보다는 소비를 잘 컨트롤했을 것이다.

한 가지 예를 들어 보자. 등산을 하다 보면 산을 많이 타 본 사람과 초보자의 차이가 쉽게 드러난다. 초보자는 체력을 안배할 줄 몰라서 초반에 너무 많은 에너지를 소진한다. '초보자는 힘든 곳에서 쉬고, 고수는 경치 좋은 곳에서 쉰다.'라는 말이 절묘하게 들어맞는다. 산의 지형이 어떤지, 지금은 완만하지만 나중에 얼마만큼 힘든 구간이 있는지 안다면 초반부터 에너지를 과잉 소비하지 않을 것이다. 과잉 소비의 첫 번째 원인은 잘못된 미래 소비 예측이다.

또 다른 과잉 소비의 원인은 미래에 예상되는 기대 소득이다. 미래에 기대되는 소득을 믿고 현재 소비를 늘리거나 한번이라도 늘려 본 적이 있다면 당신은 지금 오버 슈팅의 함정에 빠졌을지도 모른다. 다음 달에 나올 보너스를 믿고 갖고 싶은 물건을 산 적이 있는가? 다음 달이면 분명히 보너스가 나온다. 아직 실현되지 않았으나 분명히 일어날 일이다. 다음 달의 보너스를 믿고 소비를 늘렸다 해서 그 자체가 문제 되지는 않는다. 하지만 여기서 중요한 점을 놓쳤다. 미래에는 기대 소득만 존재하는 것이 아니다. 기대 소비도 존재한다. 엄밀히 말하면 예측 불가능 소비다. 다음 달 보너스를 믿고 소비를 늘렸는데 보너스가 나오는 달에 갑자기 부모님 병원비로 생각하지 않은 지출이 생길 수 있다. 나의 과잉 소비를 진단하려면 현재 소득과 현재 소비를 비교해야 한다. 소득 시점과 소비 시점이 달라지는 현상은 앞에서 언급한 신용카드 문제와 연관성이 깊다. 과잉 소비의 두 번째 원인은 바로 미래 소득을 당겨서 쓰는 습관이다.

박주현 씨(34세)는 강남의 가정의학과 병원에서 페이닥터로 일한다. 가정의학과 레지던트 시절부터 전문의를 따면 개업하리라 생각했으나 상황이 여의치 않아 페이닥터를 시작한 지 2년이 되었다. 레지던트 기간과 군 복무를 대신한 공보의 근무 그리고 지금의 페이닥터까지 무려 7년간 월급을 받아 왔고 지금은 일반 직장인보다 세 배가 넘는 월급을 받는다. 하지만 그의 상황을 들여다보면 곽곽하기 그지없다. 대출을 상환하느라 돈을 만져 볼 겨를조차 없다.

레지던트 시절엔 300만 원이 채 안 되는 월급을 받으면서도 개업을 생각하며 차곡차곡 돈을 모아 나간 동기들과 달리 서울에 전셋집을 얻으며 생긴 전세 자금 대출을 갚기 바빴다. 거기다 별로 탈 일도 없는 외제차를 장기 할부 프로그램이란 특별 판촉 행사에서 덜컥 사 버렸다. 지금은 결혼을 앞두고 전셋집을 구하느라 전전긍긍하는 중이다.

개업만 하면 모든 것이 다 해결될 줄 알았는데 현실은 생각과 달랐다.

미래에 높아질 소득에 기대어 미리 당겨 쓴 돈을 갚느라 현실이 힘겨운 것이다. 물론 몇 년간 허리띠를 졸라매고 대출을 갚으며 살아간다면 별 문제 안 되겠지만 커질 대로 커져 버린 소비를 지금보다 낮추는 일도 녹록하지 않아 보인다. 과잉 소비는 도미노처럼 인생 계획을 계속 늦추는 결과를 가져온다.

과잉 소비의 세 번째 원인은 소득보다 자산을 더 우선시하는 성향이다. 우리는 부의 수준을 가늠하고 스스로 판단할 때 재산(財産) 중에서 산(産)보다는 재(財)에 무게중심을 두는 경향이 강하다. 재는 재화나 자산으로 동산과 부동산을 통틀어 말한다. 산은 정기적으로 발생하는 돈인데 쉽게 말해 소득이라고 보면 된다.

앞에서 언급한 두 번째 원인이 앞으로 높아질 미래 소득을 믿고 소비를 늘린 경우라고 한다면 세 번째 원인은 바로 자산, 그중에서도 당장 현금화하기 어려운 부동산을 믿고 소비를 늘리는 경우다. 소득이 낮은데도 부동산만 믿고 높은 소비 수준을 지속하는 경우를 종종 본다. 이 경우 대개는 대출이 증가하면서 대출로 인한 이자도 함께 늘어난다.

당신의 과잉 소비를 체크해 보자

위에서 살펴본 과잉 소비는 지금의 소비를 지금의 소득에 맞추지 않은 데서 시작하므로 현재의 소득 범위 내에서 소비를 계획하는 행동의 변화가 필요하다.

스스로 질문을 던져 보자. 나는 과잉 소비인가? 필자가 이야기하는 과잉 소비란 여름 휴가나 특별한 이벤트 때문에 생기는 일시적인 소비 증가가 아니다. 지난달 특별한 사정이 있어서 카드 값이 많이 나왔는가? 이번 달에 줄이면 된다. 여기서 지적하는 과잉 소비는 매달 반복될 수밖에 없는 '구조적인 과잉 소비'다.

구조적인 과잉 소비의 문제는 일시적으로 늘어난 소비와 달리 쉽게 해결하기 어려운 문제이므로 사전에 더욱 경계해야 한다. 쉽게 말하면 고정 비용을 증가시키는 주거용 주택과 본인 소유의 차량 등 5년 내에 바꾸기 힘든 라이프스타일과 밀접한 관련이 있는 것이다. 리트머스 테스트를 통해 과잉 소비에 얼마나 접근해 있는지 진단해 보자. 현재 차량이나 주택을 소유하지 않았다고 해도 향후 주택과 차량 구입의 기준이 될 수 있으니 유심히 봐 두기 바란다.

Check up

고정 비용으로 바라본 과잉 소비 정도를 체크해 보는 리트머스 테스트다. 다음 질문에 답해 보자.

월 현금 흐름

1) 월 소득의 몇 퍼센트를 저축(투자 포함)하는가?

※미혼 또는 자녀가 미취학인 경우

① 20퍼센트 이하　② 30퍼센트 이하　③ 40퍼센트 이하
④ 50퍼센트 이하　⑤ 50퍼센트 이상

고정 비용: 본인 소유 차량

2) 차량의 한 달 기름 값(회사 지원분 제외)은 월 소득의 몇 퍼센트를 차지하는가?

① 30퍼센트 이상　② 30~20퍼센트　③ 20~10퍼센트
④ 10~5퍼센트　⑤ 5퍼센트 미만

고정 비용: 주택과 주거 비용

3) 월 대출 이자(원금 상환 제외)는 월 소득의 몇 퍼센트를 차지하는가?

※주택 소유자일 때

① 30퍼센트 이상　　　② 30~20퍼센트　　　③ 20~10퍼센트

④ 10~5퍼센트　　　⑤ 5퍼센트 미만 또는 대출 없음

4) 전세 보증금 중 전세 자금 대출이 차지하는 비율은 얼마인가?

※전세 거주자일 때

① 30퍼센트 이상　　　② 30~20퍼센트　　　③ 20~10퍼센트

④ 10~5퍼센트　　　⑤ 5퍼센트 미만 또는 대출 없음

5) 연 소득(가계총소득)은 살고 있는 주택 가격의 몇 퍼센트인가?

※주택 소유자일 때

① 0~5퍼센트　　　② 5~10퍼센트　　　③ 10~15퍼센트

④ 15~20퍼센트　　　⑤ 20퍼센트 이상

6) 연 소득(가계총소득)은 살고 있는 전세 보증금의 몇 퍼센트인가?

※전세 거주자일 때

① 0~10퍼센트　　　② 10~20퍼센트　　　③ 20~30퍼센트

④ 30~40퍼센트　　　⑤ 40퍼센트 이상

①~②	③	④	⑤
심각한 과잉 소비	과잉 소비	과잉 소비 접근	정상

고작 서너 개의 간단한 테스트를 했는데 벌써 탄식 소리가 들려오는 듯하다. 요즘 세상에 이 정도 안 하고 사는 사람이 있느냐고, 요즘 전세 가격

이 얼마나 높은 줄 아느냐고, 이 정도 기준이라면 과잉 소비에 해당하지 않는 이가 어디 있느냐고 반문할지도 모른다. 맞는 말이다. 사람마다 처한 상황이 다르고, 이것만으로 과잉 소비 여부를 확연히 구분하기도 어려울 수 있다. 하지만 이런 기준을 제시하는 까닭을 들어 보면 지금보다는 이해하기 쉬울 것이다.

우선 2)번 소유 차량의 고정비를 묻는 내용을 살펴보자. 한 달 주유비는 교통비를 말한다. 즉 써 버리는 비용이다. 차를 타면 주유비만 들겠는가? 보험료와 각종 통행료, 주차료에 소모성 부품도 갈고 세차도 해야 한다. 주유비가 5퍼센트를 넘는다면 실제로 차에 들어가는 월 비용은 주유비의 두 배인 10퍼센트를 넘을 게 확실하기 때문에 월 소득에서 주유비가 5퍼센트를 넘으면 과잉 소비로 분류한 것이다. 교통비를 월 소득의 10퍼센트 이상 쓴다면 과잉이 아니라고 할 수 있겠는가?

다음은 3)번 질문을 보자. 대출 이자는 그야말로 비용이다. 여기에는 원금이 포함되지 않았는데 만약 원금을 갚는다면 월 소득의 5~10퍼센트를 더 낼 것이다. 예전처럼 이자를 내면서 집값이 오르기를 기다리는 것이 저축보다 훨씬 높은 수익이 난다면 모르겠지만 지금같이 부동산 경기가 안 좋을 때는 이 또한 희망적이라 할 수 없다. 설사 이자를 지불한 대가로 집값이 오른다고 하더라도 집값이 오른 만큼의 이익을 현금으로 실현하기 위하여 집을 팔고 더 작은 집으로 이사하는 사람은 없을 테니까 집에 들어간 돈이 내 주머니에 현금으로 돌아오는 일은 당분간 불가능하다.

1)번 질문의 경우는 50퍼센트 이상 저축한다는 대답이 많을 법하다. 사회 초년생들은 50퍼센트 이상 저축하는 경우가 많다. 이제 월 소득의 50퍼센트 저축이라는 기준점이 도대체 어디에서 나왔는지 설명해야 할 것 같

다. 필자의 큰누나는 1980년대 초에 독일로 유학 가서 독일 사람인 매형을 만나 30년 넘게 독일에서 살고 있다. 가끔 독일을 비롯한 유럽 선진국의 사회 시스템을 들려주곤 하는데, 복지 초보 국가인 우리로서는 부럽기 그지없는 이야기들이다. 유럽의 몇몇 선진국은 정년 이후에도 은퇴 직전 소득의 70퍼센트를 보장한다고 한다.

복지 시스템이 재정 위기의 원인으로 대두된 적도 있지만, 우리에게는 꿈같은 이야기로 들린다. 더욱이 유럽은 주택 가격이 안정된 편이고, 의료도 우리나라의 국민건강보험 같은 사회 보험이 잘 발달되어 있으며, 공교육이 제대로 활성화되어 사교육비가 들어가지 않는다는 것은 이미 잘 알려진 사실이다.

많은 사람들이 단순히 국가 재정이 튼튼한 선진국이라서 그렇다고 생각한다. 하지만 엄밀히 말하자면 바로 세금 덕분이다. 독일은 개인에게 부과하는 소득세율에 철저한 누진 과세(progressive taxation)를 시행하는데 경제 활동을 시작하는 20대 초반부터 은퇴하는 60대까지 40년의 경제 활동 기간에 소득에 부과되는 세금의 과세율이 최고 50퍼센트를 넘어선다. 돈을 벌면 소득의 50퍼센트를 국가에 저축하는 셈이고 이러한 재원이 주택, 의료, 교육, 노후 문제를 한꺼번에 해결하는 기반이 되는 것이다.

이제 1)번 질문의 기준점이 된 저축률 50퍼센트의 아이디어가 어디서 왔는지 잘 알았을 것이다. 물론 지금 월 소득의 50퍼센트를 저축한다고 해서 모든 일이 해결되는 것은 아니다. 경제 활동 기간 내내 소득의 50퍼센트를 강제로 저축하는 유럽과 달리 우리의 현실은 지금 50퍼센트를 저축하더라도 10년을 지속하기가 어렵기 때문이다. 현재 50퍼센트조차 저축하지 못한다면 과잉 소비의 문제를 말하지 않기란 정말 어려운 일이다.

과잉 소비를 이야기하면서 꼭 따져 봐야 하는 것이 바로 주택 문제다. 3)~6)번 질문을 살펴보면 1년 동안 벌어들이는 가계의 총 소득에 비해 비싼 주택에 거주하는 것이 과잉 소비의 주된 원인이라고 지적했다. 현재 우리나라에서 허용되는 LTV(loan to value ratio, 주택 대출 담보 비율), 즉 집을 살 때 돈을 빌릴 수 있는 비율은 집값의 70퍼센트에 달하지만, 실제 현실에서는 대출 비율이 30퍼센트만 넘어도 가계에 심각한 부담이 생기며 과잉 소비로 연결되는 시발점이 될 수 있다.

이 제도는 과거 집값이 계속 상승하는 시절에 만들어진 것이고 2014년 8월 부동산 경기 활성화 정책에 따라서 수치를 높여 놓은 것이다. 은행 입장에서 빌려 준 돈을 떼이지 않고 회수할 수 있는 최대 범위를 가늠해서 나온 수치이며, 금융 소비자의 입장이 아니라 금융 공급자인 은행의 시각에서 만든 제도다. 따라서 주택 대출 담보 비율은 허용 범위의 절반인 30퍼센트 이하가 적당하다.

반면 대출이라는 미래 채무를 적절히 가늠하고 소득 수준에 맞는 집을 선택함으로써 오버 슈팅의 문제를 예방하는 데 도움이 되는 좋은 지표가 있다. 바로 DTI(debt to income, 총부채 상환 비율)다. 우리나라는 DTI를 60퍼센트로 제한한다. 대출 원리금을 상환하는 비용으로 연간 소득의 60퍼센트를 넘지 못하게 규제하는 것이다. 하지만 이것도 최근 20퍼센트나 올려서 적용한 수치로 이제는 규제라고 말하기 힘들 만큼 주택 구입의 걸림돌을 상당 부분 제거했다고 봐야 한다.

주택 대출의 범위를 소득과 연계했다는 측면에서 좀 더 바람직한 제도라고 할 수 있으나 부동산 경기 부양을 위해 너무나 과도한 수준으로 허용한 셈이다. LTV가 재(財) 스타일의 접근 방식을 취한다면 DTI는 산(産) 스타일의 접근 방식으로 실질 소득에 기초해서 적당한 집을 선택하도록 하는 합리적인 지표라 할 수 있다. 하지만 60퍼센트라는 기준을 그대로 믿고 무리하게 연 소득의 60퍼센트를 대출 원리금 상환에 쏟아 붓는다면 나의 수준보다 지나치게 과한 주택에 사는 것이다. 그렇다면 대출만 없다면 주택의 오버 슈팅은 없는 것일까? 그렇지 않다. 대출이 없다고 해도 소득에 비해 과한 주택에 거주한다면 앞에서 언급한 소비의 연쇄적 특징에 의해 주택의 크기나 주거 환경에 따라 추가 소비를 유발하며 오버 슈팅의 문제가 발생한다.

언제 어디서나 손쉽게 결제하는 사람들

1970년대 초에는 동네마다 지금의 대형 마트를 대신하는 재래시장이 있었다. 유일하게 돈을 내고 소비할 수 있는 장소가 시장이었고, 시장을 가지 않는 한 돈 쓸 곳이 없었다.

그런데 지금은 아침에 일어나 밤에 잘 때까지 하루 종일 시장에 나온 듯한 기분이 든다. 스마트폰을 비롯해 버스를 타거나 지하철을 타거나 심지어 거리를 걸어갈 때도 광고 천지다. 인터넷에 접속한 시간에도, 집에 돌아와 TV를 켜도, 심지어는 드라마 중간에도 광고를 통해 물건을 사라고 외치는 소리가 들린다. 소비가 필요한 시간이든 필요하지 않은 시간이든 일방적이고 입체적인 소비 유혹이 어느새 우리를 시장에 파묻혀 살게 하는 것이다.

> **Check up**
>
> 지금껏 이용해 본 소비 경로를 모두 체크해 보라.
>
> ☐ 인터넷 쇼핑몰을 통한 구입
> ☐ PC 검색을 통한 구입
> ☐ 소셜커머스를 통한 구입
> ☐ 스마트폰 광고 앱을 통한 구입
> ☐ TV 홈쇼핑을 통한 구입
> ☐ 카페나 블로그를 통한 공동 구매

만약 당신이 위의 체크업 질문에 두 개 이상을 체크했다면 오프라인보다 온라인으로 소비하는 비중이 커질 가능성이 높다.

우리는 부모님 세대보다 훨씬 많은 소비를 하고 있다. 하지만 소비가 행복과 정비례하는지는 알 수 없다. 소득이 높아지면서 미래의 안정된 생활이 가능하기보다는 미래 기대 소득에 기대어 소비의 오버 슈팅이 발생하고, 이것이 미래를 더욱 불안하게 만드는 것은 아닌지 이 시점에서 진지하게 생각해 볼 필요가 있다.

절대적 빈곤이 사라지고 상대적 빈곤만 남은 지금, 우리는 원하든 원하지 않든 인터넷과 정보화 사회가 가져다준 상대적 박탈감에서 자유로울 수 없다. 인생의 재무 계획을 시작해야 하는 2030세대가 어떻게 상대적 박탈감을 벗어나 자신에게 맞는 적정한 소비를 주도할 것인가가 앞으로 평생의 재무 계획을 지켜 나가는 데 있어 매우 중요하다.

수명은 길어지고 소득은 줄어든다

시대를 반영한 재미있는 이야기가 있다. 어느 날 아내가 남편에게 물었다. "여보, 당신은 언제까지 일할 거야?" 아내를 만족시킬 수 있는 대답은 무엇일까? "정년까지 일해야지." "아주 오래도록 일해야지." 정도의 대답으로는 부족하다. 요즘 아내들이 가장 좋아하는 대답은 따로 있다. "일하다 죽을 거야!" 웃어넘길 농담이지만 필연적인 시대의 요구가 들어 있다.

통계청 자료에 의하면 한국인의 평균 수명은 2007년 79.6세에서 2012년에는 81.4세로 1.8세가 늘었으며, 보건복지부 보고서에 따르면 2020년에는 84.2세로 높아질 전망이다. 이 같은 속도라면 2030세대의 평균 수명은 90세를 넘어설 것이다. 평균 수명의 연장은 우리나라를 세계에서 가장 빠른 속도로 고령화가 진행되는 국가로 만들었다. 실제로 65세 이상 고령 인구 비중이 2012년 11.0퍼센트에서 2020년에는 15.7퍼센트로 예상된다. 부모님 세대의 노후가 곧 우리의 노후라는 막연한 인식을 확 바꿔야 하는 시기가 온 것이다.

수명이 연장되는 만큼 소득 없이 생활해야 하는 노후 생활이 길어지기 때문이다. 세대별 라이프사이클을 살펴보면 2030세대는 부모님 세대보다 경제 활동을 위한 사회 진출 시기가 매우 늦어졌다. 너도나도 대학에 가고, 그것도 모자라 대학원에 유학까지 가는 고학력 인플레이션이 원인이다. 반면 조기 은퇴니 명예퇴직이니 하는 고용 불안이 사회 현상처럼 되어 버려 1차 은퇴 기간이 앞당겨진 데다 수명 연장으로 노후 시기는 늘어나는 그야말로 설상가상, 진퇴양난의 상황이라고 하겠다.

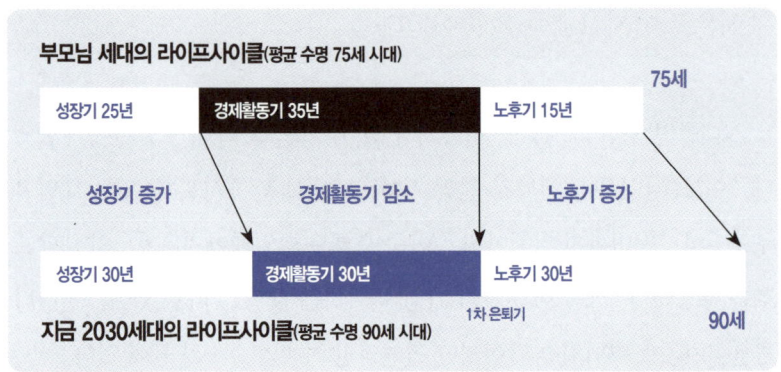

　이런 환경에 비추어 보면 도대체 희망이 하나도 없어 보인다. 한편 늘어나는 수명에 맞춰서 경제 활동 기간도 늘려야 한다는 정년 연장에 대한 사회 요구가 커지고 있다. 이에 따라 임금피크제도, 실버 취업 활성화 등을 통해 오랜 기간 일하는 사회 분위기가 조성될 것이 분명해 보인다. 우리가 말하는 현재 직장에서의 퇴직은 1차 은퇴가 될 것이고, 새로운 사업을 하거나 경력을 살려서 재취업을 하는 것이 일반화될 가능성이 높은 것이다. 앞으로는 두 번의 은퇴를 하게 되는 셈이다. 현직에서 물러나는 1차 은퇴와 생계형 경제 활동에서 완전히 물러나는 2차 은퇴다.
　이것은 길어진 인생에 따라오는 당연한 사회 변화다. 그렇다면 이제 우리는 어떻게 해야 하는가? 절대 소득이 높아지지 않는다 하더라도 오래도록 소득이 확보된다면 월급 관리를 어떻게 하느냐가 평생을 좌우할 것이다. 아직 늦지 않았다.

이 시대 월급쟁이 부자에게 배워라

머니 트레이닝 04 DAYS

□ 안정된 삶을 이룬 월급쟁이 부자의 특징을 알아본다.
□ 월급 관리를 혁신하고 싶은지 자문해 보자.

변화하는 진정한 부자들

월급쟁이 부자 하면 자연스럽게 '신의 직장'이란 말이 떠오른다. 누구에게나 선망의 대상이 되는 직장에 들어가야만 월급쟁이 부자가 될 수 있는 것 아닌가 하는 생각이 들기 때문이다. 1950~1960년대에 가장 인기 있는 직장은 제조업체인 한국나일론이었다고 한다. 1970년대에는 종합상사, 1980년대에는 금융 회사가 각광을 받았고, 1990년대에는 벤처 기업이 사랑받았다. 하지만 1997년 외환 위기를 지나 2000년대에 들어선 이후 최근까지도 교사나 공무원 같은 안정된 직업을 최고로 꼽는다.

시대를 막론하고 인기를 끄는 직업도 있다. 변호사나 의사 같은 전문직이다. 전문직은 일반 직장인보다 높은 소득이 보장되는 만큼 빨리 돈을 모아서 부동산 등에 투자하며 자수성가형 부자를 만들어 낸다. 우리나라에서 부자 하면 부동산 부자라고 해도 지나친 표현이 아닐 정도로 신흥 부자가 출현하는 데 부동산이 매우 큰 영향을 주었다. 그렇다면 이제 어떤 사람이 부자가 될 것인가?

부(wealth)라는 개념은 재산(財産), 즉 자산과 소득을 모두 포함하지만 사실 재(財)에 더 가까운 개념이다. 우리가 살아가면서 꼭 필요한 것만 소비한다고 하면 부는 오늘의 필요를 해결할 수 있는 것 그 이상을 의미한다. 오늘의 필요뿐만 아니라 내일 필요한 것, 내년에 필요한 것, 심지어 나를 지나 다음 세대인 후손의 필요마저 미리 축적하려는 욕망에서 비롯된 것이 바로 부다. 즉 대를 이어 세습하는 것을 전제로 하는 개념인 셈이다.

이제 우리 시대에 맞는 올바른 부자의 개념을 새롭게 세워 볼 필요가 있다. 평생 안정된 소득에 기초한 월급쟁이가 많으며, 월급쟁이 부자를 향해 노력하는 사람들도 많다. 세상에 존재하는 직업은 크게 네 가지로 구분 지을 수 있다. 소득이 높으며 오래 일하는 직업, 소득이 높으며 짧게 일하는 직업, 소득이 낮으며 오래 일하는 직업, 소득이 낮으며 짧게 일하는 직업이다.

과거에는 무조건 소득이 높은 직업을 선호했다. 연예인이나 프로 운동선수는 오랫동안 일하지 못할지라도 높은 금리를 이용해 짧은 기간에 많은 돈을 벌어서 자산을 빠르게 불려 나갔다. 금리가 높다는 말은 고금리 상품으로 자산을 성장시켰다는 뜻이 아니다. 무슨 사업을 하든 고속 성장이 가능했다는 의미다.

그런데 언젠가부터 저성장이니 장기 불황이니 하는 말을 귀에 못이 박이도록 듣는 세상이 되었다. 사업은 실패하고 벌이는 일마다 불황의 그늘을 벗어나지 못하면서 자본은 갈 곳을 잃고 은행 금리는 사상 최저 기록을

갈아치운다. 은행에 10억을 들고 가도 VIP룸에 들어가서 상담하기가 어렵다. VIP룸은 누가 쓰느냐고 물으면 10억 대출을 받으러 온 사람이 앉아 있다는 우스갯소리가 있다. 어느새 자산보다 소득이 중요한 시대로 바뀌어 가는 것이다.

상황이 달라지면서 인기 직업도 변했다. 일하는 기간이 짧더라도 높은 소득을 올리는 직업군이 각광을 받던 시대를 뒤로하고 이제는 소득이 낮더라도 오래 일하는 직업에 관심이 집중되고 있다. 물론 소득도 높고 일도 오래 할 수 있다면 두말할 필요도 없이 최고겠지만, 보통은 소득이 일정한 직업을 더 선호한다.

부자의 개념 역시 자산이 많은 사람이란 의미에서 자산은 많지 않더라도 경제활동기 이후까지 소득이 지속되는 소득형 부자로 바꿔야 한다. 부자를 단계별로 정리한 표를 보자. 당신이 그동안 생각해 온 개념과 어떤 차이가 있는지 살펴보라.

부자의 단계	1단계 생활형 부자	2단계 소득안정형 부자	3단계 자산형 부자
1단계 인생의 필요 자금을 해결할 수 있다.	○	○	○
2단계 경제활동기 이후에도 안정된 생활이 가능하다.		○	○
3단계 자녀에게 재산을 물려줄 수 있다.			○

Check up

당신이 생각하는 부자는 어느 단계인지 체크해 보라.
☐ 1단계 생활형   ☐ 2단계 소득안정형   ☐ 3단계 자산형

당신이 목표로 하는 부자는 어느 단계인지 체크해 보라.
☐ 1단계 생활형   ☐ 2단계 소득안정형   ☐ 3단계 자산형

많은 사람들이 부자 하면 3단계를 생각하고 덜컥 겁부터 먹는다. 그러곤 언제 월급을 모아서 부자가 되겠느냐며 한숨부터 내쉰다. 1~2단계는 생각조차 못 하고 쉽게 포기하거나 주저앉는 것이다. 이제는 나에게 맞는 부자의 모습을 찾아내고 목표를 이루기 위해 노력하는 자세가 필요하다.

월급쟁이 부자의 특징을 알면 답이 보인다

월급쟁이 부자는 쥐꼬리라는 수식어가 붙어 다니는 월급만으로 부자가 된 사람들이다. 그들은 분명 남다른 습관과 태도를 가지고 있다. 그들이 이룬 2단계 소득안정형 부자는 상속형 부자도 있고 자수성가형 부자도 있는 3단계 자산형 부자와 달리 100퍼센트 자수성가형이라는 점에서 직장인들의 롤모델이 될 수 있으며, 더욱 세밀하게 관찰해 볼 만한 가치가 충분하다. 그들의 생활 습관과 돈에 대한 철학을 보면 몇 가지 특징이 있다.

첫째, 큰돈보다는 푼돈을 아낀다

이 무슨 해묵은 이야기인가라고 반문할지 모르겠다. 해묵은 이야기일 수도 있다. 그래서 오랜 진리와도 같은 말이다. 흔히 부자 하면 돈을 잘 쓰는 화끈한 사람이나 통 큰 사람이라고 오해한다. 물론 자산형 부자 중에는 그런 사람들이 종종 있다. 하지만 월급쟁이 부자의 모델인 2단계 소득안정형 부자는 꼼꼼하고 신중하며 인내심이 강하다.

푼돈을 아낀다는 말은 무슨 뜻일까? 내가 만나 본 월급쟁이 부자의 공통점은 푼돈이라도 자꾸 반복되는 소비, 즉 매달 고정 비용처럼 소비되는 돈을 쉽게 생각하지 않는다는 것이다.

평생을 군인의 아내로 살아온 지인이 있는데 돈 관리 전문가인 필자가 봐도 모범 사례로 들 만하다. 군인 월급만으로 생활의 안정을 이루었고, 아직 은퇴하지 않아 연금을 받지 않지만 일정 수준 이상의 자산을 모아 놓았다. 비결이 궁금해서 돈 관리에 대한 생각을 묻자 조금 생각하더니 들려준 이야기가 있다.

남편이 군인이라 주말 부부로 지내며 일주일에 한 번 전방을 오가는데 하루는 보지도 않는 신문 뭉치를 발견했다. 한 달 신문 값이 5,000원이었다. 대수롭지 않게 생각할 만한 작은 돈이다. 하지만 그 후로도 읽지 않은 신문이 계속 쌓이는 걸 보고 과감하게 신문을 끊었다. 푼돈을 우습게 여기지 않았던 것이다.

남들은 푼돈이라고 가벼이 여길 작은 액수지만 계속해서 나가는 비용이라면 결국 5,000원이 아니라 1년 치 6만 원으로 생각해야 한다. 매일 아침 사 먹는 커피 한 잔, 매달 자동으로 결제되는 음악 스트리밍 서비스 등 대수롭지 않게 여기지만 고정 비용처럼 매월 빠져나가는 소비가 의외로 많다. 푼돈을 소홀히 여기지 않는 태도가 여전히 부족한 것이다. 푼돈을 아끼는 사람이 큰돈을 모은다는 해묵은 이야기가 남다르게 다가와야만 한다.

둘째, 신중하게 소비하고 과감하게 저축한다

월급쟁이 부자는 소비할 때는 매우 신중하지만 저축과 투자에 관한 한 과감한 실행력을 보인다. 단 본인이 제대로 이해하지 못하면 절대 투자하지 않는다는 전제 조건이 있다. 그래서 항상 배우고 학습하며 새로운 정보에 귀 기울인다.

실행력이란 결정하고 바로 행동에 옮기는 능력을 말한다. 당신은 얼마나 결단력이 있다고 생각하는가? 저축하고 투자하는 데 결단력과 실행력이 왜 중요한 것일까?

> **Check up**
> 지금껏 재테크 측면에서 가장 잘못된 결정이었다고 생각하는 일을 적어 보라. 그 결정을 하는 데 걸린 시간은 얼마인가?

10년 넘게 많은 직장인을 만나면서 알아낸 흥미로운 사실이 있다. 투자를 할 때 오래 고민해서 내린 결정일수록 오히려 결과는 신통치 않다는 것이다. 정답은 처음부터 고민을 불러일으키지 않는다. 처음부터 명쾌하고 신뢰가 가는 투자라면 두말 않고 행동에 옮겨야 하지만, 무언가 고민이 시작된다면 좋은 투자일 가능성이 낮은 것이다.

당신은 위의 체크업 질문에 어떤 답을 적었는가? 상담을 진행하면서 많은 사람이 잘못된 결정이라고 들려준 이야기의 상당 부분이 근본부터 잘못된 결정이라기보다는 결정을 미루거나 결정을 아예 못 한 것임을 깨달았다. "그때 그 주식을 샀어야 했는데." "그때 그 아파트를 샀어야 했는데." 이런 식이다.

사람들은 잘못된 결정 때문에 실패하는 것이 아니라 결정하는 것 자체에 실패하는 경우가 의외로 많다. 월급쟁이 부자는 오늘 어떤 적금을 들지 고민했으면 다음 날 당장 가입한다. 행동을 미루지 않는다. 사실 오늘 결정하지 못한 사람은 내일도 모레도 결국 결정하지 못한다는 것을 오랜 상담을 통해 알았다. 부자는 결정을 망설이지 않고 곧바로 행동에 옮기면서 더 많은 기회를 갖는 것이다.

셋째, 목표를 정하고 달려든다

40대 후반에 처음 만나 어느덧 퇴직을 앞둔 중견 기업의 유 부장님은 임원이 되지 못했지만 정년에 가까운 나이까지 근무하며 능력자로 통할 만큼 실력을 인정받는다.

5년 후면 개인연금도 시작되고 50대 초반에 마련한 오피스텔도 있으니 안정된 노후 준비를 마친 셈이다. 지금은 월세를 받아서 대출금을 갚고 있지만 3년 후면 다 갚기 때문에 은퇴하면 120만 원이 넘는 월세가 고스란히 순소득이 될 것 같다. 상담을 하면서 오히려 필자가 크게 배운 점이 있는데, 바로 목표를 세우는 습관이다.

오랜만에 만난 그는 요즘 자꾸 살이 찌는 것 같아 퇴근길에 아파트 13층까지 걸어서 올라간다고 했다. 어김없이 목표 이야기가 뒤따른다. 한 달을 목표로 시작했는데 이제 일주일 남았다고 웃는다.

절로 고개가 끄덕여진다. 월급쟁이 부자는 목표를 세우는 데 익숙하다.

사소한 일도 게임을 하듯이 목표를 정해서 인내심을 갖고 실천하는 것이다. 투자와 저축도 예외가 아니다. "월 20만 원씩 3년 정도 투자하려고 하는데 어떤 상품이 좋을까요?" 상품 문의도 이런 식이다.

당신은 목표를 세우고 일정 기간 돈을 모아서 물건을 사 본 경험이 있는가? 떠오르는 기억이 없다면 월급쟁이 부자와 달리 저축에는 신중하고 소비에는 과감한 스타일이기 쉽다. 부자의 또 다른 덕목인 인내심은 바로 이 목표에서 비롯된다. 당신은 어떤 목표를 세웠는가?

넷째, 부자에겐 실행력이 있다

행동에 옮기는 힘, 바로 실행력이다. 실행은 결정에 행동을 더한 의미인데, 여기서 말하는 실행이란 조건반사와 같이 그저 빨리 결정해서 행동으로 옮기는 것이 아니라 내용을 잘 이해하고 본인에게 적용해 본 후에 결정하는 신중함이 밴 행동을 의미한다.

과연 월급쟁이 부자는 짧은 시간에 합리적인 결정을 할까? 새로운 파생형 예금 상품이 출시되어 여유 자금을 가진 고객 30명에게 상품의 내용과 장단점을 설명하는 팸플릿을 우편으로 보냈다. 그리고 3일 안에 전화로 피드백을 받았다.

고객에 따른 변수는 있겠지만 새로운 상품에 대한 반응과 관심도는 큰 차이를 나타냈다. 73퍼센트에 달하는 22명은 새로운 정보를 제대로 해석할 만큼 마음과 시간의 여유가 없어 보였다. 하지만 2~3명은 상품을 제대로 이해하여 본인에게 적용해 본 후 의사 결정 단계에 있었다. 오랜 상담 경험으로 보면 사람들은 새로운 정보를 받아들여서 행동에 옮기기까지 일정한 과정을 거친다.

1단계	2단계	3단계	4단계	5단계
듣는다	경청한다	이해한다	신뢰한다	행동한다
hearing	listening	understanding	believing	doing

위의 과정을 잘 살펴보면 듣는 것과 경청하는 것은 분명히 다르다. 우리는 수많은 정보에 노출되어 있는데 듣는다고 모두 경청하는 것은 절대 아니다. 그런데 월급쟁이 부자는 어떤 정보도 허투루 다루는 법이 없어 보인다. 다시 말해 월급쟁이 부자는 1단계가 아니라 2단계인 경청부터 시작함으로써 결정 프로세스를 단축한다.

사실 위의 간단한 실험을 진행하면서 어느 고객이 어떻게 반응할지, 어느 고객이 새로운 정보에 반응하고 추가 질문을 통해 좀 더 정확한 정보를 얻으려 할지 미리 예측하고 있었다. 필자의 예측은 놀라울 정도로 정확하게 들어맞았다. 그 고객의 성향과 스타일을 잘 알기 때문이다. 부자가 되는 습관을 가진 사람은 남의 말을 경청한다. 부자의 길을 가는 사람들의 실행력이란 경청-이해-신뢰-행동의 단계가 매우 빠른 것이라고 할 수 있다. 월급쟁이 부자의 공통점은 경청하여 제대로 이해하고 확신이 들면 어김없이 행동하는 것이다.

다섯째, 시간을 낭비하지 않는다

월급쟁이 부자는 부지런하고 바쁘다. 사실 현대 사회에서는 부지런하고 성실한 것이 크게 부각되는 장점은 아니다. 이것만으로는 성공이 보장되지 않기 때문이다. 단 부지런하다고 부자가 되지는 않겠지만 부지런하지도 않다면 함량 미달일 수밖에 없다. 바쁜 일상을 쪼개어 돈을 불리는 방법을 공부하며 새로운 정보를 받아들이고 분석하는 일은 부지런하지 않으면 절대 불가능하다.

월급쟁이 부자는 하루 24시간을 스케줄에 맞추어 바쁘게 생활한다. 쉬거나 놀 때도 시간을 아끼며 부지런하게 움직인다. 앞에서 월급쟁이 부자는 부지런하고 실행력이 강하다고 얘기했는데, 부지런하다는 말은 일을 열심히 한다는 의미지만 좀 더 넓은 뜻에서 보면 '항상 새로운 것을 배우고 최신 트렌드를 받아들이며 도전과 체험을 멈추지 않는 라이프스타일'을 의미한다. 쉽게 말해서 한시도 가만히 있지 않는다.

변화를 위한 자기 혁신을 선언하라

경제학자 애덤 스미스는 시장은 보이지 않는 손이 작용하여 합리적 가격과 최대 효용을 찾아가는 자기 조절 능력이 있다고 주장했다. 이 주장의 밑바탕에는 인간은 절대적으로 합리적인 판단을 하는 존재라는 전제가 깔려 있다.

하지만 사람들이 소비하는 모습을 보면 과연 '인간은 합리적인 존재인가?' 하는 의문에 빠지고 만다. 애덤 스미스의 이론이 무색해질 정도다. 예를 들어 신용카드 사용을 줄여야 한다는 사실을 잘 알지만 언제나 '이번이 마지막이야!'라는 마음으로 유혹에 넘어가곤 한다. 생각과 행동이 전혀 다른 것이 바로 인간이다.

이제 우리는 혁신을 선언해야만 한다. 자기 자신은 물론 다른 사람들 앞에서도 해야 한다. 금연이나 금주를 선언한 사람들의 이야기를 들어 보면 금연, 금주를 선언하면 옆에서 도와주기는커녕 빈정대거나 못 하도록 방해한다고 한다. 하지만 절대 그렇지 않다. 금연이나 금주를 선언한 당신의 의지가 참인지 거짓인지, 또 얼마나 강한지 시험해 보려는 것일 뿐 선언한 대로 강한 의지를 가지고 계속 실천하면 당신을 지지하며 도와줄 것이다. 돈 관리도 마찬가지다. 그동안 계획이나 시스템이 없었다 할지라도 지금부터 제대로 해 보겠다고 선언한다면 당신은 이미 이 책을 통해 변화하려는 목표의 50퍼센트를 이룰 것이다.

Check up

아래의 내용을 세 명 이상에게 선언하고 상대방의 이름과 날짜를 적어 보자. 꼭 실천해야 한다. 그냥 넘어가지 않기 바란다.

월급 경영 혁신 선언 | 그동안 나의 월급 관리가 부족했거나 엉망이었다고 해도 이제부터는 이 책이 안내하는 방법대로 월급 관리 체질 개선을 통해 월급 경영 단계에 이르기까지 나를 혁신할 것을 선언한다.

※가족을 포함해 세 명 이상에게 선언하고 상대방의 이름과 날짜를 적는다.

구분	가족		친구		직장 동료	
	이름	날짜	이름	날짜	이름	날짜
NO.1						
NO.2						
NO.3						

스마트 월급 관리로 시작하라

□ 월급 관리의 다섯 가지 포인트를 배운다.
□ 소득과 지출은 100원 단위까지, 재무 목표는 10만 원 단위까지 표시한다.

누구나 손쉽게 월급을 관리하는 방법

스마트 월급 관리란 1년이면 열두 번, 평생에 300번 이상 반복되는 월급을 잘 관리하는 도구라고 생각하면 된다. 이 책을 통해 완성해야 하는 월급 관리 시스템의 기본 철학이자 개념을 내재한 것이 스마트 월급 관리다. 우선 스마트 월급 관리의 핵심 개념을 하나씩 짚어 보자.

Simple	복잡하지 않고 명확한
Master Plan	장기적인 밑그림과
Attitude	좋은 태도를 가지고
Repetition	꾸준히 반복해서
Training	월급 관리를 실천하는 것

복잡하지 않고 명확하다 (Simple)

월급은 돈이며 곧 숫자다. Simple은 숫자가 단순하고 명확해야 한다는 뜻이기도 하고, 목표에 대한 흔들리지 않는 명확함을 의미하기도 한다. 숫자에서 대충은 없다. 월급이란 오랜 기간 반복되는 숫자이므로 약간의 차이를 대수롭지 않게 생각하기 쉬운데 스마트 월급 관리는 이러한 차이를 절대 용납하지 않는다.

이제 명확한 목표와 정확성을 가지고 월급 관리를 할 것이다. 스마트 월급 관리에서 재무 목표는 10만 원 단위까지, 소득과 지출 내용은 100원 단위까지 작성하는 것이 원칙이다.

장기적인 밑그림을 그려라 (Master Plan)

월급 관리는 한 달 살림을 잘하는 데 그치지 않고 소득을 통해 평생의 재무 목표를 이루어 가는 과정이다. 월급을 받는 모든 직장인은 장기적인 밑그림을 그리는 일이 매우 중요하며 반드시 필요하다.

그럼에도 불구하고 대부분의 직장인은 마스터플랜이 없다. 마스터플랜은 구체적으로 목표를 정하기 전에 세우는 기본 계획이므로 아주 세부적이지 않아도 상관없다. 다만 본인의 가치관과 꿈을 담은 명확한 계획이어야 한다. 스마트 월급 관리 전에 반드시 마스터플랜을 세운다.

미혼인 김수동 씨(가명, 31세)가 결혼 자금을 시작으로 주택 자금과 노후 자금으로 이어지는 인생의 큰 그림을 그리며 세운 마스터플랜과 재무 목표를 살펴보면서 자신만의 것을 만들어 보자.

■ 김수동 씨의 마스터플랜과 재무 목표

구분	목표 시기	마스터플랜	재무 목표	
			총 필요 금액	향후 준비 금액
결혼 자금	2년 (33세)	부모님이 준비해 주는 돈을 1억~1억 5,000만 원으로 예상하고 2년 안에 결혼 자금 5,500만 원을 모은다. 광진구에서 20평형 전세 아파트로 시작한다.	5,500만 원	2,100만 원
주택 자금	10년 (41세)	광진구의 28평형 아파트를 소유한다. 인플레이션을 감안해서 적어도 지금 가격의 80퍼센트 이상을 확보해야 가능하다. 미래 배우자와 함께 주택 자금을 확보한다.	4억 원	1억 9,920만 원
노후 자금	29년 (60세)	공적연금은 65세 이후 100만 원이 예상된다. 연금으로 100만 원, 임대용 부동산으로 월 100만 원을 수령하는 준비를 한다.	월 300만 원	임대용 부동산 5억 원, 연금 월 100만 원, 국민연금 월 100만 원
자기 계발 자금	매월	특별 소비, 학업, 여행 등에 필요한 자금을 확보한다.	월 200만 원 유지	매달 10만 원 적립

좋은 태도를 유지하라 (Attitude)

어떤 일을 하든 태도의 중요성은 항상 강조하는 덕목이다. "태도는 작은 부분이지만 커다란 차이를 만든다."는 윈스턴 처칠의 말처럼 월급쟁이 부자는 좋은 태도를 유지하며 부를 이루어 커다란 차이를 완성했다.

월급 관리에서 좋은 태도란 무엇일까? 작은 원칙을 지켜 나가는 것이다. 월급 통장과 별도로 소비 통장과 저축 통장을 만들어 월급날마다 각 통장에 송금하는 일, 신용카드보다 체크카드를 사용하고 일별과 월별로 사용 내역을 확인하는 일, 시간을 내서 금융 지식과 상품을 공부하는 일, 사소한 일도 귀찮다는 핑계로 미루지 않는 것, 당장 별 차이가 없을 것 같아 차일피일 미루지 않고 즉시 실천하는 일. 이런 사소한 행동이 월급 관리의 좋은 태도다. 윈스턴 처칠의 말처럼 월급 관리에서 태도란 작은 부분이지만 훗날 큰 차이를 만들기 때문이다.

꾸준히 반복하라 (Repetition)

25세에 직장 생활을 시작해서 60세 정년까지 근무한다면 평생 400번이 넘는 월급을 받는다. 월급은 계속 반복된다는 특징이 있다. 월급의 몇 퍼센트를 소비하고 몇 퍼센트를 저축하는지, 몇 퍼센트가 남는지 알려 주는 것이 바로 월 현금 흐름이다.

월 현금 흐름이 좋으면 1년에 열두 번씩 좋은 흐름이 반복된다. 반대로 월 현금 흐름이 좋지 않다면 자신도 모르게 1년에 열두 번씩 좋지 않은 현금 흐름이 반복된다. 월급은 똑같은 모습으로 반복되는 특징이 있는 터라 시간이 지나면 작은 차이가 큰 차이를 만든다. 적절한 월 현금 흐름이라도 꾸준한 실천과 반복에 의해 비로소 시스템이 된다. 반복은 자신도 마음대로 할 수 없는 올바른 습관을 완성한다.

강제로 실천하라 (Training)

인생에는 강제로 실행해야 하는 세 가지가 있다고 한다. 바로 공부, 운동, 저축이다. 강제라는 말이 붙은 이유는 누구도 자발적으로 하지 못하기 때문이다. 억지로라도 시켜야 할 만큼 중요하다는 의미일 수도 있다.

월급 관리와 저축, 이 두 가지도 누구나 꾸준히 실천하기 어렵다. 필자는 5년 전부터 '머니 트레이너'라는 말을 쓰기 시작했다. 운동이든 저축이든 꾸준히 실천하려면 트레이닝이 필요하고 누군가 끌어 줘야 한다. 마스터플랜과 재무 목표를 따라 누군가 강하게 이끌어 주는 힘에 의해 나아가는 것, 그것이 스마트 월급 관리의 완성이다.

지금 필요한 돈과 나중에 필요한 돈을 구분하라

직장인에게 재무 계획이란 사실 1년 또는 2년 후까지는 제대로 인식하는 경우가 많지만 3년 이후에 관한 것이면 나 몰라라 식이 되거나 어떻게 되겠지 식이 되어 버린다. 1년 혹은 2년 후에 쓸 돈은 '당장 필요한 돈'이란 개념에서 잘 모으고 보존하는 반면 3년 이후에 필요한 돈은 '나중에 필요한 돈'이란 생각에 제대로 준비하지 않는 경우가 많은 것이다. 곧 일어날 일에 대해서는 철저하다가도 좀 먼 훗날의 일은 대충 생각해 버리는 경향이 있기 때문이다.

여름 휴가철이 다가오면 그 짧은 휴식을 위해 꼼꼼하게 생각하고 철저하게 계획을 세운다. 1년 365일 중 단 일주일의 휴식을 위해서도 이렇듯 철저하게 계획을 세우는데 평생의 절반이 넘는 40년의 재무 계획을 세우는 일은 왜 꼼꼼하지 못한 걸까?

동물에게는 내일이란 개념이 없다. 이 순간에 필요한 욕구를 해결하는 데 온 힘을 쏟으며 살아갈 뿐이다. 유일하게 인간만이 내일 그리고 더욱 먼

미래를 생각하고 준비한다. '지금 필요한 돈'과 '나중에 필요한 돈'에 대해 확실한 개념을 세우려면 스마트 월급 관리가 필요하다.

여윳돈에는 수익이, 급한 돈에는 비용이 따라다닌다

우리는 왜 미래를 계획해야 하는가? 세상에서 가장 무서운 것이 모르고 당하는 일이라고 한다. 무슨 일이든 갑자기 당하면 더욱 곤혹스러운 법이다. 반면 아무리 곤란한 일도 미리 대비하면 슬기롭게 극복할 수 있다.

공해에 가깝다고 느낄 만큼 각종 매체에 반복해서 등장하는 것이 대출 광고다. 저마다 빠르고 편리한 대출임을 강조한다. 불현듯 스치는 생각이 있다. 세상에 긴급하게 돈이 필요한 사람이 어쩜 저렇게나 많을까? 긴급하다는 말은 미리 계획을 세우지 못했다는 의미일 것이다. 긴급한 일에는 반드시 따라다니는 것이 있는데 바로 추가 비용이다.

돈을 빌리면 그 사용료로 지불하는 이자가 바로 추가 비용이다. 제1 금융권인 은행을 기준으로 연 4~7퍼센트 이자를 내면 되지만 이처럼 긴급한 돈에는 10퍼센트 이상, 심지어 20퍼센트를 넘는 이자가 발생하니 실로 엄청난 비용이다. 돈에 대해 미리 준비하고 계획하지 않는다면 미래에 만만치 않은 비용을 지불해야 한다는 것을 반드시 알아야 한다. 월급을 잘 관리하고 재무 목표를 스마트하게 세워야 하는 이유다.

저금리 시대가 본격적으로 시작된 2000년대, 은행 금리에 만족하지 못하고 주식 시장으로 대규모의 개인 자금이 이동했다. 실제로 상담 중에 투자 경험을 물어보면 절반 이상의 직장인이 주식에 직접 투자해 본 적이 있는데 결과가 좋지 않았다고 답한다. 대체 그 이유는 무엇일까? 직장인들이 주식 시장에 투자한 돈은 여윳돈이 아니기 때문이다. 1년 후에 필요한 결혼 자금, 8개월 뒤에 올려 줄 전세 자금 등 급한 돈이 주식 시장에 들어오면 반드시 돈을 잃는다. 급한 돈을 투자한 사람은 숲을 보지 않고 나무만 보기 때문이다.

반면 여윳돈은 수익이 난다. 특히 은퇴 후 소일거리로 투자하는 돈은 수익이 잘 난다. 이 경우 본인이 산 주식 종목이 뭐였는지 되묻기도 한다. 믿기 어렵겠지만 주식을 사고도 잘 기억하지 못한다. 언제나 느긋하다. 급할 것이 없으니 늘 차분하고 냉정하며 나무보다는 숲을 볼 수 있다.

2008년 미국의 금융 위기나 2011년부터 2012년에 걸친 유럽의 재정 위기를 보면 급한 돈과 여윳돈의 상반된 대처를 확인할 수 있다. 주식 등 투자 시장에 있는 돈은 전쟁이나 금융 위기가 일어나면 주식을 팔고 투자 시장을 뛰쳐나와 채권이나 현금(특히 미국달러) 같은 안전 자산으로 이동하며, 이런 과정에서 주가를 크게 끌어내린다.

여윳돈을 투자한 사람은 시장이 온통 하락의 공포에 휩싸이더라도 차분히 상황을 지켜보면서 언제 다시 회복할 것인가를 관망하고, 일시적으로 주식이 폭락했을 때 우량 주식을 사들인다. 반면 급한 돈은 몇 십 퍼센트의 손실을 감수하면서도 주식을 팔고 나가는데, 더 많은 돈을 잃을 거란 공포심을 이겨 내지 못하기 때문이다. 내년에 결혼할 밑천이고 8개월 뒤 사용할 전세 자금에 더 큰 손실이 생기면 안 되기 때문이다.

금융 위기든 전쟁이든 시간이 지나면 모두 진정되고 주가는 위기 이전보다 높은 수준으로 회복된다. 오히려 위기를 거치며 많은 여윳돈이 큰 수익을 낸다. 투자 시장에서는 이런 시나리오가 지난 100년간 계속 반복되었다고 해도 과언이 아니다.

번 돈과 앞으로 벌 돈을 계산하라

　직장인은 평생 동안 얼마나 벌 수 있을까? 연봉을 기준으로 정년까지 근무한다고 가정했을 때 얼마나 벌지 계산해 본 일이 있는가? 계산해 보지 않았다면 이런 이유가 아닐까 싶다. 직장인이 얼마나 벌 수 있을지 계산하는 데 변수가 너무 많다. 우선 정년까지 근무할 수 있을까 하는 의구심이 들 것이다. 연봉이 얼마만큼 올라갈지도 의문이다. 평균치를 적용해서 계산한다고 하더라도 화폐 가치가 하락하면 그 금액이 얼마나 가치 있을지 잘 가늠되지 않는다. 사정이 이렇다 보니 계산 자체를 그냥 포기해 버린다.

　물론 미래의 모든 것을 알 수는 없다. 위에서 말한 변수도 알 수 없다. 그럼에도 불구하고 한번 계산해 볼 것을 권한다. 재무 계획이 중요하다는 것을 잘 알면서도 외면하는 것은 얼마를 벌지, 얼마를 쓸지 모르기 때문이다.

　예측한 내용과 현실은 다르다. 그렇지만 예측은 우리 앞에 다가온 현실에 잘 대처하도록 해 줄 것이다. 설령 예측이 빗나간다 할지라도 예측을 해 보는 것은 출발 전에 인터넷에서 여행지의 모습을 살펴보는 일과 같다. 현지 답사를 하는 것처럼 의미 있는 일이 될 것이다.

내 월급이 어떻게 이루어져 있는지 정확하게 알아보는 단계다.
소득이 있는 곳이면 항상 따라붙는 세금 문제, 그 세금을 깎아 주는 각종 제도, 세금은 아니지만 매월 떼는 4대 보험 그리고 기본급과 보너스에 이르기까지 그동안 대수롭지 않게 넘어간 사소한 것이라도 내 월급을 구성하는 요소라면 제대로 이해하여 진정한 월급의 주인이 되기 바란다.

스마트한
월급 관리의
법칙

2단계

내 월급을 정확히 들여다보자

머니 트레이닝
06 DAYS

월급을 제대로 이해하라

☐ 세금을 떼기 전 소득과 떼고 난 후의 소득을 정확히 이해하자.
☐ 세금을 얼마나 어떤 방식으로 떼는지 확인하고 절세를 계획하자.
☐ 비정기 소득과 정기 소득을 정확히 구분하여 새는 돈을 막자.

정기 소득과 비정기 소득을 정확하게 알고 있는가

월급을 뜻하는 샐러리(salary)의 어원은 고대 로마의 병사들에게 정기적으로 동일하게 지급한 소금(salt)에서 비롯되었다. 이처럼 월급 하면 같은 금액이 정기적으로 나오는 것만 생각하기 쉬운데, 상당수의 직장인이 정기 소득 외에 보너스 개념의 다양한 상여금을 비정기 소득으로 받는다.

그렇다면 왜 월급을 정기 소득과 비정기 소득을 구분해야 하는지 알아보자. 의외로 본인의 연간 소득을 정확하게 알지 못하는 직장인이 많다. 바로 비정기 소득 때문이다. 제때 나오는 월급은 잘 알지만 나오는 시기나 금액이 일정하지 않은 비정기 소득 때문에 정확한 소득을 파악하지 못하는 것이다. 사실 오랜 시간이 지나서 보면 월급 관리를 방해하는 주범이 바로 비정기 소득인 보너스라는 점을 깨닫는다.

지난 10년간 상담해 본 결과 똑같이 연봉 4,000만 원을 받아도 매월 333만 원씩 열두 달을 똑같이 받는 정기 소득형 직장인 A와 매월 250만 원씩 기본급을 받고 3개월에 한 번씩 보너스로 250만 원을 받는 비정기 소득형 직장인 B를 비교해 보면 A가 B보다 월급 관리도 잘하고 저축도 더 많이 하는 것을 알 수 있었다. 한두 해 관찰한 것이 아니라 10년 이상의 사례 연구를 통해 얻은 결론이다. 이 같은 상황이 십 수 년 지속되는 경우 매우 큰 차이를 만든다.

이런 차이가 발생하는 이유는 무엇일까? 직장인은 월급이 들어오는 간격인 30일을 반복 주기로 생각하고 자연스레 30일, 즉 한 달 살림을 살아간다. 그래서 한 달에 한 번씩 들어오는 정기 소득을 한 달 살림의 기준점으로 삼는 것이다.

월 정기 소득의 합이 곧 연 소득인 RI형(regular income, 정기 소득형: 1년 열두 달 매월 동일한 월급을 받는 소득 형태) 직장인의 경우, 자연히 매월 소비와 저축 그리고 남는 돈의 비율이 일정한 규칙이 되어 반복되는 월 현금 흐름이 된다. 연 소득 전체가 본인의 관리 아래 동일한 원칙으로 들어오는 것이다.

반면 정기 소득과 보너스를 합한 연 소득인 IRI형(irregular income, 비정기 소득형: 매월 동일한 소득 외에 보너스를 받는 소득 형태) 직장인의 경우는 월급 외에 수백에서 수천만 원의 소득이 생기는데, 이 돈은 매월 반복되는 월급과 달리 일정한 규칙을 가지고 관리하지 못한다. 앞에서 언급한 3개월마다 보너스가 나오는 직장인의 경우, 보너스인 250만 원을 가지고 무엇을 할까? 보너스는 규칙적으로 나오는 돈이 아니니 적금을 들 수도 없다. 딱 쓰기 좋은 돈이다. 그동안 억눌러 온 소비 심리를 자극하기 좋은 눈먼 돈이 되는 경우다. 저축과 투자를 생각한다 하더라도 3개월마다 새로운 숙제를 떠안는 셈이다. 상황이 이렇다 보니 비정기 소득형 직장인이 더 월급 관리가 안 되는 것이다.

Check up

1) 저축이나 투자 등 보너스에 대한 사용 원칙이 있는가?
　　　　　　　　　　　　　　　　　☐ Yes　　☐ No

2) 연 소득 중에서 보너스 같은 비정기 소득이 차지하는 비중은 얼마인가?
① 40퍼센트 이상　② 30~39퍼센트　③ 20~29퍼센트　④ 19퍼센트 미만

　대체로 정기 소득은 일정한 규칙에 따라서 저축하는 경우가 많으나 보너스는 그렇지 못한 경우가 대부분이다. 당신이 1)번 질문에 No라고 대답했다면 돈 관리의 어려움을 느낄 가능성이 있다. 또한 2)번 질문에서 보너스 비중이 높으면 높을수록 더욱 어려워할 것이다.
　이제 어떻게 할 것인가? 해답은 명확하다. 보너스 같은 비정기 소득을 정기 소득으로 만들면 된다. 소득이 어떠한 간격으로 들어오든 상관하지 말고 살림을 살아가는 한 달을 기준으로 소득을 평균화하자. 앞에서 언급한 직장인 B도 직장인 A처럼 한 달을 살면 되는 것이다.
　IRI형 직장인 B의 연 소득과 월 현금 흐름을 정리하면 다음과 같다.

■ IRI형 직장인 B의 연 소득과 월 현금 흐름

구분	1월	2월	3월	4월	5월	6월	7월	8월	9월	10월	11월	12월
월 기본 급여	250만	250만	250만	250만	250만	250만	250만	250만	250만	50만	250만	250만
보너스			250만			250만			250만			250만
월 소득 합계	250만	250만	500만	250만	250만	500만	250만	250만	500만	250만	250만	500만

구분	1월	2월	3월	4월	5월	6월	7월	8월	9월	10월	11월	12월
월 저축	100만	100만	100만	100만	100만	100만	100만	100만	100만	100만	100만	100만
월 소비	100만	100만	100만	100만	100만	100만	100만	100만	100만	100만	100만	100만
남는 돈 1	50만	50만	50만	50만	50만	50만	50만	50만	50만	50만	50만	50만
남는 돈 2			250만			250만			250만			250만

직장인 B는 100만 원을 저축하고 100만 원을 소비하며 50만 원이 남는 월 현금 흐름을 갖고 있다. 매달 100만 원을 저축한다면 월급의 40퍼센트를 저축하는 셈이다. 하지만 3개월마다 나오는 보너스를 합해서 평균화하면 실제 월 소득은 333만 원이 되기 때문에 월급의 30퍼센트를 저축하는 꼴이다. 미혼임을 감안하면 저축 비율이 매우 저조하다. B는 왜 저축을 많이 하지 못하는 것일까?

물론 매월 발생하는 남는 돈 50만 원과 3개월 한 번씩 나오는 보너스 250만 원을 100퍼센트 소비하지는 않을 것이다. 하지만 정기적인 저축을 하지 않을 경우 계획하지 않은 지출로 흘러 나간다는 것은 비정기 소득이 많은 사람이면 누구나 아는 사실이다. 연 소득을 월 기준으로 평균화하여 돈이 들어오는 간격과 무관하게 정확한 월 평균 소득을 파악하고 기준점으로 삼는 것이 매우 중요하다.

반면 RI형 직장인 A의 연 소득과 월 현금 흐름을 정리하면 다음과 같다.

■ **RI형 직장인 A의 연 소득과 월 현금 흐름**

구분	1월	2월	3월	4월	5월	6월	7월	8월	9월	10월	11월	12월
월 기본 급여	333만	333만	333만	333만	333만	333만	333만	333만	333만	333만	333만	333만
월 저축	200만	200만	200만	200만	200만	200만	200만	200만	200만	200만	200만	200만
월 소비	100만	100만	100만	100만	100만	100만	100만	100만	100만	100만	100만	100만
남는 돈 1	33만	33만	33만	33만	33만	33만	33만	33만	33만	33만	33만	33만

매달 100만 원을 소비하더라도 233만 원이 남기 때문에 좀 더 공격적으로 200만 원씩 저축하고 있다. 이 사례는 비교를 위해 만든 것일 수도 있지만 실제 사례를 봐도 유사한 경우가 많다.

세전 소득과 세후 소득, 진짜 내 월급은 얼마인가

"세상에 절대로 피할 수 없는 것이 있는데 바로 죽음과 세금이다."라는 영국 속담에서도 알 수 있듯이 소득이 있는 곳에는 반드시 세금이 있게 마련이다. 피할 수 없는 세금. 직장인은 소득이 그대로 노출되는 속성 때문에 더더욱 그렇다. 소득이 높아질수록 세율도 높아지는 만큼 직장 생활을 오래 하면 할수록 세금을 떼기 전 소득인 세전 소득과 세금을 떼고 난 후 실제 손에 잡히는 세후 소득 간의 격차가 커진다.

물론 원천적으로 세금을 피하거나 대폭 줄이는 방법은 없다. 하지만 월급을 통해서 평생을 내야 하는 세금, 어떠한 원칙에 의해 얼마나 떼는지는 정확하게 알아 둬야 한다. 월급명세서를 펼쳐 놓고 세금이 얼마나 되는지 확인해 보자.

Check up

1) 월급명세서의 세금 항목에 무엇이 있는가?

2) 월급명세서에 표기된 이번 달 세금이 얼마인가?

2014년 6월 월정급여명세서

성명	김성현	사번	26514
직급	과장(s—3)	부서	인프라구축팀

배우자	부양 가족(60세 이상)	부양 가족(20세 이하)	경로 우대(70세 이상)	장애인	한부모 공제	부녀자 공제
Y	1	0	0	0	N	N

은행명	신한은행	계좌번호	35402166837

급여 내역		세금 내역		공제 내역	
직능 기본급	3,221,000	소득세	1,272,170		
직능 능력급	3,111,000	주민세	127,210		
중식 보조비	120,000				
급여 합계	6,452,000	세금 합계	1,399,380		

세금의 종류는 정말 많다. 나누는 기준에 따라 국세와 지방세, 간접세와 직접세, 목적세와 보통세 등 수십 종류에 이른다. 당신이 공무원 시험을 준

비하거나 세무사 시험을 치를 예정이 아니라면 이런 것은 몰라도 된다. 다만 세금이 어떤 곳에 부과되는지 정도는 알아 둬야 한다.

세금은 소득, 재산, 소비 이 세 가지에 부과된다. 이 세 가지 외에 부과되는 세금은 없다. 수십 종류의 세금이라도 결국은 이 세 가지 범위 안에 들어오는 것이다. 소득에 부과되면 소득세, 재산에 부과되면 재산세, 소비에 부과되면 소비세가 된다.

직장인은 월급에서 근로소득세를 낸다. 월급으로 커피를 사 마시면 커피 값에 이미 포함된 부가가치세를 낸다. 은행에 가서 적금을 들면 만기에 적금 이자에서 이자소득세를 낸다. 적금을 모아 주택을 구입하면 집값에서 취득세와 등록세를 낸다. 그 집을 가지고 있는 동안에는 재산세를 낸다. 그 집을 팔면 가격이 올라간 금액에 대해 양도소득세를 낸다.

세금이 우리의 실생활에서 어떤 형태로 존재하는지 이해하는 데 도움이 되었을 것이다. 본론으로 돌아와서 월급에 붙는 세금을 좀 더 자세히 알아보자. 직장인이 내는 세금은 바로 근로소득세이며 다음과 같은 소득세율을 적용받는다.

■ 종합소득과세

소득 구간 (과세 표준)	총 세율	소득세	지방세 (소득세×10퍼센트)
1.5억 원 초과	41.8퍼센트	38퍼센트	3.8퍼센트
8,800만 원 초과~1.5억 원 이하	38.5퍼센트	35퍼센트	3.5퍼센트
4,600만 원 초과~8,800만 원 이하	26.4퍼센트	24퍼센트	2.4퍼센트
1,200만 원 초과~4,600만 원 이하	16.5퍼센트	15퍼센트	1.5퍼센트
1,200만 원 이하	6.6퍼센트	6퍼센트	0.6퍼센트

소득 전체가 세금의 대상이 되는 것은 아니다. 장사를 하는 사업자의 경우라면 매출이 모두 소득이 되는 것은 아니다. 만두 가게 주인을 예로 든다면 매상 총액에 세금을 매기는 것이 아니라 임대료, 밀가루 값, 인건비 등 비용을 빼고 남은 돈에 세금을 매기는 것이다. 직장인도 마찬가지다. 회사에 출근해서 일하기 위해 정장과 구두를 사거나 점심을 사 먹은 돈, 남을 돕기 위해 낸 기부금까지 세금을 매기면 안 되기 때문에 이런 금액은 공제라는 제도를 통해 소득에서 빼 주는 것이다. 공제란 세금을 부과하기 전에 필요 경비 등의 명목으로 소득에서 빼 주는 것이며 기본 공제, 추가 공제 등이 있다. 결국 공제 금액이 커지면 세금이 부과되는 대상인 과세 표준이 작아지므로 절세 효과가 생긴다.

'종합소득과세' 표를 보면 소득이 높은 구간은 부과하는 세율도 높아지는 것을 알 수 있다. 연봉이 1억 5,000만 원 이상이라면 연봉을 1,000만 원 올려 준다고 해도 41.8퍼센트인 418만 원은 세금으로 나가고 손에 잡히는 세후 소득은 582만 원이 되는 것이다.

예를 들어 연봉 1억 원을 받는 직장인이라면 98쪽의 도표에 예시한 대로 소득세를 낸다. 물론 연봉 1억이 모두 세금의 대상이 되는 것은 아니다. 소득 구간별로 소득세율이 어떻게 적용되는지 알아보기 위해 예시한 것이니 참고하기 바란다. 실제로는 소득 1억 원에서 각종 공제를 빼고 산출되는 금액, 즉 과세 표준이 세금의 대상이 된다.

연 소득을 가지고 세금을 부과하는 것과 달리 매달 월급을 받는 직장인은 연간 내야 하는 세금을 당장 확정 짓기 힘들다. 일정 비율로 세금을 내고 1년 후에 소득과 공제 금액이 정확히 정해지면 다시 계산하여 돌려받든지 더 내든지 하는 정산 과정을 거치는데 이를 연말정산이라고 한다. 연말

정산에 대해 머니 트레이닝 6일 차 마지막 장에 좀 더 자세히 설명했으니 참고하기 바란다.

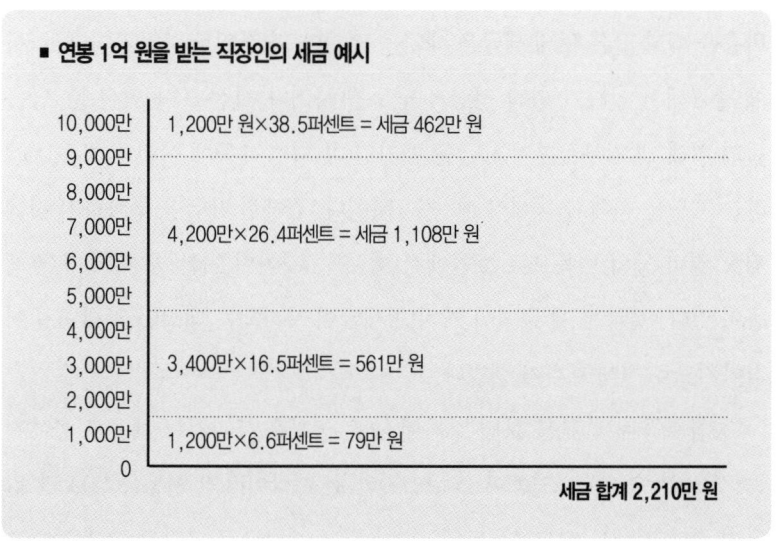

사회보험을 정확히 이해하라

월급에서 세금과 별도로 매달 떼는 것이 또 있다. 흔히 4대 보험이라고 부르는 사회보험(social insurance)이다. 사회보험이란 국가가 법에 의하여 강제성을 띠고 시행하는 보험 제도를 일컫는다. 사회 보장 정책의 주요 수단으로서 근로자와 가족을 상해, 질병, 노령, 실업, 사망 등의 위협으로부터 보호하기 위해 실시하는 것이다. 사회보험은 노동 능력 상실에 대비한 산업재해보험과 건강보험, 노동 기회의 상실에 대비한 연금보험과 실업보험으로 크게 구분할 수 있다. 사회보험은 개인보험처럼 자유 의사에 따라 가입하는 것이 아니다. 보험료도 개인, 기업, 국가가 서로 분담하는 것이 원칙이다. 보험료를 계산할 때도 위험의 정도보다는 소득에 비례한 분담을 원칙으로 함으로써 소득의 재분배 기능, 즉 복지의 개념을 강조한다.

노후 대책의 밑거름이 되는 국민연금

1988년 1월 1일부로 실시된 국민연금제도는 18세 이상 국민이 일정 기간 가입하여 만 60세부터 혜택을 받는 것이 기본이다. 대표적인 연금 급여 종류는 노령연금, 장해연금, 유족연금, 반환일시금 등 네 가지 형태이며, 연금액은 적게 낸 사람은 좀 더 많이, 많이 낸 사람은 좀 더 적게 받는 하후상박(下厚上薄) 구조다. 국민연금보험료는 월 소득의 9퍼센트를 낸다.

■ 국민연금보험료 산출

구분	연금보험료(전체)	근로자	사업주
기준 소득월액	9.0퍼센트	4.5퍼센트	4.5퍼센트

국민연금에 대한 논란은 제도를 시행한 지 30년이 다 되어 가는 지금까지도 끊이지 않는다. 국민연금의 안정성에 의구심을 갖는 기사가 많았는데, 지금 같은 연금 수급 조건이라면 2060년 이후부터 기금이 고갈되어 받을 수 없다는 내용이었다. 필자를 찾아오는 상담 고객들도 세 명 중 한 명은 같은 질문을 한다. 돈은 돈대로 냈는데 연금을 수령하지 못한다는 말이 과연 사실일까? 단연코 사실이 아니다. 국민연금은 국가가 최종적으로 지

급 보증하는 제도다.

국민연금 수령 시기는 언제부터일까? 많은 사람들이 60세가 되면 국민연금을 받는 줄 아는데, 사실은 고령화가 급속도로 진행되면서 연금의 수령 시기를 나이에 따라 다르게 적용한다.

노후 문제는 큰돈이 필요한 만큼 하루아침에 해결할 수 없다. 오래도록 꾸

■ 언제 연금을 받을까?

출생 연도	연금 수령 시기
1953~1956년	만 61세부터
1957~1960년	만 62세부터
1961~1964년	만 63세부터
1965~1968년	만 64세부터
1969년 이후	만 65세부터

준히 준비하는 방법이 최선이다. 국민연금에 대해 세금처럼 강제성을 두지 않았다면 현재 가입한 2,080만 명 중 절반 이상이 떨어져 나갔을 것이다. 아울러 국민연금은 물가 상승에 따른 화폐 가치의 변화를 반영한다는 장점이 있다.

물론 국민연금은 국가가 노후 복지를 위해 마련한 공적연금이며 가장 기본적인 노후 대책이므로 이것만으로 노후 생활을 해결하기는 힘들다. 다만 기본 생활을 보장하는 소중한 밑거름이 될 것임은 틀림없는 사실이다. 더욱 현실적인 노후 준비를 위해 당신의 연금액을 좀 더 정확히 알고 넘어갈 필요가 있다. 시간을 내서 사이트를 방문하고 실제 연금액을 조회하자.

Check up

국민연금관리공단 사이트(www.nps.or.kr)에 접속해서 '내 연금 알아보기'를 클릭하자. 당신의 예상 국민연금 수령액은 얼마인가?

※ 공무원연금(www.geps.or.kr)과 사립학교교직원연금공단(www.tp.or.kr)에서도 확인해 보자.

질병과 부상의 위험에서 지켜 주는 국민건강보험

흔히 의료보험이라고 부르는 국민건강보험은 질병이나 부상으로 인한 고액의 진료비 때문에 가계가 파탄 나는 것을 방지하는 사회보험이다. 국민들이 낸 보험료를 기금화했다가 질병 발생 시 개인의 경제적 부담을 낮춰 주는 것이다. 소득에 따라 보험료를 정하는 국민연금과 달리 국민건강보험의 보험료는 지역 가입자의 경우 소득과 재산을 합쳐서 종합한 평가에 의해 산출한다.

■ 국민건강보험료 산출 방법

구분	보험요율	근로자	사업주
건강비	5.99퍼센트	2.995퍼센트	2.995퍼센트
장기 요양	6.55퍼센트	가입자 50퍼센트	사업주 50퍼센트

실업을 예방하고 고용을 촉진하는 고용보험

고용보험은 1995년 7월 1일부터 시행되었으며, 사업주와 근로자가 각각 월정급여액의 일정 비율을 보험료로 납부해야 한다. 근로자는 나이와 보험 가입 기간에 따라 실업 시 복리후생 성격의 수당을 제외한 임금 총액의 50퍼센트까지 실업급여를 받을 수 있으며, 수령 기간은 90~240일이다.

실업급여는 1인 이상 사업장에 적용되며, 70인 이상 사업장의 사업주는 고용 안정과 직업 능력 개발을 위한 고용보험료를 추가로 내야 한다. 단 실직 후 거주지 관할 고용센터에 실업 신고를 해야 하며, 신청 후 2주 이내에 자격 인정 여부를 결정한다. 자격이 인정될 경우 2주마다 고용안정센터에 출석하여 실업 인정을 받으면 실업급여를 지급한다. 본인의 잘못이나 불법 행동 등으로 해고당했을 경우나 정당한 사유 없이 스스로 직장을 그만둔 경우에는 실업급여 혜택을 받을 수 없다.

■ **고용보험료 산출 기준**

구분		근로자	사업주
실업급여(2013년 7월 1일)		0.65퍼센트	0.65퍼센트
고용 안정 직업 능력 개발 사업	150인 미만 기업	—	0.25퍼센트
	150인 이상 기업	—	0.45퍼센트
	150인~1,000인 미만 기업	—	0.65퍼센트
	1,000인 이상 기업	—	0.85퍼센트

세액공제는 늘고 소득공제는 줄어든다

앞에서 세금은 소득, 재산, 소비에 부과한다고 말했다. 월급과 관련된 세금은 소득에 해당한다. 사업가면 사업소득세가 되고 직장인이면 근로소득세가 되는 것이다. 세금을 피할 수는 없지만 합리적으로 절약하는 방법은 있다. 공제를 통해 세금의 대상이 되는 과세 표준을 낮추는 것이다.

사업소득세의 대상이 되는 과세 표준은 매출 금액(매상)에서 임대료나 금융 비용, 재료비와 인건비 등에 해당하는 비용을 제한 금액이고, 근로소득세의 대상이 되는 과세 표준은 세전 연 소득에서 공제를 뺀 부분이다. 사업 소득이나 근로 소득에서 과세 표준을 낮추는 공제에 대해 알아보자.

근로소득자의 경우 언뜻 보기에는 비용 자체가 없어 보인다. 직장 생활을 하다 보니 임대료나 재료비가 나갈 일도 없고 직원을 고용하는 것도 아니니 인건비가 나갈 일은 더욱 없다. 대신 부양 가족 수에 따라서 일정 금액을 비용처럼 빼 주는 인적 공제와 자녀 교육에 사용한 돈을 비용처럼 빼 주는 교육비 공제, 보험료나 의료비 또는 기부금 등 수많은 항목을 비용처럼 과세 표준에서 제외하여 세금을 줄여 주는 것이다. 공제의 개념과 내용을 잘 알아 두면 세금을 줄이는 데 매우 유용하다.

박근혜 정부가 출범하면서 향후 5년간의 조세 정책 방향을 미리 짜 놓은 '중장기 조세 정책 방향'에 '증세'라는 단어를 직접 담지 않았지만 여러 측면에서 증세의 필요성이 언급됐다. 정부는 과세 기반 확대를 통해 조세부담률을 올리되 여의치 않으면 사회 공론화에 따라 세율을 인상하거나 세목을 신설할 것으로 보였다.

2012년, 정부는 국정 과제 추진에 필요한 재원 마련을 위해 조세부담률을 20.2퍼센트에서 2017년까지 21퍼센트 내외로 조정해야 한다고 제시했다. 조세부담률은 소득 대비 세금 부담액을 말한다. 한국의 조세부담률은 19.3퍼센트(2010년 기준)로 경제협력개발기구(OECD) 평균인 24.6퍼센트에 비해 낮은 수준이다. 잠재성장률이 하락하는 상황에서 급증하는 복지 수요와 점점 벌어지는 소득 격차를 해소할 재원 확대의 필요성이 커지고 있다. 기후 변화나 통일이라는 과제 역시 재정 여력이 필요하다.

새로운 세금을 신설할 때 생기는 조세 반감을 최소화하고 세금을 추가로 거두기 위한 방법으로 공제 항목의 변경이 추진되고 있는데 고소득자의 절세 효과가 높은 소득공제 항목이 줄고 세금을 환급해 주는 세액공제 항목이 느는 이유가 이 때문이다.

머니 트레이닝 07 DAYS

월 현금 흐름을 파악하라

▫ 정상적인 현금 흐름과 비정상적인 현금 흐름의 차이를 정확히 알아본다.
▫ 좋은 대출과 나쁜 대출의 차이를 이해한다.
▫ 월 잉여 자금과 연간 잉여 자금을 이해한다.

쓰는 돈, 모으는 돈, 남는 돈

월급의 현금 흐름은 단 세 가지 쓰는 돈, 모으는 돈, 남는 돈이다. 특별한 변수가 없다면 이 현금 흐름의 비율은 소득이 올라가더라도 큰 변화가 없어야 한다. 월급을 받는 경제 활동 기간이 지나고 노후 생활이 시작되면 소득 없이 오랜 시간을 보내야 하기 때문이다.

그러나 현실에서는 올라가는 소득만큼 모으는 돈이 올라가지 못하는 경우가 많다. 결혼 후 자녀 교육비와 주택 자금의 상승 때문에 쓰는 돈의 상승 폭이 더 크기 때문이다. 정상적인 월 현금 흐름을 가졌다면 돈 버는 동안 소득의 일정 비율을 목적에 맞게 저축함으로써 경제활동기의 소비와 노후생활기의 소비를 준비해 갈 것이다.

안타깝게도 현실에서는 그렇지 못한 경우가 많다. 노후가 시작되기도 전에 이미 마이너스가 되고 마는 경제적 정년(경제 활동이 종료되는 사회적 정년이란 용어와 동일하게 사용되는 경우도 있으나, 경제 활동은 종료되지 않았지만 소비가 소득을 넘어서서 이미 경제적으로 한계에 온 시점을 의미한다)을 맞는 것이다.

당신의 패턴은 어떤 그림이 더 가까운지 점검해 보자.

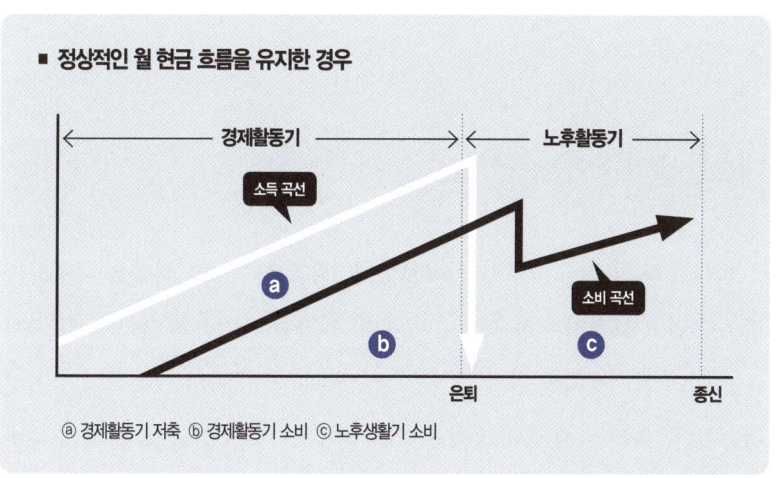

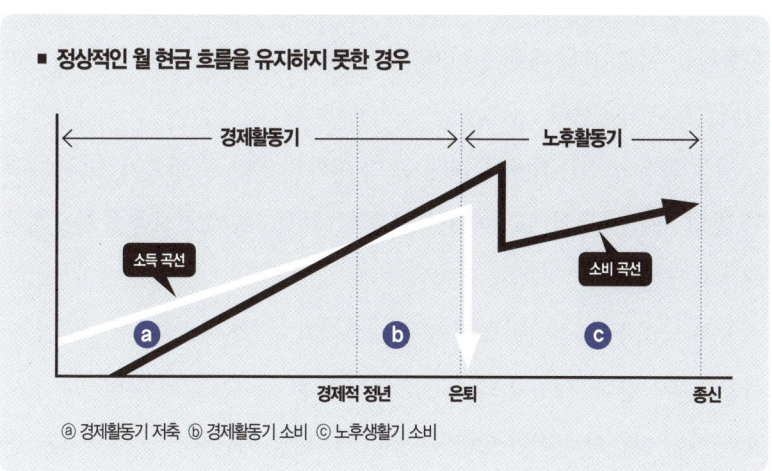

Check up

> 최근 3개월을 기준으로 나의 월 현금 흐름은 어떤가?
> ① 모으는 돈 _____ 만 원 ② 쓰는 돈 _____ 만 원 ③ 남는 돈 _____ 만 원
>
> 월 정기 소득 대비 비율은 얼마인가?
> ① 모으는 돈 _____ 퍼센트 ② 쓰는 돈 _____ 퍼센트 ③ 남는 돈 _____ 퍼센트

대출과 빚의 차이는 무엇인가

지금까지 월 현금 흐름을 알아보았다. 생각보다 높은 비율을 저축하는 경우도 있고 그렇지 못한 경우도 있었다. 직장인이 저축을 많이 못 하는 이유는 여러 가지겠지만 가장 큰 원인으로 꼽는 것이 자녀 교육비와 주거비 상승이다. 특히 은행에서 대출을 받아 집을 산 경우가 많고, 자녀 교육비 역시 생활비를 압박할 정도로 높아져서 마이너스 통장 같은 신용 대출을 사용하는 지경이다. 대출은 이자라는 비용을 발생시키며 월 현금 흐름의 악순환으로 작용한다.

남의 돈을 빌리는 대출에 대해 좀 더 정확히 알아 둘 필요가 있다. 대출과 빚의 차이는 무엇이고 어떠한 기준과 원칙을 가지고 대출을 사용해야 하는지 짚어 보자.

보통 남의 돈을 빌리는 것은 모두 대출이라고 말한다. 혹은 빚이란 말을 사용하기도 한다. 사전의 의미로 보면 딱히 큰 차이가 없지만 현실에서 사용할 때는 어감의 차이가 있다. 대출은 제1 금융 기관에서 낮은 이율로 빌

린 돈을 의미하는 반면, 빚은 제1 금융 기관 외의 금융 기관에서 높은 이율로 빌린 돈을 의미하는 경우가 많다.

하지만 단순히 금융 기관을 보고 대출과 빚을 구분하거나 좋은 대출과 나쁜 대출을 구분하는 것은 바람직하지 않다. 우리의 입장에서는 좀 더 효율적인 월급 관리를 위해 대출과 빚, 다시 말해 좋은 대출과 나쁜 대출을 나누는 명확한 차이를 구분하는 기준이 필요하다. 나이가 비슷한 두 가정의 사례를 통해 알아보자.

A사례: 김지희(40세, 회사원, 맞벌이 부부, 자녀 1명, 분당 거주)

결혼 10년 차에 접어든 김지희 씨는 결혼 초기부터 지금까지 다음과 같은 재정 원칙을 정하고 실천했다. '내 집을 마련할 때까지는 무조건 수입의 60퍼센트를 저축한다.' 육아 휴직 1년 반을 제외하고는 이 원칙을 지켰다. 얼마 전 분당에 5억 원짜리 아파트를 구입하면서 드디어 내 집 마련에 성공했다. 은행에서 1억 1,000만 원을 빌린 터라 이자로 매달 33만 원 정도 내야 한다. 이제는 원금을 갚는 돈과 저축을 포함하여 총 저축 규모가 월 소득의 40퍼센트로 낮아졌다. 3년 후면 대출 없이 집을 살 수 있지만 대출을 통해 내 집 마련 시기를 3년 정도 앞당긴 이유는 집값 상승이나 전세금 상승에 대한 걱정 없이 주거 안정을 좀 더 빨리 이루고 싶었기 때문이다.

김지희 씨가 돈을 빌린 사례를 보면 몇 가지 특징이 있다. 첫째, 담보에 비해 빌린 돈이 과다하지 않다. 집값 5억 원에 비해 빌린 돈인 1억 1,000만 원은 비율(LTV)로 보면 22퍼센트 정도로 양호하다. 둘째, 이자율이 낮다. 주택을 담보로 빌린 돈이라 대출 이자율이 3.3퍼센트 정도로 낮은 편이다. 셋째, 빌린 돈으로 레버리지 효과를 기대할 수 있다. 매달 30만 원을 내지만 1억 1,000만 원이란 대출의 힘으로 5억짜리 집을 소유했기 때문에 집값 상승의 수혜를 받을 수 있는 것이다. 넷째, 대출 상환 계획이 있고 현재 조금씩 상환해 나가는 중이다. 빌린 돈의 성격상 이 사례는 좋은 대출이라고 말할 수 있다.

B사례: 박태영(가명, 38세, 회사원, 맞벌이 부부, 자녀 1명, 광진구 거주)

결혼 8년 차인 박태영 씨는 신혼 때부터 5년간 부부가 각자 돈 관리를 해 오다가 몇 해 전에 모두 합쳐서 함께 관리한다. 결혼 초기부터 각자 가지고 있던 마이너스 통장을 합쳐 보니 2,000만 원 정도 되었다. 큰 금액은 아니지만 아직도 쉽게 정리하지는 못하는 형편이다. 아파트 전세금 3억 2,000만 원에서 1억 원은 전세 자금 대출이다. 결혼 초부터 주택 구입에 소극적이었던 탓에 전세금이 오를 때마다 적금을 깨거나 대출을 받아서 해결해 왔다. 그 밖의 대출로는 1년 전 구입한 SUV 차량에 이자 3퍼센트로 할부금 1,800만 원 정도 남아 있으며 현재 매달 60만 원씩 갚아 나가는 중이다. 그런데 전세금 상승이 심상치 않다 보니 주택 구입에 대한 생각도 조금씩 달라져서 추가 대출을 이용해 4억 원대에 아파트를 매입하는 방안을 고려 중이다.

박태영 씨의 대출도 몇 가지 특징이 있다. 첫째, 마이너스 통장에 있는 2,000만 원은 담보가 없는 신용 대출이다. 물론 신용이 담보라고 할 수 있겠지만 이런 대출은 보통 소비성 자금으로 흘러가 버려 지금은 그 어디에도 남아 있는 돈이 아니다. 둘째, 자동차 할부는 감가상각이 되는 물건을 사려고 빌린 돈이란 점이다. 3퍼센트가 낮은 이자율이기는 하나 차량의 원금과 이자를 다 갚고 난 3년 후에는 자동차 가격이 구입 가격의 절반에도 못 미칠 것이다. 셋째, 전세 자금 대출은 레버리지 효과가 없다. 물론 돈이 감가상각되지는 않지만 집값 상승의 효과를 기대하기 어렵다.

두 경우를 비교해 보면 대출 규모는 비슷하지만 대출 안에 숨어 있는 성격은 크게 다르다는 것을 알 수 있다. 동일하게 빌린 돈이라도 빌린 돈의 몇 가지 특성을 가지고 좋은 대출인지 나쁜 대출인지 가늠할 수 있는데, 크게는 아래의 두 가지 기준을 보고 판단한다.

첫째, 대출 원금이 보존되는가

우리가 빌린 돈, 다시 말해 대출 원금은 어딘가에 투자되어서 더 큰 금액으로 불어날 수도 있고 어딘가에 사용되어 없어질 수도 있다. 대출 원금이 투자되거나 원금 자체가 보존되는 경우라면 좋은 대출이라고 할 수 있지만, 소비되어 없어지거나 감가상각이 된다면 나쁜 대출인 빚이라고 봐야 한다.

둘째, 연 이자율이 적정한가

대출 원금이 어딘가 투자되거나 원금 자체가 보존되는 경우는 돈을 빌려 주는 금융 기관 입장에서 돈을 떼일 위험이 거의 없다. 따라서 이자가 낮다. 하지만 담보 없이 신용만으로 돈을 빌려 주었거나 돈이 어딘가에 사용되어 없어지는 것이라면 상환을 확신할 수 없기 때문에 이 위험을 회피하기 위한 별도의 비용을 포함하여 이자를 높게 정한다. 담보 대출의 경우 기준 금리(2014년 10월 둘째 주 기준 2.0퍼센트)에 1~1.5퍼센트의 가산 금리를 붙인 3.5~4.0퍼센트 수준이 보통이다. 기준 금리의 두 배 이상인 5퍼센트를 넘는다면 고금리라고 봐야 한다.

아파트 담보 대출은 대출 원금이 집을 구매하는 데 사용되므로 대출 원금이 사라지지 않으며 집을 다시 팔면 대출을 상환할 수 있는 자금이 마련된다. 전세 자금 대출도 마찬가지다. 하지만 마이너스 통장이나 카드론은 대출 원금이 생활비 등으로 소비되어 없어지기 때문에 빚에 해당한다.

확실한 담보물이 있는 자동차 할부는 왜 빚으로 분류하는 것일까? 예전엔 이자율이 높은 상품이 많았지만 지금은 자동차 회사의 판촉 경쟁으로 인해 저이율 할부 상품이 많아졌다. 하지만 자동차는 해를 거듭할수록 그 가치가 계속 떨어지는 소위 감가상각이 이루어지므로 빚이라고 보는 것이다.

대출을 상환할 때도 우선순위가 있다. 이자율이 높은 소비성 대출인 빚부터 상환하기 시작해서 이자율이 낮은 담보성 대출 순서로 갚아 나가야 한다. 특히 이자율이 높은 대출은 상환 계획을 세워서 조속히 갚는 것이 좋다. 연 5퍼센트 금리로 1,000만 원을 마이너스 통장에서 인출했다고 하자.

■ 좋은 대출과 나쁜 대출의 차이

구분	대출 원금	연 이자율	비고
대출 (좋은 대출)	투자되어 늘어나거나 원금이 보존된다.	낮다.	아파트 담보 대출 전세 자금 대출
빚 (나쁜 대출)	소비되어 사라지거나 감가상각이 된다.	높다.	마이너스 통장 카드론 자동차 할부

이 경우 매달 4만 1,666원을 이자로 내야 하는데 이 돈을 은행에 저축했다면 3퍼센트의 이자를 받을 터이므로 기회 비용을 감안한다면 8퍼센트의 이자를 부담하는 꼴이다. 나쁜 대출은 이자는 이자대로 원금은 원금대로 모두 다 쓰여서 사라지기 때문에 더욱더 멀리해야 한다.

Check up

당신이 받은 대출은 좋은 대출인가, 나쁜 대출인가?
1) 대출 금리는 연 _____ 퍼센트다.
2) 대출 금액은 _____ 만 원이다.
3) 대출의 종류는 □ 신용 대출 혹은 □ 담보 대출이다.
4) 대출 원금은 어디로 갔는가? □ 투자 □ 원금 보존 □ 소비

남는 돈은 결국 소비로 흘러간다

우리는 그동안 월 현금 흐름인 쓰는 돈, 모으는 돈, 남는 돈 중에서 쓰는 돈 외에 모으는 돈과 남는 돈은 모두 저축으로 생각했다. 매달 정기적으로 저축하지 않더라도 남는 돈은 통장에 있기 때문이다.

실제로는 그렇지 않다. 남는 돈은 쓰이지 않고 통장에 남아 있는 듯 보이지만 시간이 지나면 비정기 지출로 흘러가기 때문이다. 스마트 월급 관리에서는 어딘가에 바인딩(binding, 본인의 의지와 관계없이 매달 자동 이체 등을 통해서 저축으로 빠져나가는 구속된 상황을 표현한 말이다)되어 매월 자동 이체로 빠져나가는 것만 저축으로 보고 통장에 남는 잉여 자금은 결국 비정기 지출인 소

비로 흘러가는 돈으로 간주한다.

당신의 월급에는 이번 달에 소비되지 않아도 어딘가에 구속되지 않음으로써 결국 예기치 못한 비정기 지출로 흘러가는 돈이 숨어 있다. 그 돈이 얼마나 되는지 찾아서 확인해 보는 것은 무척 의미 있는 일이다.

남는 돈, 즉 잉여 자금은 월 단위에서만 발생하지 않는다. 연간 단위에서도 발생한다. 바로 비정기 소득이다. 앞 장에서 설명한 것처럼 비정기 소득은 저축이 되지 못하고 간헐적 투자와 비정기적 소비로 사라진다. 월급을 잘 관리하려면 이월 잉여 자금과 연 잉여 자금을 계획해야 하므로 월 잉여 자금과 연 잉여 자금을 정확하게 파악하는 것이 중요하다.

> **Check up**
>
> 당신의 월 현금 흐름 중 소비 비율은 얼마인가? _____ 퍼센트
>
> 이제 남는 돈이 저축이 아니라 소비라고 생각했을 때 당신의 월 현금 흐름 중 소비 비율은 얼마인가? _____ 퍼센트

나의 자산이 열심히 일하게 만들어라

자산이란 개인이 가진 유형 또는 무형의 경제 가치를 가진 재산을 의미하며, 이러한 자산은 시간이 지나면서 이자 또는 투자 수익이 발생한다. 예컨대 연 3퍼센트 예금이라면 1년에 3퍼센트만큼 이자 수입이 발생하고, 부

동산이라면 임대 수익이 발생하거나 가격이 올라 시세 차익이 생기기도 한다. 보유한 주택을 임대하지 않고 내가 거주한다면 당장의 임대 수익은 없을지라도 미래의 시세 차익을 기대할 수 있다.

자산은 스스로 일하며 돈을 버는 특징이 있다. 물론 모든 자산이 일하는 것은 아니다. 원금 외에 전혀 수익이 발생하지 않는 경우도 있다. 과연 나의 자산은 열심히 일하고 있을까?

■ 한눈에 살펴보는 운용 자산별 특징

구분	투자 자산		안정 자산	비수익 자산
	부동산	금융		
리스크	원금 손실 위험	원금 손실 위험	원금 보장	원금 보장
투자 기간	중장기	단기~중장기	단기	단기
투자 목표	수익 추구	수익 추구	안정 추구	—
유동성	낮음	높음	높음	높음, 낮음
기타	주택, 상가, 토지	주식, 채권, 파생상품	예금, 적금	보증금, 보통예금 잔액

자산이 수익을 추구하는 것인지 안정을 추구하는 것인지, 투자 기간은 장기가 가능한지 단기간 투자해야 하는지에 따라 그 목적에 맞게 운용되어야 하는 것이다.

월 소득 500만 원인 조희천 과장(가명, 35세)은 2년 후 결혼을 계획하고 있다. 다음은 조 과장의 자산 운용 현황이다. 이를 보고 자산 운용에 어떠한 문제점이 있는지 적어 보자.

■ 조희천 과장의 자산 운용 현황

자산		부채와 순자산(자본)	
과목	금액	과목	금액
1. 현금 및 유동성		1. 단기 부채	
CMA	855만	마이너스 통장	없음
예적금		개인 대출	없음
적립식 펀드	160만	대출 1(4.0퍼센트)	6,500만
청약 저축	500만	대출 2(5.1퍼센트)	4,000만
2. 투자 자산		대출 3(3.6퍼센트)	3,000만
오피스텔	1억 5,000만	2. 중장기 부채	
주식, 채권		토지 담보 대출	3,900만
상가, 건물		임대 보증금	5,000만
토지	6,000만	부채 합계	2억 2,400만
3. 사용 자산			
전세 보증금	1억		
자산 합계	3억 2,515만	부채+자산=순자산	1억 115만

■ 한눈에 파악하는 조희천 과장의 자산 운용 속성

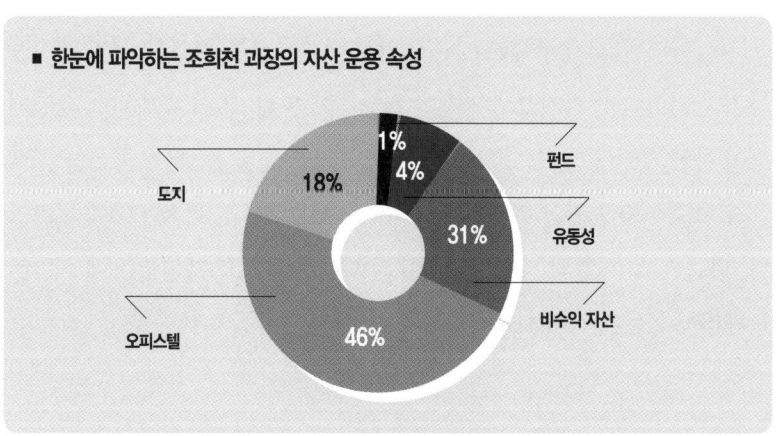

Check up

조희천 과장은 돈을 빌려 부동산에 투자한 경우다. 대출의 속성상 좋은 대출인가, 나쁜 대출인 빚인가?

_____

대출의 적정성은 어떤가?

_____

전반적인 자산 운용은 어떤가?

종합 의견을 말하자면 첫째, 토지와 오피스텔, 전세 보증금 등 총 담보가 3억 1,000만이고 부담 금리도 낮은 편이라 빚이 아닌 대출이라고 볼 수 있다. 둘째, 하지만 자산 3억 1,000만에 대출이 2억 2,400만으로 대출 비율 72퍼센트는 너무 과다하다. 셋째, 매월 금융 비용으로 60만 원 이상 납입하는데 월급에서 이자 비용이 12퍼센트 이상을 차지하므로 과다하다. 넷째, 오피스텔은 임대 수익이 발생하지만 토지는 당장 환금성이 떨어지고 투자 수익도 장기간에 걸쳐 회수될 수 있으므로 2년 후 결혼할 때 현금이 부족할 가능성이 높다. 다섯째, 전세 자금 1억과 입출금 계좌에 있는 855만 원은 수익이 발생하지 않는 비수익 자산이며 전체 자산 중 비수익 자산이 차지하는 비율이 31퍼센트로 과다하다.

월급 관리의 컨트롤 타워를 만들어라

▫ 부부의 바람직한 월급 관리를 위해 필요한 것은 무엇인지 생각해 보자.
▫ 부부의 월급 관리 컨트롤 타워를 정한다.

부부의 월급 관리, 컨트롤 타워가 필요하다

아직 결혼하지 않은 직장인들을 상담하면서 자주 듣는 질문이 있다.
"다들 결혼해야 돈이 모인다고 말하는데 사실인가요?"
사실이다. 소비 지향적이던 사람이 결혼 후 착실하게 돈을 모으는 모범 남편이 되는 경우를 많이 본다. 우선 결혼하면 책임감이 생겨서 돈을 허투루 쓰지 않게 된다. 또한 아내라는 '컨트롤 타워', 즉 관리의 주체가 생겨서 체계적으로 관리하기 때문에 결혼 전보다 돈이 잘 모인다.
월급 관리에도 컨트롤 타워가 반드시 필요하다. 미혼도 마찬가지다. 본인의 월급에 대해 스스로 관리자가 되어야 한다. '경험보다 훌륭한 스승은 없다.'는 말처럼 돈 관리, 특히 월급 관리는 본인이 컨트롤 타워가 되어서 주도적으로 운영해 봐야만 나름의 노하우가 쌓인다. 새내기 직장인의 경우 월급 관리를 엄마나 누나에게 맡기기도 하는데 결코 바람직하지 않다.

이제 부부의 월급 관리에 대해 알아보자. 당신이 미혼이라면 더욱 유심히 보기 바란다. 지금 잘 알아 두면 처음부터 체계적으로 관리할 수 있기 때문이다. 부부의 바람직한 월급 관리란 다음의 세 가지 행동과 조건만 잘 지키면 된다.

첫째, 부모로부터 완전한 독립이 필요하다. 요즘은 결혼하고도 부모에게 육아와 경제적 지원을 받는 부부가 많다. 원칙적으로 옳지 않다. 독립해서 자기 가정을 꾸려야 하는 성인임에도 불구하고 자꾸 의존해 버리기 때문이다. 공간, 정서, 경제의 완벽한 독립이 필요하다.

둘째, 두 사람의 완전한 결합이다. 맞벌이 부부의 경우 각자 자기 돈을 관리하는데 경제적 부분에서 절대 바람직하지 않다. 재테크의 관점에서도 효율이 떨어지지만 나중에 커다란 갈등의 원인이 되기 때문이다.

배기원(가명, 35세), 김서현(가명, 32세) 부부는 돈 관리에 대한 생각이 달라 결혼한 지 1년이 넘도록 재무 설계와 공동의 월급 관리가 불가능했다. 각자의 월급에서 공동 생활비를 내놓고, 저축이나 투자 같은 월급 관리는 당분간 각자 하기로 한 것이다.

배기원 씨의 월급은 아내의 70퍼센트 수준인데 이런 정보가 공유되지 못했다. 문제는 여기에서 출발했다. 부부지만 경제적으로 완전한 결합을 하지 못한 것이다. 결합까지는 아니더라도 경제 사정을 털어놓았다면 좋았을 텐데 그러지 못했다.

결국 남편은 공동 생활비를 내놓고 용돈을 과다하게 쓰다 보니 마이너스 통장까지 사용하기 시작했다. 이 사실을 아내는 알지 못했다. 아내는 남편보다 열심히 저축했지만 뚜렷한 목적 의식이 없다 보니 모으는 대로 써 버려서 돈이 모이지 않았다. 월급 관리 컨트롤 타워를 정하지 않은 집에서는 흔한 일이다.

셋째, 서로 경제적 책임을 져야 한다. 부부란 생계를 함께 하는 경제 공동체다. 한쪽은 경제적으로 윤택하고 한쪽은 경제적으로 어려운 일이 생겨서는 안 된다. 컨트롤 타워란 누가 누구를 감시하는 것이 아니라 서로 간의 믿음을 바탕으로 정보를 공유하면서 한 사람이 경제 주도권을 위임받아 함께 월급 관리를 해 나가는 일이다. 따라서 부부의 월급 관리는 투명한 정보 공유가 가장 중요하다. 아울러 일원화된 관리 주체인 컨트롤 타워를 선정해야 한다.

Check up

미혼	월급 관리는 내가 독립적으로 실행한다.
	☐ Yes ☐ No

기혼	월급 관리 정보는 부부가 완전히 공유한다.
	☐ Yes ☐ No

월급 관리의 컨트롤 타워는 누구인가?
☐ 남편   ☐ 아내   ☐ 공동

가정 경제도 경영이 필요하다

맞벌이 부부는 아내가 월급 관리의 주체가 되는 경우가 많은데, 부부가 공동으로 관리하기도 한다. 정보를 공유하고 함께 월급 관리를 한다는 면에서 부부 공동의 월급 관리가 합리적으로 보이지만 사실은 바람직하지 않다.

회사 경영을 생각해 보자. 우량 기업의 경우 전문 경영인 체제를 갖추고 있어 실제 소유주인 대주주와 회사를 직접 맡아서 운영하는 경영자는 동일인이 아니다. 대주주가 정보를 공유하고 공동으로 관리한다는 취지에서 전문 경영인의 회사 운영에 대해 사사건건 관여하면 기업을 제대로 운영하기 어렵다. 가정이란 작은 기업도 마찬가지다. 부부의 월급 관리는 투명한 정보 공유가 매우 중요하지만 책임감을 갖고 확실하게 움직이는 컨트롤 타워는 부부 중 한 사람이 맡는 것이 좋다.

기업의 경영 상황을 알아보려면 경영자가 누구인지, 그 경영자가 기업을 맡은 동안 재무상태표(과거 재무제표)가 어떤지를 확인하면 된다. 경영자는 경영 성과에 따라서 계속 바뀐다. 경영이란 말은 결국 책임이라는 말과 크게 다르지 않은 것이다. 월급 관리도 책임 있는 경영자가 필요하며 남편과 아내가 한 번씩 그 책임을 맡아 보기를 권한다. 책임 경영을 해 보면 돈 관리의 기본이 보이기 때문이다.

회사의 재무 상태는 수익이 왔다 갔다 하는 변동이 있지만, 월급 경영은 매달 동일한 소득이 들어오기 때문에 결국 '소비와 저축을 어떻게 컨트롤 하는가'에 성패가 좌우된다. 기업은 경영의 범위가 '어떻게 성과를 많이 낼 것인가?'와 '어떻게 비용을 잘 관리할 것인가?' 두 가지 영역이라고 한다면,

가계는 '어떻게 비용을 잘 관리할 것인가?'라는 한 가지 영역에 국한되는 것이다. 앞에서 언급한 대로 마스터플랜을 세우고 그에 맞는 월 예산을 실행하면 자연스럽게 성공할 수 있다.

책임 있는 월급 경영자를 세우는 일은 매우 중요하다. 그리고 반드시 경영자의 임기를 두어 남편도 아내도 실행해 봐야 한다. 경영이란 공적인 부분과 사적인 부분을 올바르게 분리하는 데서 비롯되는데, 개인 사업자들이 사업체를 법인으로 전환하고 나서 힘들어하는 부분이 바로 자금의 공사 구분이다. 개인 사업체는 공금이란 것이 없다. 사업체에서 발생하는 자금은 모두 사장의 돈이고, 사장의 돈이 곧 사업체의 돈이기 때문에 구분할 필요가 없는 것이다. 그러나 법인이 되면 회사의 공적 자금과 사장의 개인적 자금으로 나뉜다.

월급 관리도 마찬가지다. 맞벌이 부부는 두 사람의 월급이 가정의 수입이 되는데, 이 수입으로 의식주에 필요한 생활비, 교육 자금 같은 공동 비용과 주택 마련을 위한 공동 저축을 충당한다. 한편 각자 사회생활에 필요한 용돈은 공동 비용이나 저축하고 엄격히 구분해야 한다. 개인 용돈은 공동 자금에서 해결하면 안 된다.

월급날이 되면 맞벌이든 외벌이든 각자의 예산대로 용돈을 지급하고 그 용돈 범위 내에서는 서로 관여하지 않아야 한다. 기업으로 말하면 직원들이 받는 급여와 같은 셈이다. 그런데 현실에서는 월급 관리를 맡은 사람이 본인의 용돈과 생활비인 공동의 자금을 구분하지 않고 사용한다. 배우자의 용돈도 정해 놓은 예산 범위에서 지급하는 것이 아니라 필요할 때마다 공동 자금에서 꺼내 준다. 이렇게 되면 월급 관리를 제대로 할 수 없다.

돈 관리는 계속 발전한다

오랜 시간 직장인들을 상담하면서 깨달은 사실이 있다. 돈 관리에 대한 재능은 선천적으로 주어지는 것이 아니라 경험을 통해 계속 계발되고 발전한다는 점이다. 돈 관리는 성격이 꼼꼼하고 아주 이성적인 사람이 잘할 거라고 생각하기 쉬운데 그런 성격임에도 불구하고 돈 관리에는 영 맞지 않는 사람이 의외로 많다. 그와는 반대로 맺고 끊는 것이 명확하지 않고 성격도 두루뭉술해 보이지만 돈 관리만큼은 야무지게 잘하는 사람을 종종 만난다.

돈 관리를 잘하는 사람을 보면 돈 때문에 겪은 일들이 돈 관리 재능을 계발하고 발전시켰다는 것을 알 수 있다. 물론 성격이 돈 관리에 아무런 영향을 주지 않는다고 말할 수는 없을 것이다. 성격이나 혈액형, 라이프스타일보다 경험이 중요하다는 말이다. 부부라면 6개월간 한 사람이 월급 경영을 맡아서 돈 관리를 책임지는 경험을 통해 서로를 이해하고 새로운 재능을 발견하는 시간을 가질 필요가 있다.

'가정 경제를 위한 원원합의서'를 미혼이라면 자신이 작성하고 기혼이라면 현재 돈 관리를 하는 쪽이 작성해 보자. 이 양식을 통해 월급 관리자에서 월급 경영자로 새롭게 위임받는 것과 동시에 공적 자금과 사적 자금의 경계를 명확히 하는 계기가 되기 바란다.

기혼이라면 월급을 포함한 가정 경제 전반에 걸친 합의서가 필요하다. 돈 관리에 대해 부부 각자의 역할과 권리, 책임을 명확히 함으로써 신뢰를 회복하고 가정 경제를 공동의 책임 하에 잘 이끌어 가는 밑거름이 될 것이다.

가정 경제를 위한 원원합의서

우리는 기쁨과 역경의 시간을 함께 하는 인생의 동반자로서 언제나 서로를 존중하고 신뢰하며, 각자의 역할에 충실한 자세로 가정 경제에 대해 원원할 것을 다음과 같이 엄숙하게 합의합니다.

1. 우리는 어떠한 경우라도 _____ 만 원 이상 상대방이 모르는 돈을 만들지 않는다.
2. 돈에 대해 항상 약속을 지키고 모든 문제를 대화로 해결한다.
3. 우리는 어떠한 경우라도 상대방이 모르는 빚을 만들지 않는다.
4. _____ 만 원 이상의 지출은 반드시 합의 하에 결정한다.
5. 돈 관리의 책임은 합의 하에 결정하고 월급 경영의 모든 것을 위임한다.

2015년 ___ 월 ___ 일
부부 _____ (인) _____ (인)

얼마 전 통계를 보니 우리나라 이혼율이 OECD 국가 중에서는 9위를, 아시아에서는 최고를 기록했다. 이혼 사유를 보면 2위가 경제 문제인데, 경제력 자체에 대한 갈등도 있겠지만 상당 부분은 경제적 부분의 완전한 합의가 없다든지 경제관에 대한 차이가 극심한 경우다. 신혼부부, 결혼을 앞둔 예비 부부, 결혼한 지 오래된 부부 모두 이 책을 함께 읽어 나가면서 가정 경제 원원합의서를 작성한다면 그 어떤 재테크 상품에 가입하는 일보다 훨씬 더 의미 있을 것이다.

월급 경영자 위임서

우리는 인생의 동반자인 부부로서 언제나 서로를 존중하고 신뢰하며 각자의 역할에 충실한 자세로 임하는 데 있어 가정 경제와 월급에 대한 경영자를 다음과 같이 위임합니다.

1. 위임자

   이름 _____ (인)

2. 위임 기간

   _____ 년 ____ 월 ~ _____ 년 ____ 월 (____ 개월)

3. 공동의 생활비 외에 개인의 용돈은 다음과 같이 정한다.

   • 남편 _____   월 _____ 만 원
   • 아내 _____   월 _____ 만 원
   • 자녀 _____   월 _____ 만 원

4. 위임자는 위임 기간 동안 예금, 적금, 보험, 투자 등 저축 부분과 월 예산, 변동 지출에 대한 권한을 가지고 월급을 운영하되 변동 내용이나 월 관리 사항을 배우자에게 정확히 알려 준다.

5. 인수인계 기본 내용

   • 월 정기 소득은 세후 _____ 만 원
   • 비정기 소득은 연간 _____ 만 원
   • 월 정기 저축 _____ 만 원 ※적금, 펀드, 보험, 연금 등
   • 월 고정 지출 _____ 만 원
   • 월 변동 지출 평균 _____ 만 원
   • 예비 자금 _____ 만 원

   2015년 ____ 월 ____ 일

   부부 _____ (인) _____ (인)

이제 본격적으로 내 월급을 어떻게 쪼개서 관리해야 하는지 알아보자. 내 목표에 맞는 마스터플랜을 세우고 큰 틀에서 어떻게 시스템을 만들어 나가야 하는지 살펴볼 것이다. 지금부터는 책 내용을 머리로만 이해하는 데서 그치지 말고 실제 행동으로 따라 하며 실행해야만 진정한 월급 경영의 밑그림이 완성된다.

**스마트한
월급 관리의
법칙**

3단계

월급 관리를 위한 새판을 만들자

저축과 소비의 황금비율을 찾아라

□ 사용하는 통장에서 월 현금 흐름이 어떻게 움직이고 있는지 파악한다.
□ 본인만의 소비와 저축 가이드라인을 설정한다.
□ 금융 상품 6대 효과를 이해하고 나에게 맞는 효과를 극대화한다.

저축과 소비의 현금 흐름을 쉽게 정리하는 방법

현금 흐름을 반드시 세 가지로 구분해서 관리해야 한다고 강조한 내용을 기억할 것이다. 이제 나의 통장 관리를 짚어 보자. 통장을 여러 개 사용하지만 특별한 원칙이 없거나 통장 하나에서 모든 입출금이 이루어진다면 그 통장은 다음과 같은 모습일 것이다.

이 통장의 문제점을 짚어 보자. 첫째, 마이너스 통장이므로 들어오고 나가는 정확한 금액을 알기 어렵다. 둘째, 월 소비 예산이 없으니 자연히 소비가 커질 수밖에 없다. 셋째, 개인 통장에 모임 회비 같은 공적인 돈이 섞여 있다. 결론적으로 통장 하나에서 모든 돈이 빠져나가고 들어오는 시스템은 소비 예산을 만들고 지켜 나가는 데 큰 방해가 된다.

■ **통장이 분리되지 않은 모습**

예금(겸 자동 대출) 신탁

연 월 일	적요	찾으신 금액	맡기신 금액	잔액	내역	취급점
2014. 5. 20		30,000		-2,374,520	ATM	강남역
2014. 5. 21	플랜하우투	3,500,000	3,500,000	1,125,480	REAL	역삼동
2014. 5. 21	433—20—2	100,340		1,025,140		역삼동
2014. 5. 23	신한카드	784,520		240,620	FBC	
2014. 5. 24		100,000		140,620	ATM	강남역
2014. 5. 25	조영수		50,000	190,620	전자금융	
2014. 5. 25	신한생명보	18,300		172,320		서소문
2014. 5. 25	삼성생명보	98,550		73,770		종각역
2014. 5. 25	하나—송금	150,000		-76,230	인터넷	
2014. 5. 25	신한은행01	200,000		-276,230	CC	강남금융
2014. 5. 27	LGU인터넷	32,850		-309,080		
2014. 5. 28		100,000		-409,080	ATM	강남역
2014. 5. 29	삼성카드	923,510		-1,332,590		
2014. 5. 29	우리투자증	300,000		-1,632,590		
2014. 5. 30	김영준		30,000	-1,602,590		
2014. 5. 30	조영수		30,000	-1,572,590		
2014. 5. 30	와이프		200,000	-1,372,590	I/B	
2014. 6. 05		100,000		-1,472,590	ATM	강남역
2014. 6. 11		30,000		-1,502,590	ATM	강남역
2014. 6. 20		30,000		-1,532,590	ATM	강남역

통장을 모으는 돈, 쓰는 돈, 남는 돈에 맞추어 각각 저축 통장, 소비 통장, 월급 통장으로 나누어 보자. 통장 정리를 하면 세 가지 현금 흐름의 변화가 한눈에 들어오고 정확하게 파악되기 시작한다.

■ **미혼 직장인 박세동 씨의 월간 통장 정리 내용: 남는 돈—월급 통장**

예금(겸 자동 대출) 신탁

연 월 일	적요	찾으신 금액	맡기신 금액	잔액	내역	취급점
2014. 5. 21	플랜앤하우		월급 입금 3,300,000	3,456,700	REAL	역삼동
2014. 5. 21	하나소비송금	소비 예산 1,000,000		2,456,700	I/B	
2014. 5. 21	하나저축송금	저축 예산 2,000,000		456,700	I/B	
2014. 5. 23	플랜앤하우		140,000	596,700	REAL	역삼동
			총 수입 344만 원	남는돈-잉여		

3단계 | 월급 관리를 위한 새판을 만들자   127

한 달 동안 월급 통장에 찍히는 내용은 매우 간단하다. 월급 330만 원과 영업활동비 14만 원이 들어왔다. 월급날 곧바로 소비 예산 100만 원을 소비 통장으로 송금해서 분리했다. 또한 저축 예산 200만 원을 저축 통장으로 송금했다. 이제 최소한의 예비 자금 59만 6,700원이 통장에 남았다. 이 과정을 반복하다 보면 월급 통장에는 월 단위로 세 줄에서 네 줄만 찍힌다. 이렇게 통장 정리를 해 나가면 월급과 보너스의 연간 현황이 누적으로 보이는 연간 수입 금액 명세서가 되는 것이다.

■ **미혼 직장인 박세동 씨의 월간 통장 정리 내용: 쓰는 돈―소비 통장**

예금(겸 자동 대출) 신탁

연 월 일	적요	찾으신 금액	맡기신 금액	잔액	내역	취급점
2014. 5. 21	소비 예산	소비 예산 입금	1,000,000	1,017,350	I/B	역삼동
2014. 5. 21		100,000		917,350	ATM	
2014. 5. 23	신한카드	584,520		332,830	FBC	
2014. 5. 28		50,000		282,830	ATM	역삼동
2014. 5. 28	LGU인터넷	32,850		249,980		
2014. 5. 29	433—20—2	50,220		199,760		
2014. 6. 03		50,000		149,760	ATM	
2014. 6. 07		30,000		119,760	ATM	
2014. 6. 10		30,000		89,760	ATM	
2014. 6. 15		50,000		39,760	ATM	

977,590원 사용

소비 통장에는 소비 예산 100만 원이 들어오고 그 범위 내에서 지출이 이루어져야 하는데, 만일 그 예산을 초과하면 바로 펑크 난다. 현금을 인출하든 카드를 사용하든 늘 남은 예산을 생각하고 조절해야 하는 것이다. 소비 통장을 정리하면 소비 내용이 한눈에 들어와 어디에 어떻게 사용했는지 적어 놓은 가계부 역할을 한다.

■ 미혼 직장인 박세동 씨의 월간 통장 정리 내용: 모으는 돈―저축 통장

예금(겸 자동 대출) 신탁

연 월 일	적요	찾으신 금액	맡기신 금액	잔액	내역	취급점
2014. 5. 21	저축 예산	저축 예산 입금	2,000,000	2,000,000	I/B	역삼동
2014. 5. 25	월 복리 적금	800,000		1200,000	FBC	강남역
2014. 5. 25	삼성증권미래	700,000		500,000	FBC	본사
2014. 5. 25	하나F02보험	287,550		212,450	FBC	강남역
2014. 5. 25	미래에셋1	200,000		12,450	FBC	서소문

저축 통장에도 저축 예산을 송금하여 적금, 펀드, 보험, 연금 등 각종 저축과 비소비성 지출 내용이 한 통장에서 자동 이체 되도록 한다. 저축 통장을 정리하면 월별 금융 상품의 이체 현황이 한눈에 보이기 때문에 저축 내용을 편리하게 기록하는 셈이다. 월급 사용 내역을 정리한다는 것은 월급을 세 가지 현금 흐름으로 분리하고 각각의 통장으로 쪼개어 출금 현황을 기록으로 남기는 일이다.

구분	저축 통장	소비 통장	월급 통장
용도	모으는 돈	쓰는 돈	남는 돈
통장 기록	저축 내용이 기록된다.	소비 내용이 기록된다 (현금과 카드 사용액 등).	월급과 상여금 내용이 기록된다. 남는 돈(예비 자금)이 기록된다.
확인 내용	저축 이력을 알 수 있다. 어떤 저축에 몇 회 차가 언제 이체되었는지 알 수 있고, 보험의 경우 연체 여부도 확인 가능하다.	당월의 소비 이력을 알 수 있다. 전월 카드 값이 많은지 현금 사용액이 많은지 알 수 있으며, 당월의 경우 현재 예산이 얼마나 남았는지를 확인하고 예산 범위 내에서 사용할 수 있다.	월급과 상여금을 언제 얼마나 받았는지 알 수 있다.

저축으로 금융 상품의 효과를 모두 누리자

이제 저축의 새판을 짜 보자. 먼저 저축 같은 금융 상품을 통해서 얻는 효과는 무엇인지 정확히 알아 둘 필요가 있다. 상황에 따라 적절한 금융 상품을 고르는 안목이 생기기 때문이다. 이런 효과를 고려해 금융 상품의 기능을 효과적으로 활용하는 저축 계획을 세워야 한다.

첫째, 묶기 효과(binding effect)

은행 이자율이 많이 낮아지면서 아예 저축을 포기하는 사람이 늘어나고 있다. 매달 100만 원씩 적금을 부어도 3퍼센트 이자율로 계산할 경우 1년 후 이자가 16만 원에 불과하다. 사정이 이렇다 보니 돈을 월급 통장이나 CMA 같은 입출금 통장에 그대로 두는 것이다.

물론 이자율이 낮은 탓이기도 하지만 사실은 금융 상품의 첫 번째 효과인 묶기 효과를 잘 모르는 데서 오는 결과다. 묶기 효과란 나의 의지와 상관없이 돈이 내 통장에서 다른 금융 기관으로 자동 이체 되어 지금 당장 내가 소비하지 못하도록 돈을 한곳으로 묶어 주는 효과를 말한다. 입출금 통장에 있는 돈은 언제든지 사용하는 자유로운 돈이므로 불필요한 소비로 흘러갈 가능성이 매우 높다. 하지만 어떤 식으로든 금융 상품에 묶어 놓으면 소비 유혹이 원천적으로 차단되어 돈을 안전하게 지킬 수 있다.

둘째, 이자 효과(interest effect)

우리가 가장 잘 아는 금융 상품의 효과가 바로 이자 효과다. 이자 효과란 금융 기관에 돈을 맡기면 약속한 이자를 지급받아서 원리금이 커지는 효과를 말한다. 매월 불입하는 적립식 상품이든 한꺼번에 목돈을 맡기는 예금 성격의 상품이든 일정 기간이 지나면 원금에 이자가 더해져 본래 원금보다 많은 금액을 받는다.

보통 이자율을 나타내는 시간 단위는 1년이다. 이자율이라고 하면 앞에 1년이란 말이 생략되었다고 보면 된다. 과거 고금리 시대에는 연 이자율이 두 자리 숫자를 기록할 정도로 높았기 때문에 금융 상품의 효과 중 가장 주목받는 기능이었지만 지금은 계속된 저금리로 인해 가장 외면받는 효과가 되었다.

셋째, 굴림 효과(snow bowling effect)

굴림 효과란 예금처럼 목돈을 한꺼번에 맡겨서 적금보다 이자가 빨리 불어나는 것을 말한다. 눈사람 만드는 과정으로 비유하자면 적금은 작은 눈덩이를 차곡차곡 모아서 좀 더 큰 눈뭉치로 만드는 과정이고, 예금은 큰 눈뭉치를 눈밭에 굴려서 더 큰 눈덩이로 만드는 것이라고 할 수 있다. 똑같이 이자율 3퍼센트라고 해도 적금보다는 예금이 이자가 빨리 불어나는데 이것이 목돈이 굴러가는 효과, 즉 굴림 효과다.

넷째, 복리 효과(compound interest effect): 이자 효과+굴림 효과

복리 효과의 뜻을 그대로 풀어 보면 복합적인 이자 효과라고 말할 수 있다. 눈뭉치를 만드는 효과와 눈뭉치를 눈밭에 굴리는 효과가 동시에 나타나는 것이다

복리의 첫째 의미는 이자를 모아 원금에 가산한 후 이 합계액을 새로운 원금으로 계산하는 이자 계산법을 가리킨다. 예를 들어 원금 100원에 10퍼

센트 이자율이 붙으면 1년 후 110원을 받을 수 있고, 그다음 해에는 이자가 더해진 110원이 원금이 되어서 121원을 받을 수 있다.

두 번째 의미는 이자 효과와 굴림 효과가 동시에 나타난다는 의미의 복리 효과다. 복리 효과를 제대로 보려면 복리 이자 상품에 가입하는 것도 중요하지만 일정 기간 동안 묶어 두는 것이 필수라고 할 수 있다. 100만 원씩 납입하는 3퍼센트 이자율 1년짜리 적금과 2년짜리 적금의 원리금을 보면 알 수 있다.

첫 번째 의미로 설명한 복리 효과는 이자 계산 방식을 말하는 것이니 우리가 컨트롤할 수 없는 영역이다. 하지만 두 번째 의미로 설명한 복리 효과는 우리의 의지로 만들 수 있는 영역이다. 1년 후에 쓸 돈이 아님에도 불구하고 1년짜리 적금을 계속 반복하는 사람이 많은데, 이런 경우 복리 효과를 기대하기 어렵다.

매달 100만 원씩 납입하는 연 3퍼센트 이자율 적금 비교

① 1년 가입(이자 효과만 나타남)
  원금 1,200만 원→3퍼센트 이자 효과→원리금 1,216만 원 수령

② 2년 가입(이자 효과+굴림 효과가 복합적으로 나타남)
  첫해 원금 1,200만 원→3퍼센트 이자 효과→원리금 1,216만 원
  둘째 해 원금 1,216만 원→3퍼센트 이자 효과→원리금 1,246만 원
                              합계 2,462만 원

다섯째, 투자 효과(investment effect)

모든 금융 상품이 약정한 이자율에 따라 이자만 지급하는 것은 아니다.

정해진 투자 대상에 투자하여 원금과 그 투자 수익을 이자 대신 지급하는 금융 상품도 있다. 대표 상품이 자산운용사의 펀드다. 펀드는 약속한 이자 대신 고객의 돈을 맡아서 주식, 채권 등에 투자하여 일정 수준의 운용 비용을 공제한 후 그 성과를 고객에게 돌려준다. 따라서 이자율보다 훨씬 높은 수익을 낼 가능성이 있지만 반대로 이자를 약속하는 금융 상품과 달리 원금에 손실이 생길 수도 있는 위험이 따른다.

여섯째, 비과세 효과(tax free effect)

금융 상품을 통해 이자나 배당 소득이 발생한 경우 세금을 매기는데, 우리나라는 15.4퍼센트(주민세 10퍼센트 포함)를 세금으로 원천 징수한다. 누계로 이자 배당 소득 같은 금융 소득이 연간 2,000만 원을 넘으면 종합소득세에 또다시 합산하여 한 번 더 과세하는데, 이를 금융소득종합과세라고 한다.

돈이 있는 곳에는 반드시 세금이 따라다닌다. 돈이 어떤 형태로 움직이고 어떤 모양으로 변하든 세금을 피할 방법은 없다고 봐야 한다. 세금은 크

■ 상품별 세금 한도

상품 종류	취급 기관	가입 대상	가입 기간	비과세 한도
저축성 보험	보험사	제한 없음	10년 이상	제한 없음
비과세 종합저축	전 금융 기관	65세 이상 독립유공자, 장애인 5,000만 원 한도	금융 기관별로 상이함	제한 없음
신 재형저축	시중 은행	연 소득 5,000만 원 이하 근로자	7년	분기 300만 원

게 소득, 재산, 소비에 부과된다. 소득이 발생하면서 부과되고, 그 소득이 금융이든 부동산이든 재산이 되면 또 부과되며, 소비할 때 다시 부과된다. 그런데 일부 금융 상품에 가입하면 세금이 절약되거나 아예 부과되지 않는다. 바로 금융 상품의 비과세 효과다.

어디에, 얼마나, 어떻게 저축할까

사람마다 처한 환경이나 목표가 다른 만큼 월급을 어디에 얼마나 사용할 것인가에 대한 기준을 만들기란 어려운 일이다. 하지만 직장인은 불확실한 미래를 이겨 내기 위해 월급 관리의 원칙을 알고 지켜야 한다. 우리의 미래를 우연에 맡길 수는 없기 때문이다.

원칙 1 | 첫 월급부터 70퍼센트를 저축한다

필자는 지난 10년간 상담해 온 미혼 직장인들에게 '월급의 70퍼센트 저축'이라는 원칙을 제시해 왔다. 미혼 시절부터 월급의 70퍼센트 이상을 저축하지 않는다면 본인이 바라는 미래는 절대 없다고 강조한다. 물론 평생 동안 월급의 70퍼센트를 저축할 수는 없다. 다만 첫 월급은 반드시 70퍼센트를 저축해야 한다.

연차가 높아지면 자연스럽게 월급도 오르는데, 대부분은 오르는 월급만큼 저축액을 늘리지 못한다. 연차가 늘어나면서 씀씀이가 함께 커지기 때문이다. 보통 직장 생활 기간을 30년으로 보면 초기, 중기, 말기로 나뉘는데 다음과 같은 특징을 갖는다.

기간	초기 0~10년	중기 11~20년	말기 21~30년
특징	소득이 낮다. 미혼이거나, 기혼이라도 아이가 아직 어리다.	소득이 높아진다. 아이가 중고등학교에 진학하면서 교육비 때문에 소비가 커진다.	소득이 가장 높다. 아이가 대학에 진학하거나 결혼한다.

소득은 점점 늘어나지만 그만큼 책임도 커지고 소비도 급격하게 올라간다. 직장 생활 5년이 안 된 대리급 이하는 적어도 한 달에 200만 원은 저축한다. 하지만 월급을 두 배 가까이 더 받는 10~15년 차 직장인은 늘어나는 고정 지출 때문에 그들만큼 저축하지 못한다.

그래서 초기에 설정한 저축 규모가 매우 중요하다. 대부분의 직장인이 아무리 월급이 올라도 처음에 설정한 저축 규모를 뛰어넘지 못한다. 처음부터 70퍼센트도 저축하지 못한다면 어떻게 될까? 오늘 숙제를 계속 내일로 미루는 셈이다.

원칙 2 | 기간별 저축을 실행한다

단기, 중기, 장기 등 기간별로 나눠서 저축해야 하는 이유를 정희철 씨(33세)의 사례를 보며 이야기해 보자.

정희철 씨는 다음와 같은 재무 목표를 세워 두었다. 결혼 자금은 2년 동안 3,000만 원을 더 모아야 부모님의 도움을 받아서 목표하는 3억 원을 마련할 수 있다. 주택 자금은 물가 상승을 감안한 금액에서 현재 자금을 뺀 차액에 본인이 60퍼센트를 충당해야 가능하므로 10년 동안 4억 5,840만 원이 필요하다. 교육 자금은 평균 자녀 양육비의 30퍼센트를 저축으로 준비

■ 정희철 씨의 재무 목표와 저축 실행 계획

재무 목표	준비 기간	총 필요 자금	향후 준비 금액	비고
결혼 자금	2년	3억	3,000만	현재 전세 자금 1억 + 부모님 지원 1억 + 현재 금융 자산 7,000만
주택 자금	10년	8억	4억 5,840만	판교 35평형 공동 주택 자가 소유(교육 환경+전원 생활). 본인 부담분 60퍼센트
교육 자금	15년 이후	2억 7,541만	4,957만	사교육비 증가율을 감안하여 현재 금액의 30퍼센트를 저축으로 준비
노후 자금	60세 약 30년	월 400만	현재 화폐 가치로 월 400만	공적연금과 합쳐서 필요한 노후 월 소득 수준

※주택 자금: (8억×물가상승률 3퍼센트=10억 880만−전세 자금 3억)×본인 60퍼센트
※교육 자금: 평균 자녀 교육 자금 2억 7,541만 원×30퍼센트×본인 60퍼센트
※노후 자금: 국민연금 65세 이후 월 70만 예상. 나머지를 퇴직연금과 개인연금으로 준비

할 경우 15년간 4,957만 원을 모아야 한다. 노후 자금은 60세 이후에 받는 국민연금과 퇴직연금과 합하여 월 400만 원 정도를 예상한다. 이러한 재무 목표를 위해서 저축 계획을 짠다면 어떻게 하는 것이 바람직한가? 저축이 가능한 금액은 250만 원이다.

위의 목적 자금을 저축을 통해 마련한다고 가정하면 모든 상품에 다음과 같은 공식이 적용될 것이다.

$$\text{목적 자금} = \text{월 납입액} \times \text{수익률(이자율)} \times \text{기간}$$

이 공식을 잘 살펴보자. 모든 변수(납입액, 수익률, 기간)가 곱하기로 연결되어 있다. 세 가지 변수 모두 크면 클수록 목적 자금도 정비례하여 커진다는 것을 의미한다.

■ 정희철 씨를 위한 기간별 추천 실행안

기간	상품별 (월 납입)	투자 속성	월 납입	과세 기준	기간	목적
단기	적금 125	주거래 은행 정기 적금	80만	세금 우대	2년	결혼 자금 3,000만 목표
		주거래 은행 정기 적금	45만	일반 과세	2년	
단중기	펀드 100	절대 수익형 펀드	50만	비과세	3년	주택 자금 4억 5,000만 목표. 결혼 후 적금 여력 125만 합쳐서 205만 저축 예정
		배당 주식형 적립식 펀드	30만	비과세	3년	
장기		주식형 장기 적립식 펀드	20만	비과세	10년	교육 자금
	연금 50	인덱스 투자형 변액연금	50만	비과세	10년	노후 자금
	CMA MMF형		10만		거치 300만	자기 계발
합계 금액			275만			

결혼 자금을 마련할 때는 세 가지 변수 가운데 월 납입액을 높이는 방법이 최우선이다. 2~3년 후 단기에 일어날 일이라 기간과 수익률 변수를 높일 수 없기 때문이다. 결혼 자금을 모을 때는 이자율이 낮고 높은 수익률이 보장되지 못하는 조건에서 최대한 많은 금액을 저축하여 단기간에 목돈을 마련해야 한다.

> 결혼 자금 = 월 납입액 × 수익률(이자율) × 기간
> ....
> 묶기 효과 극대화
>
> ※ 추천 상품: 정기 적금, 채권형 펀드

주택 자금은 두 가지로 나눠서 접근해야 한다. 첫 번째는 10년 후 주택 구입을 위한 돈이니까 3~5년 정도 투자형 저축에 반복 가입하거나 중장기 저축에 가입하여 복리 효과나 투자 효과를 올리는 것이 중요하다. 두 번째는 1~2년 내에 필요한 전세 상승 자금이다.

> 주택 자금 = 월 납입액 × 수익률(이자율) × 기간
> ....
> 복리 효과와 투자 효과 극대화
>
> ※ 추천 상품: 월 복리 적금, 재형저축, 주식형 펀드

교육 자금은 결혼 자금이나 주택 자금과 성격이 다르다. 첫째, 자금이 한꺼번에 들어가지 않는다. 둘째, 필요할 때마다 계속 꺼내 써야 한다. 현재 한 아이에게 들어가는 양육 자금은 2억 7,514만 원으로 이 중 순수 교육비가 절반 이상이라고 보면 최소한 1억 5,000만 원이 필요하다. 하지만 아이가 초등학교에 들어갈 때 한꺼번에 필요한 돈이 아니기 때문에 대부분의 직장인이 교육 자금을 미리 준비하지 않고 향후 높아진 소득으로 해결하려는 경향이 강하다. 교육 자금은 10년간 준비하여 16년 이상 꺼내 쓰는 형식이어야 한다. 단기 적금 같은 상품보다는 납입 금액이 적더라도 오래

도록 납입해서 복리 효과와 장기 투자 효과를 기대할 수 있는, 수익률이 높으면서 중도에 자유롭게 인출 가능한 상품이 효과적이다.

> **교육 자금** = 월 납입액 × 수익률(이자율) × 기간
>   복리 효과와 투자 효과 극대화
>
> ※ 추천 상품: 장기 주식형 펀드, 신 재형저축, 변액유니버설적립보험, 교육보험

노후 자금은 은퇴 후에 필요한 목돈을 모으는 게 아니라 은퇴 후에도 안정된 소득이 꾸준히 들어오도록 준비하는 것이다. 오래 살수록 더 많은 자금이 필요하다. 직장인이 노후를 위해 당장 많은 금액을 납입하기란 현실적으로 어렵다. 적은 금액을 아주 오랫동안 납입해서 장기 투자 효과를 극대화해야 한다. 또한 한 가지 방법만으로 완전히 해결할 수 없기 때문에 공적연금과 기업연금(퇴직연금), 개인연금을 통한 3층 보장이 해결책이다.

> **노후 자금** = 월 납입액 × 수익률(이자율) × 기간
>   묶기 효과, 복리 효과, 투자 효과 극대화
>
> ※ 추천 상품: 개인연금 상품

원칙 3 | 목적 자금에 따라 상품 포트폴리오를 짠다

모든 금융 상품에는 장점과 단점, 그 상품만이 갖는 고유한 특징이 있다. 인생의 목적 자금을 마련할 때 상품의 특징에 유의하여 포트폴리오를

짜야 하며, 적절한 비율을 지키는 것 또한 매우 중요하다. 이러한 원칙을 바탕에 두고 직장인들이 기준 삼아야 하는 상품 포트폴리오 원칙을 유심히 살펴보자.

월 저축 상품 포트폴리오 원칙(첫 월급의 70퍼센트를 저축하는 경우)

① 저축액의 10퍼센트 이하로 보장성 보험에 가입한다.
② 저축액의 70퍼센트 이상 단기 저축에 가입한다.
③ 저축액의 최소 15퍼센트는 연금에 가입한다.
④ 단기는 금리형, 장기는 투자형 위주로 가입한다.

구분	단기(1~2년)	단중기(3~5년)	중장기(5~10년)	장기(10년 이상)
목적 자금	결혼 자금, 전세 자금	주택 자금, 사업 자금	교육 자금	노후 자금
추천 상품	정기 적금, 채권형 펀드	주식형 펀드, 주식 혼합형 펀드	장기 주식형 펀드, 신재형저축, 변액유니버설적립보험, 교육보험	개인연금
장점	단기 목돈 마련 적합	이자율보다 높은 수익률 기대	이자율보다 높은 수익률을 낼 가능성 높음. 일부 인출 가능	종신연금 선택 시 종신토록 연금 지급. 노후 대비에 적합
단점	이자, 수익률 매우 낮음	원금 손실 가능성	초기에 인출 시 원금 손실 가능성	초기 인출 시 원금 손실 가능성

원칙 4 | 안전한 투자 효과를 만든다

저금리와 인플레이션을 이기는 대안으로 흔히 투자를 제시하곤 한다.

하지만 투자는 높은 수익률과 더불어 원금 손실의 우려도 있기 때문에 일반 직장인에게는 쉽지 않은 영역이다. 주식과 더불어 대표 투자 상품인 부동산 역시 당장 손을 대기는 어렵다.

안전한 투자 효과를 만든다는 것은 무슨 의미일까? 아무리 이자율이 낮더라도 은행에 돈을 맡기면 어떠한 경우라도 원금은 보장되며, 설령 은행이 파산하더라도 1인당 5,000만 원까지는 예금자 보호를 받기 때문에 아직도 많은 사람들이 은행만 고집한다. 반면 투자에는 원금 손실의 위험이 붙어 다닌다. 고객을 상담하기 전에 투자 성향을 파악하기 위한 설문지가 있는데, 그 내용을 보면 많은 사람들이 원금 보장을 선호한다.

초저 금리와 지속적인 인플레이션 시대에는 원금의 의미가 그 전과는 달라질 수 있음을 유의해야 한다. 1980년대 한창 부동산 붐이 일어날 때 필자의 부모님 역시 전 재산 5,000만 원을 놓고 당시 개발 중이던 목동아파트를 분양받을지, 예금에 넣을지를 고민했다. 아쉽게도 예금으로 최종 선택한 기억이 있다.

당시의 5,000만 원을 지금까지 은행 예금으로 묶어 두었다면 얼마나 될까? 그동안 금리가 많이 떨어졌다고 하지만 30년간의 평균 금리가 7퍼센트는 족히 될 테니 지금쯤이면 3억이 넘을 것이다. 반면 목동아파트에 투자했다면 지금 어떻게 되었을까? 당시 투자를 생각했던 아파트의 현재 시세는 7억 원에 달한다. 만일 그 아파트에 거주했다면 그동안 들어간 거주 비용까지 절약되었을 테니까 실제 가치는 10억 원에 가깝다고 봐야 한다. 결과적으로 5,000만 원을 투자하여 2억 5,000만 원의 수익을 남긴 것이 아니라 4억 원의 상대적 손실이 생긴 것으로 봐야 하지 않을까?

우량 자산에 장기 투자를 한다면 원금 손실을 걱정하지 않아도 된다. 하지만 많은 자금을 한꺼번에 투자하지 못하는 직장인들에게는 쉽지 않은 이야기다. 과연 어떤 투자 방법이 효과적일까? 적은 금액이라도 지속적으로 꾸준히 모아서 복리 효과를 극대화하는 방법과 우량 자산에 장기간 투자해서 얻을 수 있는 장기 투자 효과가 유일한 대안이다.

첫 번째 방법인 복리 효과란 무엇인가? 복리는 원금에 대한 이자를 모아 원금에 가산한 후 이 합계액을 새로운 원금으로 계산하는 이자 계산 방식을 말한다. 단리와 얼마나 차이 나는지 확인해 보자. 월 10만 원으로 연 2.9퍼센트의 적금을 3년 동안 단리 저축과 복리 저축으로 든다고 가정하면 이자 금액의 차이는 3,873원 정도 된다. 동일한 조건에서 기간을 10년으로 늘려 본다면 이자 금액의 차이는 15만 3,033원으로 다섯 배가량 벌어진다. 복리 효과를 충분히 누리려면 장기 투자가 기본이 되어야 한다.

둘째, 장기 투자 효과란 무엇일까? 코스피 시장은 1983년에 개장하여 2013년에 개장 30주년을 맞이했다. 1983년에 100만 원을 주식, 예금, 채권 등 다양한 자산에 투자했다면 30년 후 각각의 수익률이 어떨까? 1위는 30년간 2,790퍼센트의 수익률을 기록한 주식이다. 그 뒤를 이어 채권과 예금이 각각 2위와 3위를 차지한다. 그런데 정작 우리 주변에서 주식으로 돈 벌었다는 사람을 찾기란 쉽지 않다. 오히려 손실을 보았다는 사람이 더 많다. 대체 무슨 이유일까? 근본 이유는 투자 기간의 문제다. 주식에 직접 투자하는 사람들의 평균 투자 기간이 20개월이 채 안 된다는 자료가 있는데, 투자하면 '단기간에 높은 수익을 낼 수 있다'고 생각하는 오해에서 비롯된 것이다.

장기 투자는 단기 투자보다 정말 안전할까? 지난 10년간 주식 시장의 변화를 통해 1년 단위로 단기 투자를 하여 수익을 내는 경우와 3년 이상 장기 투자를 하여 수익을 내는 경우를 비교해 보면, 단기 투자는 수익도 높지만 손실 가능성도 매우 크다. 반면 장기 투자는 수익률 면에서는 단기 투자보다 낮을 수 있지만, 손실 가능성이 매우 낮아 안전한 자산 운용이 가능하다.

물론 단기 투자와 장기 투자의 특징을 보여 주는 하나의 사례일 뿐 모든 경우에 반드시 적용된다고 단정할 수는 없다. 하지만 매년 경제가 성장한다는 전제 하에 장기 투자는 단기 투자보다 손실이 생길 확률이 낮다는 점만큼은 분명하다. 투자는 100퍼센트 안전하다고 말할 수 없다. 다만 장기 투자의 경우 위험의 확률이 현저히 줄어드는 특징이 있다.

월급 관리를 위한 황금 가이드라인

□ 소비 금액을 고정 지출과 변동 지출로 구분한다.
□ 저축 금액을 상품별, 기간별, 상품 특징별로 구분한다.
□ 현재 월 현금 흐름을 표로 작성한다.

투자는 정말 필요할까

앞에서 안전한 투자 효과를 언급한 이유는 직장인들에게 투자가 필수라는 전제 하에 그 이해를 돕기 위함이었다. 투자는 왜 필요한 것일까?

첫 번째 이유는 지속적인 저금리 때문이다. 2014년 9월까지 2.25퍼센트를 유지하던 기준 금리가 2014년 10월부터 0.25퍼센트포인트 추가로 내려서 2014년 11월 기준 2.0퍼센트로 지난 2009년 2월 글로벌 금융 위기에 대응하기 위해 기준 금리를 2.0퍼센트로 내린 이후 사상 두 번째로 초저금리를 유지하고 있는 중이다.

저금리는 앞으로도 계속될 가능성이 높다 보니 아예 저축을 포기하는 사람이 많아지고 있다. 이런 저금리 환경에서 자산이 늘어나기를 기대하기란 어렵다.

두 번째 이유는 지속적인 인플레이션 현상 때문이다. 금리가 낮으면 시중에 돈(유동성)이 많이 풀리고 그만큼 인플레이션 가능성이 증가한다. 결국 화폐 가치가 지속적으로 떨어져서 자산이 증가하지 못하고 오히려 자산의 실질 가치가 후퇴할 수 있다.

자산을 금리에 맡겨서 매년 2퍼센트씩 늘어난다고 하자. 하지만 매년 인플레이션이 3퍼센트로 발생한다면 자산은 매년 1퍼센트씩 그 가치가 하락한다고 봐야 한다. 우리가 벌어들이는 소득과 그 소득의 잉여 자금으로 만들어진 자산이 저금리와 높은 인플레이션이란 터널을 통과하면서 자산 성장이란 시계를 거꾸로 돌려 버릴 수도 있다. 이런 현상을 방어하기 위해서 투자가 필요한 것이다.

세 번째 이유는 날로 높아지는 노후 생활비 때문이다. 미래 사회는 의식주의 기본 생활비보다 교육, 의료, 여가, 문화 지출이 급속도록 높아질 것이다. 은퇴 후 삶의 질을 결정하는 것도 의식주 같은 기본 생존비가 아니라 부가 비용이다. 주목할 만한 점은 기본 생존비보다 부가 비용이 더욱 빠르게 상승한다는 사실이다. 더 이상 쌀값이 얼마나 오를지 걱정하지 않는다. 자녀 교육비나 건강관리비, 의료비 그리고 여가 비용의 상승을 우려하는 것이다.

우리는 저금리와 인플레이션, 노후 생활비 증가로 인해 끊임없이 투자하며 자산을 증식해야만 하는 시대에 직면해 있다. 더 이상 예금과 적금의 소극적인 저축을 통해서 재테크하는 방법은 달라지는 경제 환경에 적합하지 않다.

소비는 에스컬레이터,
저축은 엘리베이터를 타라

당신이 30세 직장인이라면 앞으로 25년간 300번의 월급을 받으며 50년간 600번의 월 생활비를 지출할 것이다. 1번의 월급으로 2번의 생활비를 만들어 내야 하는 상황에서 월급 관리를 과연 어떻게 하는 것이 좋을까?

월급 관리의 새판 짜기는 척박한 땅을 고르고 길을 닦으며 새롭게 도시를 건설하는 일과 닮았다. 도시는 커다란 밑그림과 철저한 계획을 바탕으로 건설된다. 월급 관리도 큰 틀에서 소비 항목과 저축 항목의 분명한 기준을 세우는 작업부터 시작해 나가야 한다.

월급은 나를 기준으로 보면 모두 지출된다. 내 손을 떠나 밖으로 나간다는 뜻이다. 크게 두 가지로 분류하면 소비성 지출(spending)과 비소비성 지출(saving)이다. 이 두 가지를 고려하여 월급의 새판을 어떻게 짜는 것이 좋을지 그 기준이 될 가이드라인을 제시하겠다.

소비성 지출을 위한 가이드라인

소비성 지출의 가이드라인을 만들 때는 우선 어떤 소비 수준을 유지할 것인가를 선택해야 한다. 소비 수준은 천차만별이기 때문에 선택하기가 매우 어렵다. 작은 원룸에서 40평대 아파트에 이르기까지 주거하는 집의 차이도 크고, 경차에서 외제차, 심지어 매일 먹는 점심 식사까지 소비에서 발생하는 최고 수준과 최저 수준의 차이는 실로 엄청나다.

구체적인 가이드라인을 제시하기 전에 소비성 지출에 적용할 대원칙을 알아야 한다. 앞에서 한번 올라간 소비 수준은 쉽게 내려오지 않는 경향이 강하다는 톱니 효과를 설명했다. 따라서 소비에는 에스컬레이터 모델이 필요하고 저축에는 엘리베이터 모델이 필요한 것이다. 1층에서 10층까지 에스컬레이터와 엘리베이터를 타고 올라간다고 상상해 보자. 에스컬레이터는 모든 층을 거쳐서 단계별로 올라가지만, 엘리베이터는 중간에 한번도 쉬지 않고 1층에서 단번에 10층으로 올라간다. 이렇게 소비는 단계적으로 올리고, 저축은 단번에 올려야 한다.

소비를 에스컬레이터처럼 단계적으로 올린다는 말은 처음부터 과잉 소비에 빠지지 말아야 한다는 뜻이다. 우리는 적절한 자극과 동기 부여 그리고 보상이 반복될 때 가장 큰 행복과 만족감을 느낀다. 하지만 너무 높은 소비 수준을 선택하면 앞으로 수십 년간의 새로운 성취감을 모두 포기하는 꼴이며 되돌릴 수 없을 만큼 월급 관리를 엉망으로 만드는 주범이 되기도 한다.

> **가이드라인 1. 소비 비율**
> 첫 월급을 기준으로 월급의 30퍼센트 이내에서 소비한다.

이 가이드라인은 첫 월급의 70퍼센트를 저축해야 한다는 원칙과 같은 말이다. 물론 월급이 상승할 때마다 계속 70퍼센트를 저축하고 30퍼센트만 소비해야 한다는 뜻은 아니다. 월급이 늘면 소비도 늘어나고 소비 비율도 늘어난다. 첫 월급을 기준으로 30퍼센트를 넘지 않게 소비하라는 말이다. 매년 10퍼센트씩 월급이 오른다면 8년 만에 저축과 소비 비율이 역전된다. 최초의 30퍼센트 소비 비율이 결코 낮지 않다.

몇몇 유럽 국가에서는 소득의 40퍼센트 이상을 세금으로 거두어 복지 재원으로 사용하는데 소득이 높아지면 세율이 더욱 늘어나므로 실제로 평생 소득의 50퍼센트 이상을 저축하는 셈이 된다. 일반 직장인이 첫 월급의 70퍼센트를 절대액 기준으로 저축하고 나머지를 소비하는 것은 최소한 지켜야 하는 기준이라고 볼 수 있다.

가이드라인 2. 고정 지출

고정 비용은 월 소비 금액의 30퍼센트 이내로 한다.
- 통신비는 월 소비 금액의 5퍼센트 내외
- 교통비는 월 소비 금액의 15퍼센트 내외
- 중식비는 월 소비 금액의 10퍼센트 내외

※ 고정 지출은 교통비(차량 유지비 포함), 통신비, 중식비를 말한다. 경우에 따라 월세나 관리비를 포함한다.

고정 비용은 특별한 경우가 아니라면 변하지 않기 때문에 처음 금액을 설정할 때 기준을 잘 정해야 한다. 대표적으로 통신비, 교통비, 중식비 등이 있다. 처음 설정이 잘못되면 되돌리는 게 쉽지 않으니 제시한 가이드라인을 보고 점검하자.

통신비는 본인에게 적절한 수준의 기종과 요금제를 선택하여 과다 비용이 발생하지 않도록 유의해야 하는 항목이다. 데이터와 각종 부가 기능으로 인해 통신비가 날로 늘어나는 추세인데 최신 기기로 자주 교체하면 단말기 가격까지 요금에 부과되어 통신비가 기하급수적으로 늘어난다. 2년에 한 번씩 단말기를 교체한다면 최신 스마트폰이 100만 원에 가깝다는 사실을 고려할 때 2년에 한 번씩 평면 TV를 할부로 사는 것과 다름없는 소비 수준이다.

교통비는 대중교통을 이용한다면 크게 문제 되지 않는다. 하지만 자가용을 이용한다면 각별한 가이드라인이 필요하다. 업무상 차량이나 회사에서 비용을 지원받는 경우를 제외한 순수 개인 용도의 차량이라면 주유비가 월 소득의 5퍼센트를 넘지 않아야 한다(월 소득의 5퍼센트 유류비=월 소득의 30퍼센트를 소비한다면 소비 금액의 15퍼센트가 주유비인 셈).

중식비는 주말이나 휴일에 쓰는 외식비와 구별되는 직장인들의 점심 식사 값을 말한다. 많은 회사에서 급여 항목에 중식 보조비라는 항목을 두고 있지만, 수당을 나누는 명칭에 불과하므로 일반 급여라고 봐야 하기 때문에 결국 본인이 부담하는 것이다.

지금까지 소비 금액 중 30퍼센트를 차지하는 3대 고정 지출의 가이드라인을 살펴보았다. 부모님과 사는 미혼 직장인이라면 세 가지 정도로 고정 지출이 마무리되겠지만, 독립했거나 결혼했다면 월세나 관리비 같은 고정 비용이 추가로 발생한다. 고정 비용의 비율이 더욱 올라가는 것이다.

가이드라인 3. 변동 지출

변동 지출은 월 소비 금액의 70퍼센트 내외(월 소득의 20퍼센트 내외)로 한다.

※ 변동 지출은 소비 금액 중 외식비, 유흥비, 쇼핑비, 문화생활비 등을 말한다.

변동 지출은 매월 쓰는 곳과 금액이 실로 변화무쌍하다. 카드 청구서를 보면 매월 동일하게 빠져나가는 고정 지출과 달리 외식이나 쇼핑, 문화 생활 등 변동 지출 금액은 매우 큰 폭의 변화가 있음을 발견한다. 이 부분만

큰은 가이드라인이 더욱 중요하다. 반드시 월 소비 예산을 정해서 실행해야 한다. 예산이란 마이너스가 나도 어쩔 수 없지 하는 마음으로 설렁설렁 소비하는 게 아니라, 월급 통장과 다른 별도의 소비 통장으로 정해진 월 예산을 송금하여 그 범위 내에서만 사용해야만 한다.

가이드라인 4. 예비 지출

예비 자금은 2~3개월 치 소비 금액을 준비해야 한다.
예비 자금(지출)은 월 소비 금액의 10퍼센트 내외로 한다.

※ 예비 지출은 소비 금액 중 월 소비 예산을 초과하여 지출해야 하는 상황에 대비한 것이다. 소비 금액의 일부나 수당 또는 보너스의 일부를 예비 통장에 송금해서 별도로 관리한다.

첫 월급의 70퍼센트를 저축하고 30퍼센트를 소비하면 남는 돈이 전혀 없는 상태가 된다. 이 경우 경조사 같은 특별한 지출이 생기거나 명절 등 계절성 지출이 생기면 대비하기가 어렵다. 약간의 예비 자금을 마련해 둘 필요가 있는데 이것을 예비 자금이라고 하고, 월급 통장과 별도의 예비 통장에 넣어서 관리하는 것이 바람직하다.

예비 자금의 규모는 갑작스런 이직이나 휴직으로 잠깐의 공백이 있을지라도 기존의 저축을 중단하지 않을 수 있는 수준인 월 소비 금액의 2~3개월 치 이내가 적당하다. 소비 지출 부분의 가이드라인 실행 사례를 도표로 정리했다.

■ 월 소득 300만 원의 미혼 직장인을 위한 소비 가이드라인

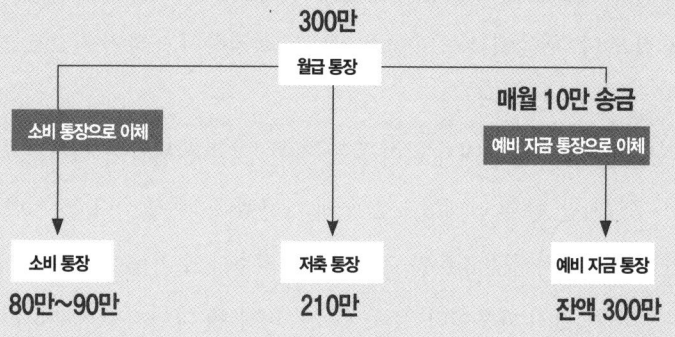

구분	세부 항목 1	세부 항목 2	금액	비고
소비 지출 부분 90만 원	고정 지출	통신비	5만 원	소비 금액의 5퍼센트 내외
		교통비	15만 원	소비 금액의 15퍼센트 내외
		중식비	10만 원	소비 금액의 10퍼센트 내외
	변동 지출	외식, 쇼핑, 자기 계발	50만 원	한계 설정하기
	예비 지출	예비 비용	10만 원	잔액 300만 원 유지
비소비 지출 부분 210만 원	저축	각종 저축 (보험 포함)	210만 원	상품별 포트폴리오 수립

세부 사용 내역

저축을 위한 가이드라인

우리는 경험을 통해 한번 올라간 소비 수준을 내리기란 쉽지 않다는 사실을 잘 안다. 처음에 저축 수준을 제대로 설정하지 못하면 앞으로 영원히 불가능하다고 봐야 한다.

직장인들을 상담하면서 많이 듣는 것이 "지금은 월급이 적어서 저축을 많이 못하지만 향후 단계적으로 늘려 나가겠다."는 말이다. 하지만 이런 호언장담은 지켜지는 경우가 거의 없다. 저축과 소비를 바라보는 태도에 근본 문제가 있기 때문이다. 소득에서 소비를 뺀 나머지를 저축하려는 생각(소득-소비=저축)을 하는 것이다.

저축을 늘리면 자연스럽게 혹은 강제적으로 소비를 줄일 수 있다. 소득에서 저축을 뺀 나머지를 소비하겠다는 생각(소득-저축=소비)으로 바꾸지 않으면 안 된다. 저축은 단계적 증가가 아니라 단번에 원하는 수준으로 실행하는 것이 매우 중요하다.

이제 저축의 가이드라인을 알아보자. 앞에서 금융 상품의 6대 효과를 알아보았다. 그중 가장 중요한 효과는 묶기 효과다. 필요한 시점까지 자금이 소비되지 못하도록 묶어 놓는 것이다.

따라서 어떤 방법으로 저축할 것인가에 앞서 월 소득의 70퍼센트 저축이라는 원칙이 가장 중요하다. 월급의 70퍼센트는 쓰이지 않는 묶기 효과가 발생할 것이기 때문이다.

가이드라인 1. 저축 비율

첫 월급의 70퍼센트를 저축한다.

목적 자금별 포트폴리오를 짜서 단기(2년 이하)와 단중기(5년 이하) 그리고 중장기(10년 이하)와 장기(10년 이상)로 저축 계획을 세워야 한다. 이때 꼭 기억해야 하는 가이드라인을 살펴보자.

단기나 단중기 상품은 시내버스와 같다. 하루에도 수십 번 운행하니까 이번에 놓치면 잠시 기다렸다 다음 차를 타면 그만이다. 가입과 만기를 반복하며 계속 갈아타는 특징이 있다. 그러나 중장기나 장기 상품은 다르다. 하루에 두세 차례 운행하는 고속버스처럼 제때 타지 못하면 목적지에 엄청나게 늦게 도착할 수밖에 없다. 단기 상품에 비해 기회 비용의 손실이 매우 크다.

> **가이드라인 2. 보장성 보험**(장기 상품)
> 보장성 보험은 월 소득의 10퍼센트 이내로 가입한다(첫 저축 규모의 15퍼센트 내외).

보장성 보험은 어느 날 갑자기 생길지도 모르는 경제적 위험 상황(사망, 장해, 질병 등)에서 자기 자신과 가족을 지키는 수단이며, 이런 위험으로부터 가족의 미래 경제 가치를 지키는 매우 중요한 금융 상품이다. 나이가 많아질수록 비용이 증가하며 건강의 변화 또는 치료 병력에 따라서 가입 조건이 제한되거나 변할 수 있음을 유의해야 한다.

> **가이드라인 3. 정기 적금**(단기 저축 상품)
> 1~2년 단기 목적 자금은 정기 적금은 70퍼센트 이상, 투자형 상품은 30퍼센트 미만으로 한다.

1~2년 후 필요한 돈을 단기 자금이라고 한다. 결혼 자금, 전세 자금, 주택 자금 등 다양한 목적이 있을 수 있다. 2년이란 시간은 큰 투자 효과를 기대하기 어렵다. 이자율에 따른 큰 효과 또한 기대하기 어렵다. 목적 자금 중 상당 부분은 이자나 수익으로 만드는 것이 아니라 원금으로 만들어야 한다. 2년 후 5,000만 원이 필요해서 연이율 3퍼센트로 적금을 들 경우, 매달 203만 원씩 2년간 납입해야 하는데 만기 5,000만 원 중에서 97퍼센트가 원금이다. 이자가 적다고 해서 투자를 선택하기는 부담스럽다. 단기 투자의 성공과 실패 폭이 크게 나타나는 점을 감안해 보면 더욱 그렇다. 2년 미만의 저축은 이자 수익을 기대하지 말고 원금만 봐야 한다. 70퍼센트 이상은 정기 적금으로 설계하는 것이 바람직하다.

> **가이드라인 4. 개인연금(장기 저축 상품)**
> 첫 월 소득의 10~15퍼센트를 10년 이상 납입으로 가입한다.

노후 생활을 준비하기 위해서 가장 많이 선택하는 것이 개인연금이다. 이 상품은 보통 10년 이상 납입하고 은퇴 시점에 일시금이나 연금으로 수령한다. 매우 큰 목적 자금을 만드는 일이지만, 월 소득의 10~15퍼센트인 적은 금액을 오래도록 납입하여 투자 성과나 복리 이자로 승부하는 그야말로 시간이 만들어 내는 돈이다.

연금 상품은 이자소득세가 완전 면제되는 비과세 상품이기도 하다. 단기 상품에 비해 원금보다 이자나 수익이 많은 구조라 단기 저축을 수십 년 반복 운영하는 것에 비해 이자소득세 절감 효과가 극대화되는 이점이 있다.

> **가이드라인 5. 펀드(단기 혹은 단중기 투자 상품)**
>
> 1~2년 단기 목적 자금의 경우 30퍼센트 미만, 3~5년 단중기 목적 자금의 경우 50퍼센트 이상 투자한다.

간접 투자형 상품으로 가장 대표적인 펀드는 간접 투자 운용법에 의거해서 투자신탁회사나 자산운용회사에 돈을 맡기는 상품이다. 증권회사나 은행, 보험회사 같은 금융 회사를 통해 가입하는데, 고객의 투자 성향을 파악한 후 투자 위험성에 따라 상품을 제안한다. 3년에서 최고 5년 정도의 목적 자금이 여기에 속한다. 주택 자금이나 사업 자금 또는 자녀 교육 자금이라면 이 기간 동안 모두 금리가 낮은 정기 적금으로만 운영하는 것은 적합

■ 월 소득 300만 원의 미혼 직장인을 위한 저축 가이드라인

구분	세부 항목 1	세부 항목 2	금액	비고
비소비성 지출 부분 210만 원	결혼 자금	정기 적금	100만	2년 후 결혼 자금 3,000만 원
		적립식 펀드 주식 혼합형 (주식 60퍼센트 이하)	40만	소비 금액의 15퍼센트 내외
	주택 자금	적립식 펀드 주식형 (주식 60퍼센트 이상)	결혼 전 30만 결혼 후 170만	10년 후 2억
	노후 자금	투자형 개인연금	30만	60세 이후 월 50만 원 생활비 목표
	위험 관리	보장성 보험	10만	사망, 장해, 질병, 의료비

하지 않다. 목돈을 한꺼번에 맡기는 거치식 펀드와 달리 투자 위험이 분산되는 적립식 펀드라면 목적 자금의 50퍼센트 이상을 투자하는 것이 바람직하다.

월 현금흐름표를 작성하면 길이 보인다

월급의 현금흐름표를 작성해 보자. 현금흐름표를 작성하는 이유는 모으는 돈과 쓰는 돈, 남는 돈의 한 달 흐름을 한 장으로 정리하여 한눈으로 확인하기 위해서다.

현금흐름표는 크게 유출과 유입, 두 가지로 나뉜다. 들어오는 돈과 나가는 돈을 제대로 파악해야만 한다. 들어오는 돈 유입에는 본인의 소득 및 배우자의 소득이 포함되고 비정기적으로 들어오는 보너스도 적어야 한다. 또한 월급과 별개로 금융 소득이나 연금 소득이 발생한다면 이 역시 유입 항목에 빠짐없이 적자.

나가는 돈에는 저축과 투자 항목도 포함된다. 나를 기준으로 봤을 때 저축도 결국은 내 주머니를 빠져나가는 돈이기 때문이다. 이 밖에 쓰는 돈인 고정 지출과 변동 지출도 빠짐없이 확인하자. 다 작성했으면 가이드라인에 맞추어 앞으로 실행하고자 하는 새로운 현금흐름표를 작성해 보자. 개인의 상황과 여건에 따라 조건이 달라지기 때문에 가이드라인에 모두 맞추기는 어려울 수도 있다. 하지만 가이드라인에서 제시한 원칙과 현재 자신의 소비와 저축 현황의 차이점을 발견하고, 이를 통해 변화와 개선의 실마리를 찾아보자.

■ 월 현금 흐름을 항목에 맞게 적어 보자

유출		유입	
과목	금액	과목	금액
1. 저축과 투자		**1. 사업 소득, 근로 소득**	
적립식 펀드		본인 근로 소득	
정기 적금		배우자 근로 소득	
청약저축		비정기 소득(보너스)	
개인연금		ⓐ 소계 월 기준	만 원
보장성 보험		보너스 합산 월 평균 소득	만 원
기타		**2. 투자 소득**	
기타		금융 소득(이자 소득)	
ⓑ 소계		금융 소득(배당 소득)	
2. 고정 지출		연금 소득(개인연금)	
교통비, 통신비, 중식비			
월세, 관리비, 주식비		소계	
대출 이자		**3. 기타 소득**	
기타		상속 증여 소득	
ⓒ 소계		임대 소득	
3. 변동 지출			
외식비, 유흥비			
문화생활비			
쇼핑비			
경조사비			
기타			
ⓓ 소계			
(잉여 자금ⓐ) – (ⓑ+ⓒ+ⓓ)			
유출 합계		유입 합계	

■ **가이드라인을 적용한 새로운 계획을 만들어 보자**

유출		유입	
과목	금액	과목	금액
1. 저축과 투자		**1. 사업 소득, 근로 소득**	
적립식 펀드		본인 근로 소득	
정기 적금		배우자 근로 소득	
청약저축		비정기 소득(보너스)	
개인연금		소계 ⓐ　　　　　월 기준	만 원
보장성 보험		보너스 합산 월 평균 소득	만 원
기타		**2. 투자 소득**	
기타		금융 소득(이자 소득)	
소계 ⓑ		금융 소득(배당 소득)	
2. 고정 지출		연금 소득(개인연금)	
교통비, 통신비, 중식비			
월세, 관리비, 주식비		소계	
대출 이자		**3. 기타 소득**	
기타		상속 증여 소득	
소계 ⓒ		임대 소득	
3. 변동 지출			
외식비, 유흥비			
문화생활비			
쇼핑비			
경조사비			
기타			
소계 ⓓ			
(잉여 자금ⓐ) − (ⓑ+ⓒ+ⓓ)			
유출 합계		**유입 합계**	

머니 트레이닝 11 DAYS

통장과 계좌 만들기로 절반은 성공한다

□ 사륜구동식 통장의 운영 방법을 정확히 이해한다.
□ 각 통장의 사용 방법을 정확히 이해하고 실제로 통장을 나누어 본다.

어떤 길도 문제없는 사륜구동식 통장 만들기

네 바퀴가 동시에 돌아가는 사륜구동 차는 거친 지형이든 가파른 곳이든 그 어떤 조건에서도 완벽한 드라이빙이 가능하다. 자동차 공학 측면에서 가장 안정감을 주는 숫자가 4다.

월급 관리에서도 숫자 4는 중요한 의미를 갖고 있다. 월급은 모으는 돈, 쓰는 돈, 남는 돈으로 나눠서 각각 세 개의 통장에 넣어 관리하라고 했는데, 사실 통장 세 개는 부족한 부분이 있다. 월급 통장에 두 가지 성격의 돈이 모여 있어서 혼란이 생기기 쉽다. 월급과 보너스가 모이는 부분과 남는 돈이나 예비 돈을 모으는 부분이 섞이기 때문이다. 이 부분을 예비 통장으로 빼서 통장 네 개를 운영한다면 용도에 따른 자금이 섞이지 않을 것이다.

> **월 현금 흐름과 통장**
>
> **기존**
> ① 모으는 돈→저축 통장
> ② 쓰는 돈→소비 통장
> ③ 남는 돈→월급 통장
>
> **사륜구동식 통장**
> ① 저축 통장
> ② 소비 통장
> ③ 월급 통장
> ④ 예비 통장

가장 기본이 되는 월급 통장

월급 통장은 보통 회사에서 월급을 지급하는 통장으로 지정되는 경우가 많으며, 출금과 이체 수수료 없는 자유입출금 통장이 기본이다. 대부분의 은행이 고금리 월급 통장 상품을 내놓았지만 사실 입출금이 빈번하게 이루어지는 월급 통장은 이자율보다 수수료가 없는 점이 더 유리하다. 고금리 월급 통장에 잉여 자금을 보관하는 경우가 있는데 실제로는 이자율이 높지 않다는 점에 유의해야 한다.

고금리 월급 통장은 월급 통장으로는 적합할 수 있지만 예비 자금을 보관하는 용도로는 적합하지 않다. 잉여 자금은 월급 통장과 분리된 또 다른 고금리 월급 통장이나 CMA 통장에 보관하는 것이 현명하다. 월급 통장에 잔액이 남아서는 안 된다. 월급 통장과 남는 돈을 보관하는 예비 자금 통장을 반드시 분리하자.

월급 통장을 만들 때는 세 가지 포인트를 기억하자. 첫째, 주거래 은행을 이용한다. 은행 거래를 한 곳에 집중해야 수수료 면제, 우대 금리 적용 등의 다양한 혜택을 누릴 수 있기 때문이다. 둘째, 높은 이자율보다는 수수료가 낮거나 없는 통장을 고른다. 셋째, 월급 통장에 잔액을 남기지 않는다.

저축을 지키는 예비 통장

월급 통장과 별도로 예비 통장을 만들어서 예비 자금을 운영해야 하는 이유는 무엇일까? 예비는 필요할 때를 대비해서 미리 준비해 놓는다는 의미를 지닌다. 시골에 가면 크고 작은 저수지가 많은데 1년 농사를 짓는 동안 필요한 농업용수를 모아 놓은 곳이다. 농사에 필요한 물은 내리는 비에 의존하는데, 비는 1년 내내 고르게 내리지 않기 때문에 예비로 저수지에 물을 가두어 두는 것이다. 예비 통장은 저수지의 원리를 이용한 통장이라고 보면 된다.

월 250만 원을 받는 정태성 씨는 1년에 네 번 들어오는 보너스 때문에 고민이 많다. 남들이 보기에는 많은 금액을 받는다고 생각하지만, 오히려 보너스로 인해 소득이 들쭉날쭉하기 때문에 갑자기 소비가 많아지기도 하고, 이로 인해 큰 금액의 저축을 제대로 실행하지 못할 때가 많기 때문이다.

정씨는 기본 급여인 250만 원에서 100만 원을 저축하고, 100만 원을 소비하며 나머지 50만 원은 그대로 통장에 두고 있다. 나름 기준을 두고 저축과 소비 예산을 나눠서 관리하지만 예비 자금이 없다 보니 돈이 부족한 달에는 부득이하게 적금을 깨는 악순환이 몇 차례 반복되었다. 딱 100만 원 내에서 소비하는 달도 있지만, 보너스를 타는 달에는 큰 금액의 소비를 몇 번씩 해서 100만 원을 훌쩍 넘게 쓰기도 한다.

1년에 250만 원씩 네 번 지급되는 보너스까지 합친다면 정씨는 연간 기준으로 333만 원의 소득을 올리지만 그에 비해 저축은 고작 30퍼센트를 조금 넘는 100만 원 수준이다. 이런 정씨를 위한 긴급 처방으로 적금을 하나 깨서 예비 자금 통장을 만들라고 했다. 월급은 일정한 편이나 소비가 일정하지 않을 때 예비 자금 통장은 어떤 역할을 할까?

■ 예비 통장이 없을 때의 현금 흐름

구분	1월	2월	3월	4월	5월	6월	7월	8월	9월	10월	11월	12월
월 기본 급여	250만	250만	250만	250만	250만	250만	250만	250만	250만	250만	250만	250만
보너스	250만			250만			250만			250만		
월 소득 합계	**500만**	250만	250만	**500만**	250만	250만	**500만**	250만	250만	**500만**	250만	**500만**

월급 통장에 쌓임 → 저축되지 못하고 소비로 흘러간다

월 저축	100만	100만	100만	100만	100만	100만	100만	100만	100만	100만	100만	100만
월 소비	100만	100만	100만	100만	100만	100만	100만	100만	100만	100만	100만	100만
월 잉여 1	50만	50만	50만	50만	50만	50만	50만	50만	50만	50만	50만	50만
월 잉여 2	250만			250만			250만			250만		

월급 통장에 쌓임

첫째, 운전 자금 역할을 한다. 돈이 모자라는 달은 예비 통장에 있는 돈을 사용하면 되니까 저축 통장을 건드리지 않을 수 있다. 또한 돈이 남는 달에는 소비 통장의 돈을 예비 통장으로 옮겨서 불필요한 소비로 흘러가지 않도록 막는다.

둘째, 월간 잉여 자금과 연간 잉여 자금을 없애는 효과가 있다. 예비 자금을 따로 두는 예비 통장이 없다면 예산을 초과하지 않으려고 소비 예산을 좀 더 넉넉하게 준비하는데, 잉여 자금이 늘어서 결국 소비를 높이는 결과로 이어진다. 매월 동일한 월급을 받는 게 아니라 정기적으로 보너스를 받기 때문에 매월 소득이 다른 직장인(IRI형)이 예비 통장을 운영하지 않을 경우, 매월 50만 원의 잉여 자금과 3개월에 한 번씩 250만 원의 잉여 자금

■ 예비 통장을 만든 후 바뀐 현금 흐름

구분	1월	2월	3월	4월	5월	6월	7월	8월	9월	10월	11월	12월
월 기본 급여	250만	250만	250만	250만	250만	250만	250만	250만	250만	250만	250만	250만
보너스	250만			250만			250만			250만		
월 소득 합계	500만	250만	250만	500만	250만	250만	500만	250만	250만	500만	250만	500만

예비 통장 사용 후 → 저축이 두 배로 늘어난다

월 저축	200만	200만	200만	200만	200만	200만	200만	200만	200만	200만	200만	200만
월 소비	100만	100만	100만	100만	100만	100만	100만	100만	100만	100만	100만	100만
예비 통장	200만	150만	100만	300만	250만	200만	400만	350만	300만	500만	450만	400만

이 생기는데 고스란히 월급 통장에 쌓인다.

　월급 통장에 쌓인 잉여 자금은 어디로 흘러갈까? 월급과 함께 섞여 있다 보면 모으는 돈인지 쓰는 돈인지 혼란스럽고 대개는 많은 돈이 불필요한 지출로 흘러간다. 위의 경우 연간 기준으로 보면 월 333만 원의 소득을 올리지만 저축은 고작 100만 원에 그치는 이유다. 남는 돈을 월급 통장에 두는 대신 그때그때 예비 통장으로 빼서 분리하고, 모자라는 돈은 다시 예비 통장에서 충당하면 높은 수준의 월 저축을 실행할 수 있다.

　예비 자금의 규모는 어느 정도가 적당할까? 정해진 규칙은 없다. 운전자금의 역할을 수행하는 데 지장이 없는 수준이면 된다. 매월 월급이 고르게 들어온다면 예비 자금을 많이 준비할 필요가 없을 것이다. 반면 월 소득이 일정하지 않고 변화가 심하다면 예비 자금이 많아야 한다. 아울러 명절이나 경조사 같은 비정기 지출을 위해서, 보너스가 없는 달에도 높은 수준의 월 저축을 계속 실행하기 위해서 최소한의 예비 자금이 필요한데 그 규모는 아래의 기준을 참고하면 된다.

예비 통장의 예비 자금 규모

월 고정 지출 × 6개월 분 + (월 정기 소득 × $\frac{\text{연간 보너스}}{\text{연간 총소득}}$)

예비 자금을 보관하는 예비 자금 통장은 월급 통장과 마찬가지로 수시 입출금이 가능해야 하고, 짧은 기간을 보관하더라도 수익이 발생한다면 더할 나위 없이 좋다. 그래서 많은 경우 CMA 통장을 사용하는데 그 종류와 특징을 살펴보면 다음과 같다.

■ **예비 통장에 적합한 CMA의 종류와 특징**

구분	종금형	RP형	MMF형	MMW형
운용 기관	증권사	증권사	자산운용사	한국증권금융
실적	실적 배당	확정 금리	실적 배당	실적 배당
투자 자산	우량 기업 어음, 국공채	국공채, 은행채, RP	단기 국공채, 금융채, 콜론	금융 기관 예금, 콜론
손실 발생 시	예금자 보호	예금자 보호 안 됨	예금자 보호 안 됨	예금자 보호 안 됨

CMA 통장은 통장에 머무는 기간이 짧은 목돈일지라도 이자를 받는 것이 목적이다. 하루만 넣어도 이자가 붙는 것이 CMA 통장의 최대 장점이다. 0.2퍼센트대의 자유입출금 통장에 비해 CMA는 최근 2퍼센트 초반의

금리를 제공하고 있다. 입출금이 자유롭고 체크카드도 되며 정해진 은행에서 사용할 경우 ATM기 사용료와 인터넷 뱅킹 수수료 등도 면제된다. 종류별 특징을 살펴보면 다음과 같다.

■ 자신에게 맞는 CMA를 고르자

구분	종금형	RP형	MMF형	MMW형
장점	예금자 보호가 된다.	확정 금리 적용	금리 하락기에는 RP형에 비해 수익률이 높아진다.	일 복리로 운영되므로 장기 예치 시 유리하다.
단점	기간별 금리가 적용되므로 단기간 예치나 잦은 입출금 시 수익률이 저하된다.	금리 하락기에는 MMF형에 비해 수익률이 낮아진다.	금리 상승기에는 RP형에 비해 수익률이 저하된다.	다른 상품에 비해 수익률이 낮다.
어떤 경우에 유리할까?	입출금이 거의 없는 장기 고액 자금	입출금이 잦은 단기 자금	입출금이 잦은 단기 자금	입출금이 거의 없는 장기 고액 자금

비소비성 지출이 나가는 저축 통장

저축 통장은 적금을 포함한 각종 펀드나 개인연금 등 저축성 상품에서 보장성 보험에 이르기까지 비소비성 지출 모두를 같은 통장에서 빠져나가게 하여 납입 현황을 한눈에 보기 편하도록 만든 통장이다. 따라서 입금만 있고 출금은 없다. 각종 금융 상품을 월급 통장이 아닌 다른 통장에서 이체 시키는 데는 나름의 이유가 있다.

첫째, 저축이 연체되지 않고 저축 이력이 통장에 잘 기록되어 한눈에 관리할 수 있다. 통장이 훌륭한 저축기록장이 되는 것이다. 저축 통장은 특판 상품이나 세금 우대를 위해 주거래 은행의 통장을 사용하는 편이 좋다. 월급이 들어오는 대로 정해 놓은 저축 예산을 저축 통장에 송금하여 각종 금융 상품을 이체시키면 된다.

■ **납입 현황을 파악하기 좋은 저축 통장**

예금(겸 자동 대출) 신탁

연 월 일	적요	찾으신 금액	맡기신 금액	잔액	내역	취급점
2014. 5. 21	저축액송금	저축 예산 송금	2,100,000	2,100,000		역삼동
2014. 5. 25	신한생명보	118,300	적금 이체	1,981,700		서소문
2014. 5. 25	삼성생명보	98,550		1,883,150		종각역
2014. 5. 25	신한은행01	700,000	적금과 연금	1,183,150	C C	강남금융
2014. 5. 25	신한은행적	100,000		1,083,150	ATM	강남역
2014. 5. 29	우리투자증	300,000		783,150		
2014. 5. 30	삼성증권	300,000	펀드 이체	483,150	I/B	
2014. 5. 30	하나대투증	300,000		183,150	ATM	강남역
2014. 5. 30	삼성생명	150,000	개인 연금	33,150	ATM	강남역

소비성 지출이 나가는 소비 통장

소비 통장이란 고정비와 카드 대금, 현금 인출 등 모든 소비성 지출이 빠져나가서 월 단위의 소비 현황을 한눈에 확인할 수 있는 통장이다. 따라서 입금보다 출금이 많아서는 안 된다.

소비 통장의 핵심 기능은 소비 이력을 기록하고 정리하는 것이 아니라 소비를 효율적으로 통제하고 관리하는 일이다. 소비 예산이 월급과 여윳돈 등 다른 돈과 함께 월급 통장에 섞여 있으면 소비 제한선이 없기 때문에 자유롭게 쓰는 돈이 늘어날 수도 있지만, 소비 통장을 따로 사용하면 금액의 제한이 생기기 때문에 예산 범위 내에서 사용하는 습관이 생긴다. 혹시 예산을 초과한다면 통장이 지불 불능 상태가 돼 버려서 자연스레 소비를 높이지 않는 효과가 생긴다. 물론 돈이 부족하면 예비 통장에서 인출할 수도 있지만 소비를 통제하는 목적으로 소비 통장을 만들었으니 가능하면 그런 일은 없어야 한다. 현금과 체크카드 사용을 늘려 보는 것도 소비를 잘 관리하는 방법이다.

한 달 내내 소비 통장에 입금한 현금만 사용한다면 어떨까? 지출할 때마다 돈이 줄어드는 현실을 그때그때 체감할 수 있을 것이다. 내가 돈을 사용한 시점과 돈이 내 손에서 빠져나가는 시점이 같기 때문에 남은 잔액 안에서 다음 지출을 고민하다 보면 정상적인 소비 의사 결정과 소비 관리 감각이 살아난다.

상담하면서 소비를 통제하기 어렵다는 말을 자주 듣는다. 왜 그럴까? 소비를 통제하지 못하는 데는 크게 다섯 가지 이유가 있다.

첫째, 월 소비 예산이 없거나 아예 소비 통장이 존재하지 않는다. 둘째, 월 소비 예산과 소비 통장은 있으나 저축을 조금만 한다. 셋째, 월 소비 예산과 소비 통장은 있으나 예비 자금을 자주 인출한다. 넷째, 소비 통장으로 마이너스 통장을 쓴다. 다섯째, 현금이나 체크카드보다 신용카드를 많이 사용한다.

소비 통장이 없다면 하루빨리 만들어야 한다. 적정한 소비 예산을 정하고 월급날 소비 통장으로 예산을 이체시키되 예산을 초과하지 않도록 초기 몇 개월은 체크카드를 사용하면 도움이 된다. 소비 예산을 입력하면 카드 사용액이 예산을 넘을 경우 문자로 경고 메시지를 보내 주는 카드까지 나왔다. 카드 사용 현황을 실시간으로 기록하고 사용 금액 누계를 보여 줌으로써 소비 통제를 도와주는 애플리케이션도 있다.

또한 저축, 소비, 월급, 예비 통장 중 하나를 마이너스 통장으로 사용하는 경우가 있는데 절대 금물이다. 통장에 월 현금 흐름이 대출 금액과 뒤섞여 예산을 정확하게 인지할 수 없기 때문이다. 통장 네 개 모두 마이너스 통장과는 별도로 사용해야 한다. 잠시라도 마이너스를 줄이기 위해서 위의 통장 중 하나를 마이너스 통장으로 사용하기도 하는데 그야말로 소탐대실이 될 가능성이 높다.

마이너스 통장이 있다면 별도의 대출 통장이라고 생각하여 네 개 통장에서는 제외하고, 상환 계획을 세운 뒤 매달 저축 통장에서 이체되도록 하여 갚아 나가는 것이 바람직하다. 그래야만 대출 금액의 변화를 제대로 관리할 수 있다.

소비 통장이란 제한이 있는 예산을 월 단위로 통장에 송금하여 그 범위 내에서 운영하기 위해 만든 것이다. 가장 핵심적인 통장 관리 과정이며 월급 관리의 성패를 좌우하는 중요한 과제다.

소비 통장을 운영할 때는 우선 마이너스 통장을 소비 통장으로 사용하지 않도록 주의해야 한다. 또한 월급날이 되면 월 예산을 송금하고 예산 내에서만 사용해야 하며, 신용카드 사용이 많아 월별 마감이 어렵다면 반드시 가계부 어플을 사용해 정리하자. 그래도 신용카드 통제가 어렵다면 과감하게 신용카드를 잘라 버리고 소비를 통제해야 한다.

흔들리지 않는 강한 힘, 콰트로 계좌 만들기

월급 관리의 기본이 되는 사륜구동식 통장을 만들었다. 이 통장 시스템을 통해 완성하려는 재무 관리의 궁극적인 목표는 같은 돈이라도 서로 섞이지 않도록 용도에 따라 나누는 것이다.

하지만 통장 관리를 통해 월급이 잘 굴러간다 하더라도 저축과 투자, 개인의 자산이 제대로 이루어지지 않는다면 아무런 의미가 없다. 통장 네 개로 월급을 예산에 맞게 잘 나누었다면, 이제부터는 인생의 목적 자금을 정하고 기간과 크기에 따라 나눠서 관리해야 한다.

당신은 목적 자금별로 계좌를 나눠서 돈을 관리하는가? 이 질문에 고개를 갸우뚱한다면 인생 5대 자금에 대한 명확한 목표와 그에 맞게 나눈 계좌가 없을 가능성이 높다.

자신에게 맞는 인생의 목적 자금을 계획하고 이를 적극적으로 준비해가는 과정이 필요하다. 인생에는 오랜 시간 계획하고 노력해야만 만들 수 있는 큰 자금이 다섯 개가 있는데 이를 '인생 5대 자금'이라고 한다. 바로 결혼 자금, 주택 자금, 자녀 교육 자금, 노후 자금, 비상 예비 자금이다.

인생 5대 자금은 기간별 특성이 다른 계좌에 담아서 그 특성에 맞는 관리를 해야 하는데 크게 단기 계좌, 단중기 계좌, 중장기 계좌, 장기 계좌로 나눈다. 단기 계좌는 1~2년 후 필요한 자금을 관리하며, 단중기 계좌는 3~5년, 중장기 계좌는 5~10년, 장기 계좌는 10년 후 필요한 자금에 적합하다. 이렇게 네 개의 계좌로 나누어 관리하면 어떠한 경우에도 흔들림 없는 목적 의식이 생긴다는 강점이 있다. 이제 막 사회생활을 시작한 미혼 직장인을 기준으로 한다면 이런 자금들이 목적 자금이 된다.

예를 들어 30대 초반의 미혼 직장인이라면 결혼 자금은 단기 계좌로 관리하고, 주택 자금은 단중기 계좌, 자녀 교육 자금은 중장기 계좌, 노후 자금은 장기 계좌로 관리하면 된다.

결혼하고 아이가 태어나면서 목적 자금도 변한다. 하지만 기간별로 나눈 네 개의 계좌는 그대로 유지된다.

```
┌─────────────────────────┐              ┌─────────────────────────┐
│ 30대 초 미혼 직장인      │              │ 40대 중반 기혼 직장인    │
│                         │              │                         │
│ 결혼 자금    → 단기 계좌 │              │ 자녀 교육 자금 → 단기 계좌│
│ 주택 자금    → 단중기 계좌│ │ 주택 확장 자금 → 단중기 계좌│
│ 자녀 교육 자금 → 중장기 계좌│             │ 노후 자금     → 중장기 계좌│
│ 노후 자금    → 장기 계좌 │              │ 노후 자금     → 장기 계좌│
└─────────────────────────┘              └─────────────────────────┘
```

계좌는 각종 목적 자금을 담는 큰 바구니 같은 것으로 금융 상품과는 개념이 다르다. 어떤 금융 상품에 가입하든지 네 개의 큰 계좌 흐름에 맞춘다면 장기적이고 체계적인 관리를 할 수 있다. 구체적으로 목적 자금이 얼마나 필요한지 정한 다음 계좌에 맞춰서 좀 더 자세히 계획을 짜면 된다.

나를 위한 투자, 자기 계발 비용을 만들어라

통장 네 개로 알뜰살뜰하게 저축과 소비를 잘 관리하다가도 한번에 와르르 무너질 때가 있다. 여러 가지 이유가 있겠지만 몇 가지 대표 사례를 들자면 갑자기 떠나는 해외 여행, 돌발성 이벤트, 명품 구입, 갑작스런 학업(대학원 입학) 등이다. 이러한 돌발 사건이 계획 없이 갑자기 진행되면 몇 년간 땀으로 일궈 낸 공든 탑이 일시에 무너질 수 있다.

문득문득 발생하는 이벤트에서 월급 관리와 목적별 저축을 지키는 방법은 무엇인가? 매우 간단하다. 월급 관리가 지향하는 목표는 결국 잘 쓰기 위함이다. 놀 때 쓰는 돈도 분명히 필요하다. 나 자신의 계발을 위한 자금 역시 빼놓을 수 없다. 방법은 이벤트 자금 계좌를 만들어서 별도로 관리하는 것이다.

유승한 씨 부부의 사례에서 이벤트 자금 계좌를 만들어 관리하는 방법을 배울 수 있다. 연예 시절부터 데이트 자금을 공동으로 모아 한 달에 60만 원씩 예산을 정해 놓고 사용한 유씨 부부는 과다한 지출을 막고 알뜰하게 데이트를 즐겼다. 이런 습관은 결혼 후까지 이어져서 저축과 소비도 예산을 만들어 함께 관리한다. 데이트 자금을 모아 두었던 통장은 이벤트 자금 계좌로 변경해서 꾸준히 사용하고 있다. 부부가 매달 증권사 CMA RP형 계좌로 각자 10만 원씩 입금하는데, 남편의 특근수당도 무조건 이 계좌로 입금한다. 명절이나 부모님 생신 등 비정기적인 이벤트성 비용이나 부부의 여름 휴가비에 사용하며 이벤트 자금을 잘 관리하고 있다. 알뜰한 가계 경제를 유지하면서도 놀 때 제대로 노는 생활을 즐기는 것이다.

부자가 된 사람의 90퍼센트는 목표를 정해 놓고 돈을 모았다고 한다.
그만큼 돈을 관리하는 목표가 중요하다. 하지만 상황에 따라 자꾸 변화하는 목표라면
진정한 목표라 할 수 없다. 이 시대가 요구하는 목표보다는 자신이 원하는 진정한 목표가
월급 관리의 큰 방향을 정하는 기준이 된다. 나만을 위한 재무 목표를 세워 보자.

**스마트한
월급 관리의
법칙**

4단계

나만의 재무 목표를 세우자

머니 트레이닝 12 DAYS

나는 정말 무엇을 원하는가

□ 단순히 숫자로 표시된 재무 목표가 아니라 라이프스타일이 녹아 있는 나만의 재무 목표를 세운다.
□ 나만의 재무 목표를 세울 때 꼭 생각해야 하는 것을 짚어 본다.

생각한 대로 살아가는 삶을 위해

"생각한 대로 살지 않는다면 결국은 살아가는 대로 생각해 버리고 만다."라는 말이 있다. 자신이 원하는 것을 삶의 목표로 삼아 그것을 이루기 위해서 주도적으로 살아가라는 말이다. 맞는 말이다. 어떤 삶을 살고 싶은지 곰곰이 생각해 보고, 확실한 그림이 그려지면 그에 맞춰 준비해 나가야 한다.

필자는 노후 준비에 관한 강연을 하면서 자신이 원하는 노후에 대해 알아보는 '노후 준비 3W(Where, Who, What)' 설문을 진행하곤 한다.

첫째, 어디에서 노후 생활을 보낼 것인가(Wherer). 둘째, 어떤 사람들과 노후 생활을 보낼 것인가(Who). 셋째, 무엇을 하며 노후 생활을 보낼 것인가(What).

노후 준비 3W는 은퇴하고 어디에서 누구와 무엇을 하며 노후를 보낼 것인가를 묻는 질문이다. 첫 번째 질문은 지역과 주거 형태에 관한 것으로 은퇴 후 어떤 환경에서 살고 싶은가를 묻는다. 두 번째 질문은 함께 어울리고 싶은 사람들에 관한 것으로 배우자를 비롯해 여가나 사회생활을 함께 하는 친구와 공동체에 대해 생각하게 한다. 세 번째 질문은 사회생활 또는 봉사 활동 등 무엇을 하며 보낼 것인가를 묻는다. 자신이 원하는 삶의 모습을 구체적으로 정확히 그리는 사람도 있지만 막연하게 생각하는 사람도 있다. 당신이 이런 질문을 받는다면 어떤 대답을 하겠는가?

설문을 진행하다 보면 깜짝 놀라는 경우가 많다. 많은 사람들이 비슷한 답의 범주를 크게 벗어나지 못하며 70퍼센트는 똑같은 대답을 내놓는다. 이 많은 사람들이 원하는 것이 이토록 똑같다는 말인가?

사실 하루하루 각박하게 살아가는 직장인들이 노후에 대해 깊이 있는 생각을 하기란 쉽지 않은 일일 것이다. 하지만 막연한 생각은 막연한 결과를 낳는 법이다. 이제는 자신이 원하는 것을 잘 생각하여 이를 바탕으로 멋진 계획을 만들어 가야 한다. 당신도 다음의 조언을 통해 자신만의 계획을 완성하고, 탄탄한 재무 설계를 완성해 나가기 바란다.

자신이 원하는 계획을 세우는 데 있어서 세 가지 기준을 잊지 말자. 첫째, 꿈을 크게 갖는다. 큰 꿈에는 구체적인 실행 계획이 뒤따라야 하는데, 허황된 꿈과 큰 꿈의 차이는 구체적인 실행 계획의 여부에 있다. 둘째, 남의 눈을 의식하지 않는다. 사회 통념을 뛰어넘는 자신만의 계획이 필요하다. 셋째, 젊은 시절부터 돈을 아끼고 열심히 모아 둔다. 물론 돈은 쓰기 위해 모으는 것이다. 따라서 무작정 모으기보다는 어디에 어떻게 쓸 것인지를 생각하고 모아야 한다.

명확한 육아 계획이 있어야 한다

상담을 하다 보면 결혼은 하되 아이는 낳지 않겠다는 미혼 직장인을 종종 만난다. 경제적 부담 때문이다. 그들이 힘들어하는 것은 절대 빈곤이 아니라 남들과 비교되는 상대적 빈곤이다. 아이를 키우느라 자신을 위한 소비를 포기하고, 아이 교육 때문에 더 좋은 집에 살지 못하며, 아이 뒷바라지를 위해서 더 윤택한 노후를 포기해야 하는 기성세대를 보며 이런 파격적인 선택을 하는 것이다.

한상훈, 장혜영 부부는 같은 직장에서 만나 2년 연애 끝에 결혼했다. 사내 스포츠 동호회에서 만난 커플답게 스포츠 활동을 함께 해 온 두 사람은 취미 외에도 아이 없는 결혼을 꿈꾸는 점이 잘 맞았다. 아이에게 얽매이는 시간 없이 자기 생활에 집중하며 살아가는 결혼을 생각했던 것이다. 그런데 2년 만에 남편이 아이 이야기를 꺼내면서 갈등이 생겼다. 결혼 후 생각이 달라진 탓도 있겠지만 부모님의 영향력이 상당히 작용했다. 자신이 꿈꿔 온 결혼을 했다고 생각한 장혜영 씨는 하루아침에 회의가 밀려왔다.

딩크족을 선택하기 전에 곰곰이 생각해 봐야 하는 세 가지 질문이 있다. 이에 대해 배우자와 함께 생각해 보자. 첫째, 아이를 갖지 않는 삶의 방식에 대해 배우자를 포함한 가족들과의 공감대를 형성했는가? 둘째, 아이를 갖지 않는 대신에 생기는 경제적, 시간적, 정서적 여유를 어디에 쏟을 것인지 계획했는가? 셋째, 아이를 갖지 않는 삶에 대한 만족과 확신을 은퇴 후에도 지속할 수 있는가? 만약 이 세 가지 질문에 만족스럽게 대답할 수 없다면 다시 한번 진지한 대화를 나눠 보기 바란다.

딩크족으로 행복하게 잘 살아가는 부부들은 육아에 얽매이지 않고 취미와 여가를 함께 보낸다. 반면 경제 문제 등 어려움을 피하기 위해 딩크족을 선택한 경우는 세 가지 질문에 대해 깊이 있게 생각해 보지 않은 경우가 많다. 이들은 딩크족을 선택했지만 부부나 가족 간의 갈등에서 완전히 자유롭지 못하며, 생각보다 만족스런 결혼 생활을 지속하지 못한다.

앞으로 세워야 하는 재무 계획도 마찬가지다. 자신이 진정으로 원하는 것을 선택해야 한다. 무엇인가를 모면하기 위한 선택이나 무엇인가를 회피하기 위한 선택은 지속되기도 힘들고 만족감도 떨어지기 때문이다.

원하는 시기에 내 집을 마련할 수 있을까

인생 5대 자금 가운데 주택 자금은 가장 현실적이며 시급한 항목이다. 주택이란 본인이 거주하는 주거 환경인 동시에 아이가 태어나서 자라고 교육을 받는 교육 환경이 되기 때문이다.

사실 재무 상담을 받으면서 가장 많이 하는 질문은 '내 집이 꼭 있어야 하는가?'이다. 주택 공급이 안정되어 집값이 크게 오르지 않는다면 굳이 집을 보유하기보다 빌려서 사용하는 편이 바람직하다. 하지만 현실은 그렇지 못하다. 현재 절반에 가까운 인구가 수도권에 밀집되어 있기 때문에 사람들이 선호하는 지역의 주택 공급은 근본적으로 원활하다고 할 수 없다. 수요가 공급을 뛰어넘는 상황에서 전세나 월세가 집값의 70퍼센트를 넘어서고 있다. 게다가 전체 주택 중 장기 임대 주택이 차지하는 비율이 낮은 탓에 빌려서 사용한다고 해도 한 곳에서 오래도록 거주할 수 없다 보니 많은 사람들이 주거용 주택을 보유하려고 한다.

한때 주택을 주거보다는 투자의 개념으로 생각하던 시절이 있었으나 부동산 시장이 침체되면서 지금은 많은 사람들이 주거의 개념으로 생각한다. 일찍부터 자신에게 맞는 주택 계획을 세우고 차근차근 실천해 나간다면 가장 중요한 재무 목표인 내 집 마련은 충분히 가능하다.

장기적으로 전세나 월세를 이용하겠다는 사람도 마찬가지다. 전세 가격이 집값의 70퍼센트에 이르는 상황인 만큼 집을 사는 수준에 준하는 주택 자금 계획을 세워야 한다.

라이프사이클에 맞는 주택을 선정하자

주택을 고를 때는 지금의 소득 수준에 맞는가를 따져 보고 단계적으로 수준을 높여 가는 것이 바람직하다. 주택은 2차, 3차로 소비를 동반하기 때문에 처음부터 너무 높은 수준으로 올려서는 안 된다.

■ 라이프사이클에 따른 주택 니즈의 변화

구분	1기		2기	3기
	1-1 신혼 영아기	1-2 자녀 아동기	자녀 교육기	자녀 독립기
시기	결혼 이후~ 아이 4세 미만	유치원 입학~ 초등학교 저학년	초등학교 고학년~ 고등학교	대학~독립
거주 기간	5년	5년	10년	10년
특징	• 부부 위주의 주택 선정이 중요하다. • 자녀 교육이 시작되기 전이다. • 철저한 주택 자금 저축이 필요하다. • 주택 대출을 최소한으로 줄인다.		• 잦은 이사가 어렵다. • 10년 보유 계획을 가지고 주택을 구입해야 한다. • 소득 수준에 맞는 적절한 대출이 필요하다.	• 은퇴 이후에도 거주하는 것을 감안한다. • 주택을 다시 줄일 수 있다.

결혼 후 내 집 마련까지 보통 10년의 시간이 필요한데, 비싼 집값이 원인이기도 하지만 대개는 아이의 본격적인 공교육이 시작되는 시기에 집을 구매하기 때문이다. 아이가 초등학교에 들어가면 교육 때문에 이사가 쉽지 않다. 지역, 크기, 형태 등 주택을 선택하는 요소들이 육아와 교육, 은퇴로 이어지는 라이프사이클에 따라서 변화하는 것이다. 주택에 대한 니즈는 10년 단위로 세 차례에 걸쳐서 크게 변화하는데, 각 기간별 특징을 잘 파악하여 시기에 맞는 가장 합리적인 주택을 선정해야 한다.

언제쯤 어떤 집을 살 것인가

집을 구입할 때 함께 등장하는 것이 대출이다. 주택 구입을 위해 빌리는 돈은 대출 원금이 사라지지 않으며 매우 낮은 비용으로 빌리기 때문에 적절하게 활용하면 내 집 마련을 앞당길 수 있는 좋은 방법이다. 주택 구입에 대해 가장 궁금해하는 점이 바로 이 부분이다.

대출을 받아서라도 집을 빨리 사는 게 좋을까, 아니면 시간이 걸리더라도 대출 없이 돈을 모아서 집을 사는 게 좋을까?

집값이 갑자기 치솟는다면 대출을 받아서라도 구입 시기를 당기는 방법이 현명하다. 하지만 당분간 많이 오르지 않는다면 시간이 걸리더라도 돈을 모아서 대출 없이 사는 방법이 현명하다.

먼저 미래의 집값을 예측해야 하는데 주택 가격이란 시장과 별개로 정부 정책에 많은 영향을 받는다. 당분간 주택 가격 상승은 없으리란 것이 중론이다. 수도권의 주택 수요는 여전히 강하지만 오랜 경기 침체로 인해 구매력이 많이 떨어진 것이 주요 원인으로 지목된다. 실제로 주택 구입 시기를 늦추는 경우가 많다.

그러나 주택 구입 시기만 늦춘다고 해서 모든 문제가 해결되지는 않는다. 집값이 오르지 않아서 집 사는 시기를 늦추었다고 하더라도 언젠가는 집값이 오르기 때문에 지금부터 주택 자금 계획에 따라 열심히 저축해야 한다. 이미 대출을 받아서 집을 샀다면 대출 이자 비용과 더불어 원금을 갚아 나가기 위한 계획을 세우고 열심히 상환해야 한다. 그래야 그 집이 정말 자기 집이 되는 것이다.

원하는 시기에 맞는 합리적인 내 집 마련을 위한 세 가지 기준이 있다. 첫째, 결혼과 더불어 주택 계획을 철저히 세운다. 예상 지역과 형태, 크기, 구입 시기를 미리 따져 보고 계획한다. 둘째, 결혼 후 1기(10년 동안)에 주택으로 인한 과잉 소비가 일어나지 않도록 조절한다. 1기에는 큰 집이 필요하지 않으니 대출 없는 작은 집에서 착실하게 저축한다. 셋째, 대출을 통해 집을 구입할 경우 연간 이자 비용이 소득의 10퍼센트를 넘지 않아야 하고, 원금 상환 계획도 함께 마련해야 한다.

주택을 구입하려면 일찍부터 철저한 계획을 세우고 꾸준히 주택 자금을 모아 나가야 한다. 주택 구입을 포기했다 하더라도 주택 가격의 70퍼센트에 이르는 전세 자금에 대한 준비가 필요하다.

세상에서 가장 중요한 마스터플랜 세우기

결혼을 앞둔 박용수 씨(가명, 38세)는 회사에서나 친구들 사이에서 모두가 인정하는 성실남이다. 직장 생활 10년 동안 한결같은 성실함과 뛰어난 능력을 보여서 '일하느라 결혼할 시간이 없다'는 수식어가 따라다닐 정도다.

사람들과 잘 어울리고 베풀기 좋아하는 스타일이지만 재테크도 꼼꼼하게 잘해서 몇 해 전 서울에 25평 아파트를 부모님 도움 없이 장만해 놓았다.

박씨는 뚜렷한 마스터플랜이 있었다. 언제 결혼할지 모르지만 결혼 자금과 주택 자금 합쳐서 2억을 준비하고, 혼자 계시는 어머니와 가까운 곳에 집을 사겠다는 계획이었다. 이를 위해 지난 7년간 수많은 적금 통장의 가입과 만기를 반복했다. 목돈을 쓰고 싶은 유혹이 일어날 때는 마스터플랜을 보면서 마음을 다 잡았는데, 자칫 목표에 못 미칠 것 같아 다른 생각을 할 틈이 없었다.

사실 박씨가 처음부터 돈을 잘 모은 것은 아니다. 직장 생활 3년 차 이전에는 쓰고 남으니까, 혹은 다 쓰기에는 좀 불안해서 저축을 했다. 그런데 뚜렷한 목표를 세우고 저축을 실행하면서부터 돈이 생각 이상으로 빠르게 불어나는 것을 체감했다.

저축을 열심히 하는 사람들 가운데 상당수가 목적 없는 저축을 지속적으로 반복한다. 이러한 저축 패턴은 젊은 직장인들에게 많이 나타나는데 돈이 모이지 않는 가장 큰 원인이 된다. 당장 돈을 다 쓸 수는 없기 때문에 저축을 하지만 모으고 깨고 모으고 깨고를 반복하거나, 만기까지 저축을 유지한다고 해도 결국 충동적인 소비로 흘러간다. 저축의 가장 큰 기능은 이자나 복리 효과가 아니라 묶기 효과이기 때문에 인생 5대 자금을 중심으로 마스터플랜을 짜는 것은 매우 중요하다.

지금부터 자신의 마스터플랜을 차분히 작성해 보자.

■ 결혼을 준비하는 30대 직장인의 마스터플랜 예시

구분	목표 시기	마스터플랜	재무 목표	
			총 필요 금액	향후 준비 금액
결혼 자금	2년(33세)	부모님(1억~1억 5,000만 원 예상) 지원을 제외하고 2년 안에 현금으로 5,500만 원을 모은다. 광진구에서 20평형 아파트 전세로 시작한다.	5,500만 원	3,100만 원
주택 자금	10년(41세)	광진구 ○○아파트 28평형을 소유한다. 지금 가격에서 인플레이션을 감안해 최소 80퍼센트 이상 자금을 확보해야 가능하다. 미래 배우자와 함께 주택 자금을 확보한다.	6억 원	3억 3,300만 원
노후 자금	29년(60세)	공적연금은 65세 100만 원이 예상되며, 현재 화폐 가치로 100만 원 상당의 연금과 임대용 부동산으로 월 100만 원을 수령하는 준비를 한다.	월 300만 원	임대용 부동산 5억 원, 연금 월 100만 원, 국민연금 월 100만 원
자기 계발 자금 계좌	매달	특별 소비, 학업, 여행 자금	매월 300만 원 유지	매월 25만 원 적립

단기간에 결혼 자금 모으기

머니 트레이닝 13 DAYS

□ 결혼 비용을 세부적으로 계산해 보고 결혼 자금을 모으는 가장 현명한 방법을 모색한다.
□ 결혼을 결심했다면 자신에게 맞는 적당한 비용을 설정하는 방법을 배운다.

결혼하는 데 얼마나 필요할까

결혼 자금은 과연 얼마나 필요할까? 결혼 정보 회사 듀오와 서울대학교 심리학과 최인철 교수가 공동 운영하는 듀오휴먼라이프연구소의 〈결혼 비용 실태 보고서〉에 따르면 신혼부부의 평균 결혼 비용은 2억 4,996만 원으로 신혼집 마련 비용인 1억 8,028만 원을 제외하면 예식과 신혼여행, 혼수 등에 들어가는 비용은 약 6,968만 원이다.

역시 결혼 비용에서 주택 자금이 2억 4,996만 원으로 가장 큰 부분을 차지한다. 보통 신부의 결혼 자금은 혼수 자금이고, 신랑의 결혼 자금은 주택 자금이라는 특징이 있는데, 주택 자금을 신랑 신부가 함께 나누는 방식도 늘어나는 추세다.

어떤 방식을 선택하든 신랑 신부가 경제력이 허락하는 범위에서 결혼 자금 목표를 정하고 열심히 모아 나가는 과정이 중요하다. 한편 최초의 전세 자금은 향후 집을 살 때 종잣돈 역할을 하겠지만, 전세 기간에 수익이 생기는 돈이 아니라 소위 말해서 깔고 있는 돈이므로 너무 많은 금액을 투입하지 않는 것이 바람직하다. 혼수 자금 역시 전세 자금과 달리 소비되는 부분이므로 적절한 수준에서 준비하는 것이 현명하다.

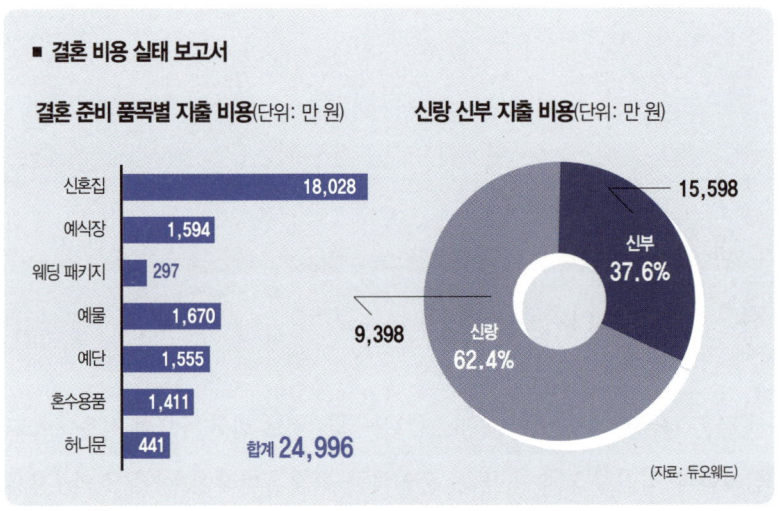

결혼의 딜레마, 빚내서 빨리 할까 아니면 돈 벌어서 할까

경제적 부담이 늘어나면서 결혼을 미루는 사람이 증가하고 있다. 이러한 현상은 1990년대 이후 가속화되어 결혼 연령이 계속 높아졌는데, 1993년에 평균 28.5세였던 남성의 결혼 연령이 20년이 지난 2013년에는 32.6세까지 늦어지고 말았다.

결혼이 늦어지면서 출산율 또한 지속적으로 하락하는 결과를 가져왔으며, 아이가 경제적으로 독립하기 전에 가장이 은퇴하는 어려운 상황이 벌어지고 있다.

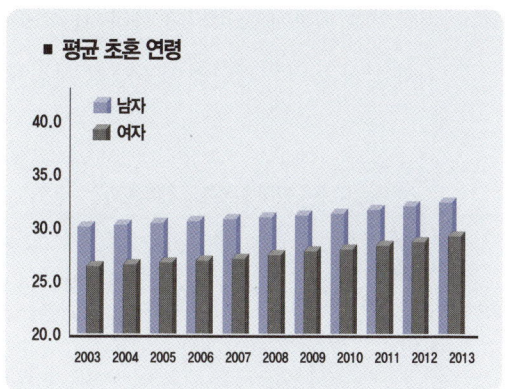

이런 상황에서 빚을 내서라도 빨리 결혼해야 할까, 아니면 결혼 자금을 모을 때까지 미뤄야 할까? 상황에 따라서 많은 차이가 있겠지만, 원론적 측면에서 보면 결혼을 미루는 것은 결코 도움이 되지 않는다.

첫째, 결혼이 늦어질수록 출산과 육아에 대한 부담이 커진다. 30세에 결혼해서 아이를 키우는 가장은 55세쯤 경제적인 책임 기간이 끝나지만, 30세 이후에 결혼해서 아이를 키우는 가장은 60세가 넘도록 책임 기간이 계속된다. 둘째, 결혼 전에는 돈을 모으기 힘들다. 결혼을 미루는 만큼 경제적 준비를 착실히 할 수 있는 시기 또한 늦어진다고 봐야 한다. 셋째, 주택 자금 마련이나 교육 자금 등 결혼 이후에 증가하는 비용은 일반적인 물가 상승률을 앞지르는 경향이 강하므로 뒤로 늦출수록 부담이 가중된다.

재무 관점에서 본다면 결혼은 되도록 빨리 하는 것이 좋다. 그러나 빚을 내면서까지 앞당기는 상황이라면 몇 가지 점검해 볼 내용이 있다.

대출과 빚은 엄연히 다르다. 대출은 일정한 담보를 이용하기 때문에 대출 원금이 소멸되지 않는다. 월 소득 10퍼센트 이하의 금액을 대출받아서 결혼 자금을 마련한다면 상관없겠지만, 마이너스 통장이나 신용 대출같이 자금이 어디론가 소비되어 사라지는 소비성 빚을 내야 한다면 금액의 크기와 상환 능력을 감안하여 신중히 결정해야 한다.

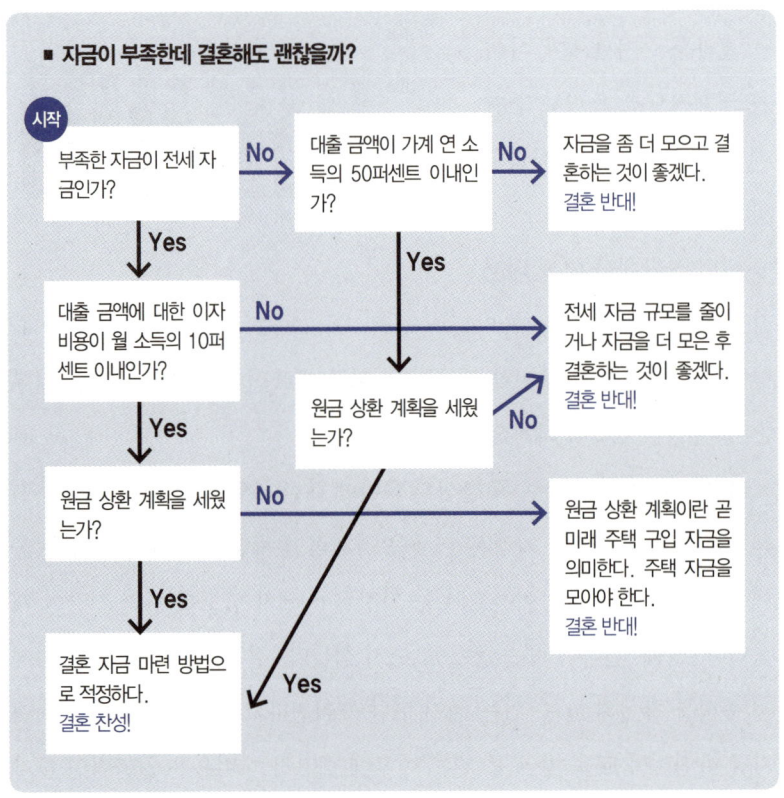

나에게 알맞은 결혼 계획을 세우자

결혼 자금은 소득과 자산에 따라 그 차이가 매우 클 수밖에 없다. 따라서 나에게 맞는 결혼 계획을 세울 때 합리적인 기준이 있어야 한다. 자칫 이성적인 판단을 바탕으로 한 합리적인 결정보다는 들뜬 분위기에서 과소비하기 쉽기 때문이다.

"평생 단 한번인데 가장 좋은 것으로 해서야죠."

결혼 관련 업체에 종사하는 사람들이 예비 부부에게 가장 많이 하는 말이다. 물론 맞는 말이다. 하지만 결혼도, 출산도, 육아도, 교육도 그리고 노후도 평생에 단 한번이다. 평생 단 한번이라는 함정에 빠져서 무조건 더 좋고 더 비싼 것만 선택한다면 결혼식이 끝나고 현실로 돌아왔을 때 더 많은 부담만 떠안는 꼴이 된다.

한국소비자원이 2012~2013년에 결혼한 1,000명을 대상으로 결혼 지출 비용과 부담감 등 인식 실태를 조사한 결과 1인당 결혼 평균 비용은 5,198만 원으로 나타났으며, 평균 비용을 성별로 나눠 보면 남자는 5,414만 원, 여자는 4,784만 원이었다. 신혼 가구당 주택 마련 비용은 주택 구입 시 2억 7,200만 원, 전세 마련 시 1억 5,400만 원이었다.

다섯 개 항목 중에서 신혼집 마련에 가장 많은 돈이 든다. 결혼 비용은 성격에 따라서 전셋집에 들어가는 돈과 같이 묶이기는 하지만 사라지지 않는 거치성 자금, 신혼살림 마련을 위한 혼수 자금 같은 감가상각 자금,

■ 평균 결혼 비용 분석

전체 자금 1억 9,440만	예식비	예물 예단	신혼여행	살림	신혼집 (전세 기준)
평균 금액	930만	1,510만	300만	1,300만	1억 5,400만
비율(퍼센트)	14.1퍼센트			6.6퍼센트	79.3퍼센트
비용 성격	소모성 자금	소모성 자금	소모성 자금	감가상각 자금	거치성 자금

예식비처럼 일회성 비용으로 써 버리는 소모성 자금으로 나뉜다.

거치성 자금은 사라지지 않고 향후 주택을 구입할 때 종잣돈으로 사용되지만 수십 년간 현금화할 수 있는 돈이 아니므로 소득 수준에 맞는 적정한 신혼집을 고르는 것이 가장 중요하다. 이 부분은 부모님의 경제적 지원이나 부부의 연 소득에 따라서 달라지는데, 크기와 형태를 고려하여 과잉 소비를 막아야 한다.

> **가이드라인 1. 전셋집 고르기**
> - 전세 자금 규모는 가계 연 소득의 세 배 이하로 설정한다(부모님 지원 포함).
> - 전세 자금 대출의 이자 비용은 월 소득의 10퍼센트 내로 설정한다.
> - 전셋집 크기는 25평형 이하로 설정한다.

첫 전셋집의 자금 규모는 내 집 마련 전까지 과잉 소비를 막기 위해서 가계 연 소득의 세 배 이하로 설정하는 것이 현명하다. 감가상각 자금은 신혼살림을 마련하는 데 들어가는 비용으로 전셋집의 크기와 형태에 따라 달라진다. 신혼부부들의 경험담을 들어 보면 결혼 후 돌아봤을 때 불필요한 혼수품이 많다고 한다. 매우 기본적인 리스트를 제외하고는 생활하면서 정말 필요한 물건을 그때그때 장만하는 방법을 권한다.

감가상각 자금은 말 그대로 없어지지는 않지만 물품의 가치가 계속 떨어지는 것이다. 시간이 지나면 더 좋은 물건이 나온다는 말이기도 하다. 처음부터 모든 것을 완벽하게 마련하기보다 살림을 해 보면서 높아지는 안목을 바탕으로 차근차근 마련하는 것도 좋다.

> **가이드라인 2. 신혼살림 고르기**
>
> 신혼살림 자금 규모는 첫 전세 자금의 10퍼센트 이내로 마련한다. 물론 집의 크기와 형태에 따라 달라진다.

소모성 자금은 말 그대로 결혼식이 끝남과 동시에 다 사라져 버리는데, 보통 예식 비용과 예물 예단, 신혼여행으로 분류한다. 결혼식 과정에서 가장 합리적인 선택이 중요한 부분이다. 특히 예물 예단이나 신혼여행은 사람들에게 보여 주거나 과시하는 측면이 강하기 때문에 비용이 커지기 쉽다. 예식 비용은 장소에 따라서 천차만별인데 신랑 신부보다는 양가 부모님의 의견이 반영되는 부분이고, 하객들의 축의금으로 비용 부담을 줄일 수도 있다.

> **가이드라인 3. 예식 비용 정하기**
>
> 예식 비용과 예물 예단, 신혼여행은 소모성 경비이므로 전체 결혼 자금에서 차지하는 비중이 과다하지 않도록 조절해야 한다. 총 결혼 비용의 15퍼센트 내에서 준비한다.

좋은 결혼 계획이란 신랑 신부가 함께 공감하는 내용을 만들어 내는 것이다. 물론 사회 관습을 뛰어넘어서 신랑과 신부 그리고 양가 부모님의 생각이 100퍼센트 일치하는 공감대를 형성하기란 무척 어려운 일이다. 하지만 위에서 제시한 결혼 자금 기준을 바탕으로 대화한다면 분명 좋은 결혼 계획이 완성될 것이다. 결혼 자금 가이드라인을 기초로 마스터플랜을 설정해 보자.

머니 트레이닝 14 DAYS

주택 계획이 평생을 좌우한다

- 주택 계획을 세울 때 고려해야 하는 여러 가지 기준을 체크한다.
- 지금 당장 구매하지 않더라도 현실적인 주택 계획을 세워 본다.

어떤 집에서 살아야 할까

5년마다 시행하는 인구주택총조사의 2010년 자료에 따르면 우리나라 총 주택 수는 1,487만 7,000호이며, 그중 아파트가 867만 1,000호로 58.3퍼센트를 차지한다. 연립이나 다세대, 다가구 주택까지 합하면 공동 주택이 전체 주택의 71퍼센트에 이른다. 산업화와 도시화가 급격하게 진행되자 도시 집중 현상이 가속화되면서 건축 대지와 공사비가 저렴하며 토지 활용 비율을 높일 수 있는 공동 주택을 많이 건설하고 분양한 것이다.

특히 아파트는 가치 평가가 쉽기 때문에 거래가 용이한 만큼 현금화하기 좋다는 점에서 보유하고 싶은 주택 1순위를 차지하고 있다. 한때 좋은 교육 환경을 내세운 강남의 아파트 가격이 치솟으면서 아파트는 주거의 개념뿐만이 아니라 투자의 대명사가 되기도 했다. 하지만 2007년부터 시작된 부동산 이익 환수 정책과 경기 침체로 인해 많은 사람들이 아파트도 주거의 개념으로 생각하기 시작했다. 아파트를 투자가 아닌 주거의 개념으로 보면서 주택 거래가 실수요자 중심으로 바뀌고 있다. 더 이상 시세 차익을 노릴 수 없다고 판단한 것이다.

이러한 변화 속에서 아파트를 보유하기 위해 합리적인 주택 계획을 세우는 일은 매우 중요하다. 아파트를 보유하려면 상당히 많은 자금이 필요한데 아파트의 미래 자산 가치가 상대적으로 하락해서는 곤란하기 때문이다. 자신의 라이프스타일과 소득 수준에 적합하며, 향후 상대적인 가치가 보전되는 아파트를 선택하는 것이 중요하다. 아파트의 가치를 쉽게 가늠하는 방법과 가격 형성에 영향을 미치는 요소들을 알아보자.

첫째, 집값에 영향을 미치는 수요와 공급을 이해하자

세상에서 사고파는 모든 것의 가격은 결국 수요와 공급이 결정하는데 아파트 같은 주택도 마찬가지다. 주택의 수요와 공급은 어떻게 생길까?

우선 결혼으로 인한 분가와 독립 그리고 이사 등으로 새롭게 집이 필요한 경우가 발생한다. 한 해 평균 25만 쌍이 결혼하고 1인 가구가 증가하는 등 단독 세대가 늘어나다 보니 주택 수요는 점점 더 커지고 있다. 주택 수요라고 해서 모두 집을 사겠다는 것은 아니다. 전세와 월세 수요도 포함한다. 반면 주택 공급은 건축을 통한 신규 공급과 타 지역으로 이사 가는 사람들로 인해 생기는 잉여분이 있다. 수도권의 경우 이사를 통해 발생하는 잉여분은 매우 미미한 수준이다.

현재 우리나라의 주택보급률은 수도권을 기준으로 봐도 104퍼센트를 넘어섰다. 단순히 통계를 본다면 주택 가격이 안정되는 것은 당연한 듯싶다. 하지만 꼭 그렇지만은 않다. 한 가구당 집 한 채만 소유하는 것이 아니라 집을 소유한 가구라 하더라도 더 좋은 집을 사려는 수요가 생기기 때문에 주택보급률만 가지고 주택의 수요와 공급을 예측하기는 어렵다.

결론적으로 주택의 수요와 공급을 예측하기란 매우 어렵다. 다만 인구 감소가 가져올 장기적인 주택 수요 감소라는 이슈와, 인구 감소에도 불구하고 단독 세대와 독립 가구의 증가로 인한 지속적인 주택 수요 증가라는 두 가지 현상 중에서 무엇이 더 큰 영향을 미칠 것인가를 생각해야 한다. 당분간은 주택 수요의 지속적인 증가가 더 큰 영향을 미치리라는 게 대체적인 의견이다. 인구 감소가 주택 수요 감소로 이어지려면 아직은 상당한 시간이 걸릴 것으로 예상된다.

둘째, 주택 가치를 따져 보자

가격에 영향을 미치는 주택 가치는 크게 투자 가치와 주거 가치로 나눌 수 있다. 투자 가치는 집을 팔았을 때 시세 차익을 얻을 수 있는가, 임대 수익이 발생할 수 있는가 여부다. 주거용 주택을 투자 가치 측면에서 바라본다면 눈에 보이는 투자 가치뿐 아니라 소득과 재산에 부과되는 세금까지 감안하고 계산해야 한다.

시세 차익은 양도소득세가 붙고, 임대 소득은 경우에 따라서 종합소득세를 내야 하기도 한다. 또한 재산세와 건강보험료의 증가가 예상된다.

거주 가치는 실제로 거주하면서 느끼는 만족감을 말하는데, 자연 환경이나 교육 환경, 교통 그리고 편의 시설 접근성 등의 가치를 가리킨다. 아이가 있는 중소형 이상의 주택은 교육 환경이 가장 큰 부분을 차지한다.

거주 가치를 결정하는 요소는 크게 네 가지로 학군과 교육 환경(학교와 학원가의 접근성, 좋은 학군), 자연 환경(근린 생활 시설, 주변 녹지 조성, 유해 시설 차단), 교통(역세권 여부, 버스 노선, 강남이나 시내 접근성 여부), 편의 시설 접근성(백화점, 대형마트, 문화 시설 접근 용의성 여부)이다.

주택 가격이 상승하면 거주 가치보다 투자 가치가 더 많은 영향을 미치고, 주택 가격이 안정되면 투자 가치보다 거주 가치가 더 많은 영향을 미친다. 투자 가치는 집을 보유해야만 누릴 수 있으므로 매매가의 상승과 관련성이 높으며, 거주 가치는 굳이 집을 보유하지 않고 전세나 월세를 살아도 누릴 수 있으므로 전세 가격 상승과 관련성이 높다.

아이의 성장에 따라 시기별로 적합한 주택을 선정하는 등 합리적인 주택 계획을 세워야 한다.

■ 신혼에서 아이 초등학교 입학까지

구분	1-1 신혼 영아기	1-2 자녀 아동기	1. 중형보다 소형을 구한다. 2. 투자 가치보다 거주 가치를 중심에 둔다. 3. 학군과 교육 환경보다 자연 환경이나 교통을 우선시한다.
시기	결혼~자녀 4세 미만	유치원~초등학교 저학년	
거주 기간	5년	5년	

- **아이 초등학교 입학에서 고등학교까지**

구분	2기 자녀 교육기	
시기	초등학교 고학년~고등학교	자연 환경과 교통 편의성보다 학군과 교육 환경이 좋은 곳으로 정한다.
거주 기간	10년	

- **대학 입학에서 독립 이후까지**

구분	3기 자녀 독립기	
시기	대학~독립 시기	자연 환경과 교통 위주로 거주 가치보다 투자 가치가 높은 아파트를 고른다.
거주 기간	10년	

평생 전세로 살면 어떨까

유례없는 전세 가격 폭등으로 전국의 아파트 매매 가격 대비 전세 가격 비율이 70퍼센트에 이르는 상황이 되었다. 이제 주택을 투자 가치가 아닌 주거 가치로 바라본다는 강한 증거라고 생각한다. 그런데 전세 가격이 주택 가격의 70퍼센트를 돌파하면서 전세 수요가 매매 수요로 이전될 가능성이 높아졌다.

과연 우리는 집을 구매하지 않고 평생 전세로 살 수 있을까? 당신이 전세를 살고 있다면 지금 집주인은 어디에 사는지 생각해 보자. 혹시 2주택 소유자라서 또 다른 자가 주택에 거주할 수도 있을 것이고, 아니면 집주인 역시 전세를 살고 있을 것이다. 요즘처럼 전세 가격이 치솟는다면 한 집에서 장기 전세로 안정되게 살기란 힘들어질 수밖에 없다. 2년마다 돌아오는 갱신 만기에 전세 가격을 올리는 것은 물론이고 이사를 가야 하는 경우가 많다는 것을 의미한다. 이사할 때마다 발생하는 중개수수료나 이사 비용 등 부대 비용에 대해 시시콜콜 말하지 않아도 이사를 하면서 지불하는 시간적, 정신적 경제적 비용이 만만하지 않음은 잘 아는 사실이다.

그럼에도 불구하고 집을 사지 않고 계속 전세로 거주하겠다고 결정한다면, 집값이 올라가서 원하는 주택을 원하는 시기에 사지 못하는 위험보다 집을 샀는데 집값이 떨어지는 위험이 더 크다고 생각하는 것이다. 이 경우에 몇 가지 주의해야 할 점이 있는데, 단기 자금 저축을 통해 2년에 한 번씩 전세 자금 상승분을 준비하지 않으면 안 된다는 것이다. 전세 자금은 자가 보유에 비해 대출이 까다롭고 자칫 유동성이 떨어질 수 있기 때문이다.

지속적으로 전세를 유지한다는 계획을 세운다면 2년 주기로 전세 자금 상승분을 철저히 준비해야 한다. 이 돈은 2년 내에 사용한다는 조건이 있기 때문에 단기 저축으로 안정성을 확보해 놓는 것이 좋다.

주택 자금이란 또 다른 모습의 교육 자금

세상에 가장 무서운 일이 '예고 없이 당하는 일'이란 말이 있다. 생각지도 못한 어려운 일을 갑작스레 만나면 제대로 대응하지도 못하고 피해만 커지는 법이다. 반면 아무리 어렵고 힘든 일일지라도 사전에 철저히 대비하여 준비한다면 못 이겨 낼 어려움은 없다는 말이기도 하다.

결혼 자금이나 주택 자금은 지금 당장 나에게 일어난 일이 아니라고 외면한다면 언젠가 예고 없이 당하는 어려움이 될 가능성이 높다. 특히 주택 자금처럼 큰돈은 일찍부터 생각하고 준비하는 자세가 필요하다.

우리나라 주택 가격에 가장 큰 영향을 미치는 요인은 바로 교육 환경이다. 비싼 집은 좋은 학군이나 교육 환경이 필수 요소라고 할 수 있다. 결국 좀 더 좋은 주택을 위해 투자하는 주택 자금은 '또 다른 이름의 교육 자금'이라고 할 수 있다.

한국보건사회연구원이 2011년 전국 1만 6,000가구를 대상으로 실시한 자녀 양육비 실태 조사에 따르면 아이를 대학까지 졸업시키는 데 필요한 총 양육비는 2억 7,514만 원이다. 양육비 안에 포함하지 않았지만 좀 더 좋은 학군과 교육 환경을 찾아 주거를 옮기는 데 드는 모든 비용이 잠재적인 교육 자금이므로 교육 자금이 더 많이 든다고 봐야 한다.

머니 트레이닝 15 DAYS

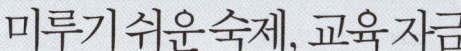

미루기 쉬운 숙제, 교육 자금

□ 지금 당장 급하지 않기 때문에 미루기 쉬운 교육 자금에 대해 생각해 보자.
□ 여유 있게 준비할 수 있도록 자신에게 맞는 방법을 찾는다.

억 소리 나는 자녀의 교육 자금

　한국보건사회연구소가 발표한 자녀 양육비를 보면 입이 딱 벌어진다. 대학교까지 졸업하는 데 들어가는 비용이 2억 7,514만 원이다. 교육비뿐 아니라 의복비와 식비 등 양육비를 모두 포함한 비용이기는 하지만 그야말로 억 소리 나는 금액이 아닐 수 없다. 한 아이당 2억 7,514만 원이라는 부담은 고스란히 출산율 저하로 이어져, 통계에 따르면 우리나라의 합계 출산율이 2005년 가구당 1.08명으로 최저치를 기록한 이후 2011년 1.24명, 2012년 1.30명으로 서서히 회복하다가 2013년 1.30명 아래로 다시 떨어졌다. 2011년 기준 경제협력개발기구(OECD) 평균 합계 출산율인 1.7명과 비교하면 최하위 수준인 셈이다.

구분	미취학	초등학교	중고등학교	대학교	합산 금액
금액	5,673만	6,615만	8,074만	7,152만	2억 7,514만

자료: 한국보건사회연구원

경제 문제로 출산 자체를 포기한다는 것은 서글픈 현실이 아닐 수 없다. 교육 자금이 부담스러운 것은 사실이지만 일찍부터 계획하고 차근차근 준비한다면 아예 넘지 못할 산은 아니다. 교육 자금은 2~3억이 한꺼번에 필요한 게 아니기 때문에 미루기 쉽고, 계속 미루다 뒤늦게 준비하려니 더욱 부담스러운 것이다. 급하지 않기 때문에 차일피일 미루다 결국 대응하기 힘들어지는 교육 자금, 어떻게 준비하면 좋을까?

조금만 일찍 준비하면 당하지 않는다

분당에 거주하는 김준영 씨(46세)는 중학교 1학년과 3학년 두 아이를 키우고 있다. 대기업 차장인 김준영 씨의 월 현금 흐름을 살펴보자.

김준영 씨의 월 현금흐름표는 대한민국 40대 중산층의 모습을 그대로 보여 준다. 교육비 170만 원이 전체 살림살이의 27퍼센트를 차지하는 터, 적지 않은 대기업 차장 월급으로도 노후 준비는 엄두도 못 내는 실정이다. 지금 중학생인 두 아이가 태어났을 때부터 매달 10만 원씩이라도 교육 자금을 저축했다면 어땠을까? 원금 3,600만 원에 이자까지 더하면 4,000만의 교육 예비 자금을 갖고 있을 것이다. 처음에 가입할 때는 한 아이당 월 10만 원이 뭐 대단하겠는가 싶었겠지만, 2년간 월 소득을 건드리지 않고 교육비를 해결할 수 있는 돈이다. 여기서 기억해야 하는 포인트는 교육 자금을 월 소득만으로 해결해서는 안 된다는 사실이다.

김준영 씨의 평균 월 소득 600만 원(보너스 포함)

월 지출 내용	금액
정기 적금	30만
적립식 펀드	10만
개인연금	20만
보장성 보험	30만
저축 합계	90만
부채 상환금(이자)	55만
관리비	25만
통신교통비(유류비)	25만
부모님 생활비	10만
생활비와 용돈	250만
학원비	170만
소비 합계	535만
잉여 자금	-25만
총 합계	625만

저축과 보험	90만	15퍼센트
일반 생활비	310만	50퍼센트
금융 비용	55만	9퍼센트
교육비(학원)	170만	27퍼센트

중학생과 고등학생을 키우는 맞벌이 부부의 사례도 있다. 부부가 초등학교 교사인데 평범한 40대 중산층의 경제 규모였다. 이들은 둘째가 태어난 해에 큰맘 먹고 교육 자금을 저축했다. 지금은 그동안 모아 놓은 교육보험(현재 7,500만 원)에서 매월 50만 원씩 인출하여 교육비(월 190만 원)에 보태고 있다. 덕분에 삶의 질을 높이고 노후 준비를 할 수 있는 여력이 생겼다.

부부 평균 월 소득 680만 원(보너스 포함)

월 지출 내용	금액
정기 적금	50만
장기 주택 저축	50만
교육보험	30만
보장성 보험	35만
저축 합계	165만
부채 상환금(이자)	없음
관리비	30만
통신교통비(유류비)	20만
부모님 생활비	없음
생활비와 용돈	230만
학원비	190만
소비 합계	470만
잉여 자금	45만
총 합계	680만

교육보험 인출 전

저축과 보험	165만	24퍼센트
일반 생활비	280만	41퍼센트
금융 비용	없음	0퍼센트
교육비(학원)	190만	28퍼센트
잉여 자금	45만	7퍼센트

교육보험 50만 원 인출 후

저축과 보험	165만	24퍼센트
일반 생활비	280만	41퍼센트
금융 비용	없음	0퍼센트
교육비(학원)	140만	21퍼센트
잉여 자금	95만	14퍼센트

결론을 내리자면 교육 자금은 미래에 상승하는 소득에만 의지해서는 안 된다. 늦었다고 생각하는 지금부터라도 장기 저축으로 교육 자금을 만들어 나가야 한다. 내일로 미룬 숙제는 또 다른 숙제를 미룰 수밖에 없도록 만드는 악순환의 시작이 된다. 목돈이 한꺼번에 들어가지 않아서 당장은 급할 것 없어 보이지만, 교육 자금은 아이가 태어났을 때부터 모으기 시작하여 꾸준히 키워 나가야 한다.

머니 트레이닝 16 DAYS

몰라도 너무 모르는 노후 생활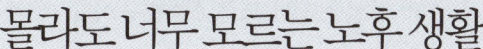

- 기혼이라면 부부가 함께 고민한다.
- 비재무 부분과 재무 부분을 나누어 생각해 보자.

일하다 죽어야 하는 대한민국 노후의 현실

예순다섯이 넘어 은퇴하고 하루 종일 집에 있는 남편을 좋아하는 아내는 없다. 은퇴해도 매일 바빠서 집에서 한 끼도 먹지 않는 남편을 '영식이'라 하고 한 끼 정도 먹는 남편을 '일식이'라고 하는데, 여기까지는 몰라도 하루 삼시세끼를 모두 집에서 먹는 '삼식이'는 아내에게 완전히 미움받을 수 있다는 것이다. 우스갯소리지만 웃음 뒤에 뒤끝이 남는다.

이런 이야기를 들으면 노후에 대해 다시금 생각해 본다. 우리는 흔히 앞에서 언급한 노후 준비 3W, 즉 어디에서 누구와 무엇을 하며 지낼 것인가를 생각하기 전에 무조건 돈이 중요하다고 생각한다. 돈만 있으면 그런 것은 별로 중요하지 않다고 생각하는 것이다. 이러한 착각이야말로 우리가 노후의 현실을 정말 모른다는 반증이다.

노후 준비에서 가장 중요한 핵심은 3W에 근거한 생활 계획이 구체적으로 나오고 난 다음에 재무 준비를 해야 한다는 것이다. 그 이유를 곰곰이 생각해 보자.

우리는 왜 아이 교육비에 많은 돈을 쓰는 걸까? 두려움과 명확함 때문이다. 사람들은 막연한 일에는 절대로 돈을 쓰지 않는다. 우리 아이가 공부를 못해서 서울에 있는 4년제 대학을 못 들어가면 어떻게 하지? 아니, 아예 대학을 못 들어가면 어떻게 될까? 이런 두려움이 어려운 살림에도 불구하고 교육비만큼은 과감한 투자를 하도록 만든다. 한편 우리 아이가 돈 많이 버는 좋은 직업을 얻어서 잘살려면 반드시 좋은 대학에 가야만 한다는 생각이 명확함이다. 두려움과 명확함이 결합된 분야에는 누가 시키지 않아도 돈을 쓴다.

다시 노후 이야기로 돌아오자. 많은 사람들이 노후 준비보다 아이 교육에 집중하는 이유는 간단하다. 노후 생활보다 아이 교육에 대한 계획이 훨씬 구체적이기 때문이다. 아이 교육에 실패하는 위험이 노후를 어렵게 보낼 위험보다 더 크다고 생각하는 것이다. 한마디로 아이 교육에 대한 두려움과 명확함이 노후 생활에 대한 두려움과 명확함을 앞선다. 노후 준비를 할 때 구체적인 생활 계획을 우선시해야 하는 이유다.

따라서 노후를 준비할 때는 가장 먼저 노후에 무엇을 하며 살아갈지에 대한 생활 준비 계획이 진행되어야 하고, 이에 맞춰 어떤 방법으로 자금을 준비할 것인지에 대한 재무 준비가 진행되어야 한다.

학습되지 않는 상대적 노인빈곤율

OECD 국가의 빈곤율 통계를 보면 우리나라의 노인빈곤율은 2012년 말 기준 48.5퍼센트다. 노인 둘 중 한 명은 가난하다는 뜻이다. 아울러 독거 노인이 119만 명을 넘어섰는데 이는 천안시 인구의 두 배가 넘는 수치다. 노인 자살 문제도 심각해서 OECD 국가 중 노인 인구 10만 명당 자살률이 80.3명으로 1위다.

노인빈곤율이 높다 보니 실제 노인들의 삶과 우리가 생각하는 노후의 모습에 큰 차이가 있다. 노인빈곤층의 77퍼센트는 그중에서도 극빈곤층이다. 44퍼센트는 우울증, 86퍼센트는 두 가지 이상의 만성 질환을 앓고 있으며, 40퍼센트는 매일 항생제를 먹는다. 한마디로 노인의 절반은 돈 없고 아프고 외롭고 우울하고 노동 능력까지 떨어지는 삼중고 사중고의 어려움에 처해 있다. 쉴 틈 없이 열심히 살아온 우리의 부모님과 조부모님 세대가 이렇듯 어려움을 겪는 원인을 어디에서 찾을 수 있을까? 자식들 뒷바라지하느라 노후 준비를 전혀 못 한 것이다.

취약한 노후 대책에 대해 많은 정보를 접한 3040세대는 '나는 지금 노인들과는 다를 거야.'라고 생각할지도 모른다. 물론 지금 3040세대는 은퇴해도 절대적 빈곤에 시달릴 일은 없을 것이다. 하지만 상대적 빈곤이 더 중요해진 시대다. 최저생계비에도 못 미치는 돈으로 살아가야 하는 절대적 빈곤율은 낮아지겠지만, 자신이 속한 사회 공동체에서 상대적인 박탈감과 상실감에 괴로워하는 상대적 빈곤율은 매우 높아질 것이다.

상대적 빈곤감은 정신 질환과 자살률의 증가로 이어져 더 큰 사회 문제를 일으킬 것이다. 상대적 빈곤감을 극복하는 방법은 무엇일까? '4단계 개인 재무 목표 만들기'에 그 해답이 있다. 자신이 정한 목표와 로드맵대로 가지 않고 우왕좌왕하며 타인의 삶을 부러워한다면, 명확한 목적지도 없이 바다 한가운데서 표류하는 조각배와 다를 게 없다. 항해가 아닌 표류를 하는 사람에게는 참을 수 없는 상대적 빈곤감이 찾아든다. 남들과 비교하지 않고 자신만의 명확한 목표를 이루어 가는 노력이 중요하다.

아름다운 노후 계획을 위한 필요조건

첫 번째 조건은 안정된 소득이다. 유럽에 가면 빈번하게 마주치는 광경이 다정한 노부부의 모습이다. 경치가 빼어난 곳이나 유명한 관광지에는 어김없이 노인들이 보인다. 근사한 식당의 좋은 자리도 노부부들 차지다. 은퇴 후 경제적 여유가 가져다주는 평화로운 일상이 우리나라의 노인들과 대조적이다.

이런 모습이 가능한 절대적 이유는 은퇴 후에도 중단되지 않는 소득에 있다. 서유럽 국가들은 국가별로 차이는 있겠지만 은퇴 후에 직전 소득의 60~70퍼센트를 종신토록 지급하는 연금제도를 운영한다. 종신토록 매월 또는 매주 지급되는 소득은 노후 생활의 든든한 버팀목이 된다. 젊은 연인들보다 노부부가 더 아름다워 보이는 이유가 바로 여기 있다. 아름다운 노후를 즐기려면 은퇴 이후에도 끊어지지 않는 소득을 준비하자.

두 번째 조건은 자아 실현이다. 은퇴 이후에도 소득이 끊이지 않는 선진국의 노인자살률이 낮은 것은 아니다. OECD 국가의 노인자살률을 살펴보면 프랑스, 일본, 미국이 차례로 2~4위를 차지한다. 은퇴 이후에도 소득이 있다면 아무 근심 없을 것 같지만 절대로 그렇지 않다. 인간의 욕망은 끝이 없어서 채워지고 나면 좀 더 높은 수준을 추구하기 때문에 경제적 안정 외에 또 다른 무언가가 필요하다.

아름다운 노후를 위한 또 다른 무언가는 바로 '일'이다. 은퇴 전의 일이 생계형 경제 활동이었다면 은퇴 후의 일은 그보다 상위 개념인 자아 실현을 위한 일이라고 할 수 있다. 돈을 충분히 벌어 놓았는데도 일흔, 여든이 넘도록 사업에 매진하는 노인들을 만나곤 한다. 사업이 성장해 가는 모습을 보며 성취감을 느끼는 것이다. 취미로 시작한 일을 전문가의 경지까지 발전시키며 자아를 실현하는 노인들도 있다.

세 번째 조건은 함께 하는 친구다. 노인들이 겪는 어려움을 말할 때 경제 문제만 부각하곤 하는데 사실 그보다 더 큰 어려움이 바로 외로움이다.

노인 빈곤층의 44퍼센트가 우울증에 시달린다는 통계가 말해 주듯 많은 노인이 어느 공동체에도 속하지 못해서 생기는 감정적 소외감과 외로움에 고통받고 있다. 나와 공감대를 형성할 수 있는 친구가 있다는 것은 더 할 나위 없는 축복이다. 배우자가 친구일 수도 있고, 취미와 여가를 함께 하는 사람이 친구일 수도 있다. 친구의 범위는 매우 넓다. 은퇴 후에는 자주 만나면서 취미와 일, 여가를 함께 공유하는 밀착형 친구가 필요하다.

네 번째 조건은 건강이다. 노인빈곤층의 86퍼센트가 만성 질환을 두 가지 이상 앓는다는 통계에서 보듯이 건강 문제도 또 하나의 복병이 된다. 평균 수명은 늘어났지만 유병장수(有病長壽)라는 말처럼 질병을 안고 살아가는 수명도 늘어났기 때문이다.

한국보건사회연구원이 발표한 보고서 〈우리나라의 건강 수명 산출〉에 따르면 한국인의 건강 수명은 기대 여명과 10년의 차이를 보이는 것으로 밝혀졌다. 2011년에 태어난 아기의 기대 여명은 81.20세, 질병 없이 건강하게 살아가는 기간인 건강 수명은 70.74세로 나타났다. 남성의 건강 수명은 68.79세에 기대 여명은 77.65세, 여성의 건강 수명은 72.48세에 기대 여명은 84.45세로 평균 6.8년가량 더 사는 여성이 남성보다 3년 정도 더 앓는 것으로 집계됐다.

합리적인 노후 계획을 세워 보자

이제 재무 계획을 위한 세 가지 질문에 대답해 보자.

첫째, 은퇴 후 생활비는 얼마나 필요할까? 은퇴 후에 쓰이는 생활비는 크게 네 가지로 나눠 볼 수 있다. 가장 기본적인 월 생활비, 의료비, 장기요양비 그리고 여가생활비다. 현재 월 생활비가 얼마나 드는지 확인하고 은퇴 후 필요한 월 생활비를 계산해 보자.

현재 월 생활비 (현재 화폐 가치)	은퇴 후 월 생활비 (현재 화폐 가치)
월 _____ 만 원	월 _____ 만 원

둘째, 지금까지 얼마나 준비했는가? 은퇴 자금은 현금 소득으로 계산하는 것이 바람직하다. 은퇴 이후에도 안정된 소득을 마련하려면 국민연금, 퇴직연금, 개인연금의 3층 노후 보장 체계를 기반으로 월 소득을 확보하는 것이 매우 중요하다.

가장 먼저 국민연금을 얼마나 받을 수 있는지 알아본다(www.nps.or.kr).

완전 노령연금 기준	조기 노령연금 기준
월 _____ 만 원	월 _____ 만 원

다음은 퇴직연금과 개인연금을 얼마나 받을 수 있는지 알아본다(종신연금형 기준).

퇴직연금	개인연금
월 _____ 만 원	월 _____ 만 원

그 밖의 자산을 연금화(소득화)한다. 목돈이나 부동산 등은 1억당 월 25만 원으로 계산한다.

부동산 임대 소득(월세)	조기 노령연금 기준
월 _____ 만 원	현금성 자산 1억당 25만 원 계산

준비된 연금액(모든 금액 합산)	부족한 연금액
월 _____ 만 원	월 _____ 만 원

셋째, 부족한 자금은 어떻게 마련할까? 목표하는 월 생활비에서 현재까지 준비된 생활비를 차감하면 부족한 월 생활비를 산출할 수 있다. 부족한 자금을 찾는 방법은 크게 더하기와 줄이기가 있다. 실천 가능한 방안이 있다면 상세하게 적어 보자.

더하기 방법	줄이기 방법
계속 일하기	집 줄이기
적립식 투자하기	생활비 줄이기
연금 가입하기	교육비 줄이기
부동산 현금화하기(주택연금 등)	자녀 결혼 자금 줄이기
• _____	• _____
• _____	• _____
• _____	• _____
• _____	• _____
• _____	• _____
• _____	• _____
• _____	• _____
• _____	• _____
• _____	• _____
• _____	• _____

머니 트레이닝 17 DAYS

나의 꿈과 계획을 세상에 알려라

▫ 구체적인 재무 목표를 글과 그림으로 표현해 본다.
▫ 배우자, 자녀들과 계획을 공유한다.

널리 퍼뜨릴수록 좋다

새해가 되면 희망에 찬 새로운 계획을 세우곤 하는데, 회사와 학교에서는 여러 사람 앞에서 발표시키기도 한다. 필자도 직장 생활을 하는 동안 새해가 되면 신년 계획과 목표를 수없이 발표한 것 같다. 나만 아는 목표보다는 여러 사람이 아는 목표가 추진력을 갖기 때문이다. 나 혼자 마음먹은 결심이야 언제 깨 버린들 누가 뭐라고 하지 않을 테니 말이다. 그 힘들다는 금연에 성공한 사람들의 무용담을 들어 봐도 마찬가지다. 금연은 지극히 개인적인 일이고 본인의 의지가 중요한 일이지만, 혼자 결심하고 꾸준히 실천해서 성공하는 사람은 극히 드물다. 주변에서도 적극적으로 도와줘야 해낼 수 있는 것이다. 금연에 성공한 사람들은 '오늘부터 금연한다.'라고 주변에 선언하는 일부터 시작했다고 말한다.

나만의 재무 목표를 누구한테 알릴 것인가? 부모님, 배우자, 친구 등 주변에 알리는 일도 중요하지만 가장 먼저 해야 하는 일은 본인 자신에게 알리는 것, 스스로에게 목표를 각인시키는 일이다.

인간의 기억력은 약하다. 아무리 굳건한 마음으로 목표를 정했다 하더라도 시간이 지나면서 서서히 망각하고 만다. 시간이 지나도 언제나 기억할 수 있도록 잘 보이는 곳에 구호로 만들어서 걸어 두거나, 마스터플랜을 세워서 부착하면 끝까지 목표를 실천하고 유지할 수 있다.

눈으로 볼 수 있다면 더 효과적이다

나만의 재무 목표를 찬찬히 들여다보라. 결혼이든 집이든 노후 준비든 구체적으로 보이고, 눈으로 그려지는 대상이 아니라면 그 목표는 종이에 쓰인 숫자에 불과하다.

직장인들의 가장 큰 재무 목표는 내 집 마련이다. 주택 마련을 위해 자금 계획을 세울 땐 우선 목표로 하는 아파트 혹은 주택 단지를 직접 찾아가 보기를 권한다. 내가 살고 싶은 아파트 단지에 가서 기념 사진을 남겨 보자. 정말 색다른 느낌이 들 것이다. 달성하기 힘든 목표 같지만 직접 가서 사진을 찍고 내 눈에 담아 보면, 이제 그 목표가 살아나서 꿈틀거리며 다가온다. 불가능하다고 생각할 때마다 기념 사진을 다시 한번 들여다보자. 그 안에서 함께 살 가족을 생각하면 반드시 이뤄 내고 싶다는 강렬한 힘이 솟구친다.

노후 자금도 마찬가지다. 우리는 누구나 배우자와 함께 여유 있고 건강하고 행복한 노후를 보내고 싶어 한다. 하지만 전쟁 같은 하루하루를 견디다 보면 노후라는 말이 어느덧 저 멀리 사라지고 만다. 배우자와 함께 맞이하고 싶은 노후의 모습을 사진으로 간직해 보자. 해외 크루즈 여행을 떠나 배 위에서 함께 사진을 찍은 모습도 좋고, 텃밭이 있는 전원 주택에서 채소를 기르면서 건강하게 하루하루를 보내는 모습도 좋다. 자신이 맞이하고 싶은 노후의 모습을 항상 떠올릴 수 있도록 사진에 담아서 곁에 두자.

지난 과정을 통해 우리에게 무엇이 문제였는지 그리고 우리가 원하는 미래의 모습은 어떤 것인지 현실적으로 생각해 보았다. 아무리 좋은 방법이라도 행동으로 이어지지 않는다면 그저 괜찮은 이야기에 불과한 법이다. 이제는 실행으로 옮기는 힘이 필요하다.
이번 단계에서는 그동안의 생각들을 좀 더 구체적으로 적용하여 실천에 옮기는 방법을 함께 나누어 볼 것이다. 한 가지씩 차근차근 체크해 보면서 계획을 행동으로 옮겨 보자.

**스마트한
월급 관리의
법칙**

5 단계

꿈을 현실로 만드는 세부 계획

머니 트레이닝 18 DAYS

저축 계획의 새 틀을 만들자

- 마이너스 통장과 현금 흐름을 분리하여 빚부터 정리하는 계획을 세운다.
- 우선순위에 맞는 보장성 보험 계획을 세운다.

금융 상품의 6대 효과 따라잡기

머니 트레이닝 9일 차에 배운 대로 금융 상품은 여섯 가지 효과가 있다. 돈을 소비하지 못하도록 한 곳에 모으는 묶기 효과, 돈을 맡기면 약속한 이자를 지급받아 원리금이 커지는 이자 효과, 목돈을 한꺼번에 맡기면 이자가 빨리 불어나는 굴림 효과, 이자 효과와 굴림 효과가 동시에 나타나는 복리 효과, 약정한 이자율이 아니라 투자 수익을 지급하므로 수익이 높지만 원금 손실의 위험도 있는 투자 효과, 특정 상품에 주어지는 혜택으로 이자 소득세가 면제되는 비과세 효과다.

이 중 가장 기본이 되며 상대적으로 더욱 중요한 효과는 무엇일까? 첫째는 묶기 효과이고, 다음이 복리 효과, 투자 효과 정도다. 왜 그런지 생각해 보자. 이 세상 모든 재테크는 결국 정해진 원금에 더 많은 이자가 붙는 데 관심을 둔다. 모두가 수익을 높이는 방법에 관심이 있을 뿐 사실 원금에는 별 관심이 없다. 하지만 목적 자금은 수익보다 원금이 훨씬 크게 마련이다. 목적 자금 1,000만 원을 목표로 적금을 부을 경우 적금 이율은 최대 3퍼센트를 넘기기 힘들다. 한마디로 수익률이 원금 자체를 뛰어넘을 순 없다.

적립식 펀드의 수익률이 20퍼센트를 넘었다고 자랑하는 고객이 있었다. 하지만 원금이 500만 원이라 평가 금액은 550만 원에 불과했다. 반면 평균 이자율은 5퍼센트에 불과하지만 15년 전부터 부어 온 재형저축을 지금껏 유지하는 고객도 있다. 매월 13만 원씩 납입했는데 지금은 7,000만 원이 넘는다.

단기 저축에서는 이자보다 원금의 크기가 중요하다. 이자율이 높은 상품을 찾기보다는 원금을 얼마나 키울 수 있는지 살펴봐야 한다. 소비하지 않는 돈을 저축해 쓸 수 없게 하는 묶기 효과는 원금을 지키며 목돈을 모아 가는 데 가장 중요한 역할을 한다. 또한 묶기 효과는 저축의 목적과 깊은 관련이 있다. 목적이 불분명한 저축은 결국 소비로 이어지는 법, 묶기 효과를 잘 기억하며 구체적인 저축 계획을 세워야 한다.

빚 정리 계획부터 시작하라

저축을 시작하기 전에 가장 망설여지는 문제가 있다. 바로 대출과 빚을 상환하는 문제다. 아직 갚지 못한 대출과 빚이 있는데 저축을 하는 것이 합당한지 의문이 들 것이다. 그럼 반대로 묻고 싶다. 왜 지금껏 저축도 제대로 하지 않으면서 대출과 빚도 상환하지 않았는가?

대출이나 빚의 원금을 갚지 못했다면 다음의 이유일 가능성이 높다. 우선 아파트 담보 대출이라면 거치 기간이라 원금을 갚지 못하고 이자만 내는 경우일 수 있다. 신용 대출이라면 원금 상환이 자유롭기 때문에 차일피일 미루고 말았을 것이다.

담보 대출은 거치 기간이 끝나면 좋든 싫든 원금을 갚아야 한다. 강제성이 있는 것이다. 통장에서 원금과 이자가 매월 빠져나가기 때문에 나의 의지와 무관하게 원금을 상환해 나간다. 반면 신용 대출은 다르다. 원금 상환 조건이 붙는 경우도 있지만 그렇지 않은 경우도 있고, 조건을 바꾸거나 상품을 갱신하면 금리가 불리해지더라도 계속 원금 상환을 피할 수 있다. 특히 마이너스 통장은 원금 상환의 의무가 없다 보니 빚이라는 인식이 무감각해지기도 한다.

이제 어떻게 할 것인가? 빚을 정리하는 계획을 함께 세워 보자. 다음 표에 본인이 가지고 있는 대출과 빚을 모두 적어 보라.

대출명	대출 금액	연 이자율	원리금 납입(원)		대출 원금 레버리지 효과 여부	대출 원금 보존 여부
			이자	원금		
					O X	O X
					O X	O X
					O X	O X
					O X	O X
					O X	O X

빚을 정리하는 기본 방향은 크게 세 가지다. 첫째, 연 이자율이 높은 빚부터 상환한다. 둘째, 레버리지 효과가 낮은 대출부터 상환한다. 셋째, 원금이 보존되지 않는 대출부터 상환한다.

대출에서 레버리지 효과란 대출 원금이 투자되어 향후 높은 투자 성과가 예상되는 것을 말한다. 예를 들어 대출을 받아 집을 샀는데 향후 집값이 오른다면 대출 원금이 지렛대 역할을 한 셈이다. 대출 원금이 보존되는 대출이란 무엇인가? 전세 자금 대출같이 레버리지 효과는 기대할 수 없을지라도 대출 원금이 사라지지 않는 것을 말한다.

마이너스 통장이나 일반 신용 대출은 다르다. 신용 대출을 받아서 어딘가에 투자했다면 모르겠지만 생활비 같은 소비성 지출로 써 버렸다면 레버리지 효과도 없고 원금 보존도 안 되므로 첫 번째 상환 대상이 된다.

김영진 씨(34세)는 1억 원을 담보 대출 받아서 아파트를 장만했다. 보통 대출 원리금 상환은 세 가지로 구분하는데 원금과 이자를 합해 가장 많은 돈을 내는 대출 방식은 무엇인지 생각해 보자.

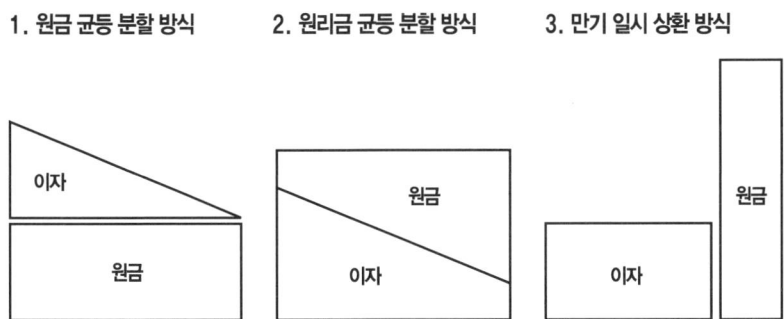

이자와 원금을 합해 가장 많은 금액을 납입해야 하는 방식은 세 번째 만

기 일시 상환 방식이다. 대출 기간 내내 이자만 내다가 만기에 원금을 모두 상환하기 때문이다. 당장 많은 돈을 내지 않아도 되기 때문에 선호하는 방식이다. 하지만 레버리지 효과를 기대한다면 모를까 피해야 하는 방법이다.

두 번째 원리금 균등 분할 방식은 이자와 원금을 동시에 갚아 나가서 당장은 부담이 크지만 매달 같은 금액이 나가므로 월급 관리를 하는 데는 편리하다. 매달 같은 금액을 납입해도 처음에는 이자가 많고 원금이 적다가 차츰 원금 비중이 커지는 구조다. 항상 같은 금액을 내면서도 원금을 함께 상환해 가는 방법이므로 가장 추천할 만하다.

세 번째는 원금 균등 분할 방식이다. 갚아 나가는 원금은 항상 일정하지만 이자가 차츰 줄어든다. 대출 기간이 짧고 초기에 많은 돈을 납입해야 하는 방법이라 잘 선택하지 않는데 할 수만 있다면 가장 바람직한 방법이다. 여력이 된다면 이 방법으로 빨리 상환하는 것이 좋다.

대출 상환 계획을 단계별로 정리하고 실행 여부를 체크해 보자. 1단계는 본인의 대출을 금액, 기간, 이자율 등으로 적고 내용을 정확히 파악한다. 2단계는 대출 상환의 우선순위와 연간 상환 목표 금액을 정한다. 3단계는 세 가지 대출 상환 방식 중 본인에게 적합한 방식을 선택한다. 마지막으로 4단계는 마이너스 통장과 월급 관리 통장을 분리하여 관리한다.

1, 2, 3단계는 앞에서 설명한 대로 실행하면 되는데, 4단계인 마이너스 통장과 월급 통장 분리하기란 무엇을 말하는 것일까?

직장인들이 가장 많이 사용하는 마이너스 통장을 정리하는 방법에 대해 이야기해 보자. 마이너스 통장을 월급 통장으로 사용하는 것이 마이너스를 줄이지 못하는 가장 큰 원인이다. 마이너스 통장과 돈이 입출금되는 통장을 분리하면 80퍼센트는 달성한 것이나 다름없다. 그만큼 중요하다.

한 달에 300만 원을 버는 이영선 씨(34세)는 직장 생활을 시작하면서 대출로 자동차를 구입한 탓에 마이너스 통장을 만든 뒤로 지금까지 상환하지 못했다. 마이너스 통장을 월급 통장으로 사용하면서 조금씩 금액이 늘어나 한도 2,000만 원에 가까워지고 말았다. 상환해야 한다는 생각은 하지만 뜻대로 되지 않았다.

■ 월급 통장으로 마이너스 통장을 사용할 때

월 소득 300만 원의 현금 흐름

과목	금액	
월 저축(보험 포함)	75만	
월 소비	100만~150만	→ 일정하지 않다.
월급 통장(마이너스 통장)	-1,700만~-2,000만	→ 항상 변한다.
합계	300만	

이유가 무엇일까? 간단하다. 월 소비가 일정하지 않다. 사륜구동식 통장으로 바꾸고 주어진 예산 범위 내에서 사용한다면 월 소비는 크게 변하지 않을 것이다. 그나마 75만 원은 고정 값이다. 내 의지와 상관없이 은행에서 빼 간다. 그러나 월 소비가 일정하지 않으니 월급 통장으로 사용하는 마이너스 통장의 금액은 매월 변한다. 월급이 들어오면 마이너스가 확 줄었다가 전월 소비에 따른 카드 값이 결제되면 다시 확 늘어난다. 돈을 모아도, 갚아도 얼마가 들어와서 대출이 갚아졌고 얼마를 써서 또 대출이 늘어났는지 도무지 파악이 안 되고, 마이너스를 줄여 나가는 재미나 돈을 늘려 가는 재미를 느낄 수도 없다.

월급 통장을 마이너스 통장과 분리해서 매월 일정 금액을 마이너스 통장으로 자동 이체해 놓는다면 마이너스 통장의 금액이 조금씩 줄어 가는 것을 목격할 수 있다. 잠시잠깐 월급이 머무는 동안 붙는 이자 2,000~3,000원을 아까워하지 마라. 푼돈 때문에 더욱 많은 것을 잃을 수 있다.

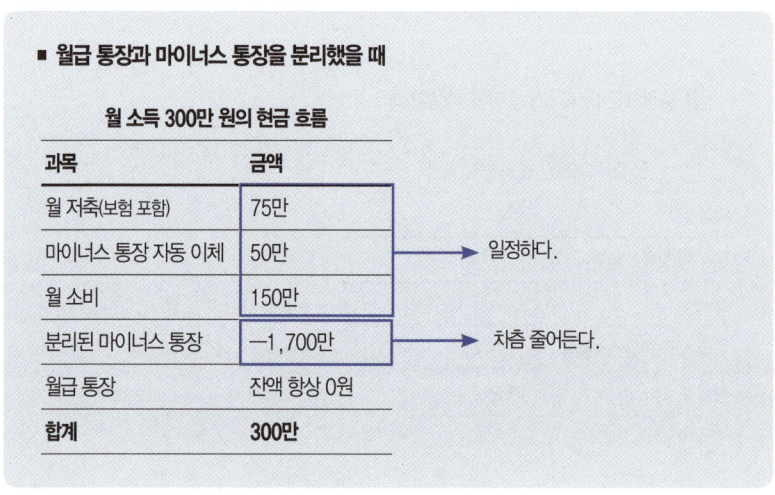

영업부에서 일하는 박기범 씨는 아파트 대출과 마이너스 통장을 가지고 있는 전형적인 40대 남성이다. 더불어 신용 대출과 아내의 학자금 대출까지 있는 상황에서 현재 매월 약 53만 원의 이자가 나가고 있다. 이자만 갚고 있는 상황이라 원금이 전혀 줄지 않자 그는 특단의 조치로 50만 원을 더해 원금을 갚아 나갈 계획을 짜고 있다. 그렇다면 가장 먼저 어떤 대출을 갚아야 할까?

앞에서 강조했듯이 대출 상환의 우선순위는 이자율이 높고 레버리지 효과나 원금 보존 효과가 낮은 순서로 상환해야 한다. 예를 들어 아내의 학

자금 대출은 담보 대출보다 이자는 낮지만 레버리지 효과가 있거나 원금 보존이 되는 대출이 아니기 때문에 먼저 갚는다. 하지만 학자금 대출보다 이자도 높고 원금 보존도 없는 마이너스 통장을 가장 먼저 갚아야 한다. 따라서 추가로 50만 원을 더 상환한다면 그 첫 순위는 마이너스 통장이 되어야 한다.

■ 박기범 씨의 대출 상환 계획서

우선순위	대출 금액	연 이자율	상환 계획		1년 후 잔액	상환 예정일
			이자	원금		
마이너스 통장	1,733만	7.2퍼센트	10만 3,980	50만	1,133만	34개월
신용 대출	1,000만	6.5퍼센트	2만 4,166	—	1,000만	60개월
아내의 학자금 대출	800만	2.9퍼센트	1만 9,333	—	800만	60개월
아파트 담보 대출	1억 4,000만	3.3퍼센트	38만 5,000	—	1억 4,000만	20년
			53만 2,479	50만		
			총 103만 2,479			

우선순위에 맞는 보험 계획을 세우자

돈 관리를 축구 경기에 비유해 보자. 축구 경기는 우리 팀이 상대 팀보다 골을 많이 넣어야 이기는 경기다. 공격을 잘해서 골 찬스를 많이 만들고 훌륭한 경기를 펼쳤다 하더라도 골을 더 먹으면 지는 게임이다. 마찬가지로 재테크를 잘해서 많은 돈을 모았다 할지라도 사건사고가 생기면 벌어놓은 돈이 엉뚱한 곳으로 흘러가 버리며 모든 것이 허사가 된다.

그렇다면 재테크에서 최전방 공격수는 무엇일까? 고위험 고수익을 쫓는 투자다. 전원 공격이란 전술로 상대방 골문을 집중 공략한다면 골이 날 확률이 매우 높다. 하지만 전원 공격이란 역습을 당해 팀이 위기에 몰릴 수 있는 방법이기도 하다. 고수익을 쫓는 상품은 그만큼 위험성이 높다.

열심히 목돈을 모으는 저축은 축구에서 어느 포지션이라고 볼 수 있을까? 바로 미드필드다. 최전방 공격수가 좋은 찬스를 살려서 좋은 공격을 할 수 있도록 뒤에서 안정적으로 공을 공급해 주기 때문이다. 또한 미드필드는 유사시 수비의 역할도 한다. 목돈을 모으는 저축이 탄탄해야 좋은 재테크가 가능하다. '좋은 재테크 찬스를 만나도 실탄(현금)이 있어야 가능하다.'라는 말이 있지 않은가.

최후방에서 상대 팀의 공격을 차단하고 막아 내는 최종 수비는 어떤 금융 상품에 해당할까? 바로 보장성 보험이다. 스포츠는 종목을 막론하고 승리하려면 수비가 중요한 것처럼 각종 위험에 노출되어 생활하는 직장인들에게 현명한 보험 계획은 매우 중요하며 선택이 아닌 필수로 자리 잡았다.

나에게 맞는 보험 계획을 세우려면 보험을 통해 없애고자 하는 위험이 도대체 무엇인지 그 실체를 정확하게 알아야 한다. 위험이란 언제 어떻게 발생할지 알 수 없는 우연한 사고로 인해 미래에 생길지도 모르는 경제적 손실 가능성을 말한다.

우리가 보험을 통해 줄이고자 하는 위험은 미래에 생길 수도 있는 경제 손실이다. 생길 수도 있지만 그렇지 않을 수도 있으며, 눈에 보이지 않는 잠재적 성격을 지녔다. 이제부터 보험 계획을 통해 반드시 막아야 하는 위

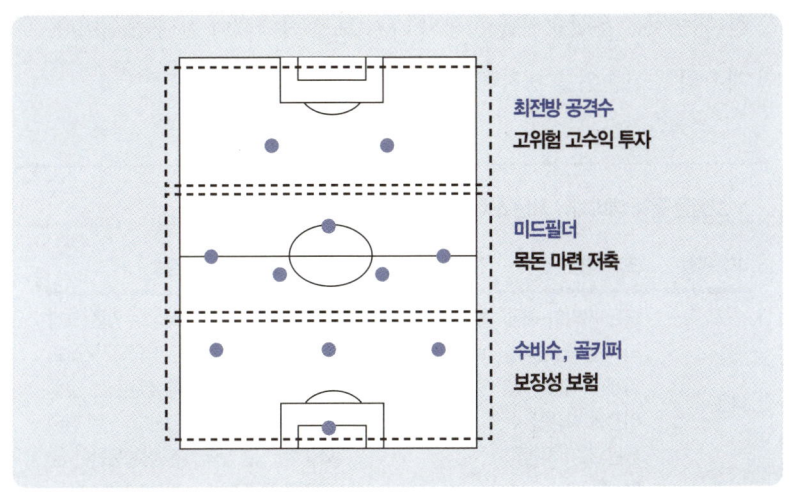

험은 무엇인지 알아보자.

　요즘은 보험 상품도 많이 다양해졌지만 지금의 경제력으로 충분히 해결할 만한 손해라면 굳이 보험에 가입할 필요가 없다. 예를 들어 불법 주차 스티커를 받을 때마다 벌금이란 손실을 보상해 주는 보험이 있다고 하자. 1년에 한두 번 생길 수 있는 사고이고 경제 손실이 나에게 큰 충격을 주는 수준이 아니기 때문에 이런 위험은 보험을 통해 대비할 필요를 못 느낀다.

　여기서 말하는 경제 손실은 나의 경제력으로 감당하기 어려우며 나와 가족에게 매우 큰 경제적 충격을 안길 수 있는 정도를 의미한다. 이런 위험으로부터 나와 가족을 경제적으로 보호하는 것이 보험의 본질이다.

　지금까지 거론한 것은 우선순위 맨 앞에 있는 네 가지일 뿐 인생의 리스크는 더 많다. 하지만 우선순위를 정하는 이유는 경제적 선택에는 비용이 동반되기 때문이다. 4대 위험 외에 각종 위험을 모두 보험으로 대비한다면 그야말로 나쁠 것이 없다. 하지만 한정된 자원을 가지고 가장 현명한 선택을 한다는 것은 우선순위를 정해서 따져 보고 선택해야 한다는 의미다. 보험 계획의 우선순위를 생각해 보자.

■ 보험을 통해 대비해야 하는 4대 위험

4대 위험	조기 사망	장해	질병	장수
내용	모든 사망이 해당되지는 않는다. 경제적 책임 기간 이전에 발생할 수 있는 조기 사망을 말한다.	사고 또는 질병으로 인해 장해가 생긴 것을 말한다.	일시적으로 경제 활동을 중단할 만큼 큰 질병을 말한다. 3대 질환(암, 뇌졸중, 심근경색) 외 각종 중증 질병.	예상 수명을 크게 뛰어넘어 오래도록 생존하는 것을 말한다. 이런 경우 질병을 동반한 유병장수가 많다.
경제력	영구적 상실	영구적 상실	일시적 상실	점진적 상실
경제적 충격	나이가 적을수록 가족이 받는 경제적 충격이 크다.	나이가 적을수록 본인과 가족이 받는 경제적 충격이 크다.	실직을 동반하므로 생활비뿐 아니라 치료비까지 감당하느라 경제적 충격이 일시적일 수는 있으나 매우 크다.	갑작스런 경제적 충격은 아니지만 지속적인 경제적 어려움이 있다.

첫째, 누가 먼저 가입해야 할까

보험은 누가 가입해야 할까? 가장이다. 가장의 경제력에 문제가 생길 경우 가족들에게 가장 큰 영향을 끼치기 때문이다. 가장, 배우자 그리고 여력이 있다면 자녀 순으로 가입한다.

둘째, 연령대에 따라 보상의 우선순위가 다르다

우리는 보험 상품을 고를 때 발생할 확률이 얼마나 높을까를 생각한다. 하지만 보장의 우선순위를 확률로 정하면 안 된다. 아무리 확률이 낮다고 하더라도 발생 시 나와 가족에게 경제적 충격을 크게 주는 순서에 맞춰서 가입해야 한다. 내가 보험을 통해 대비하지 않을 경우, 감당할 수 있느냐 없느냐를 기준으로 삼는 것이 옳다.

30~50세 가장의 보장성 보험은 장해 〉 사망 〉 질병 〉 의료 실손 순으로 가입해야 한다. 50~60세 가장의 보장성 보험이라면 질병 〉 의료 실손 〉 장해 〉 사망 순으로 가입하는 것이 낫다. 자세한 보험 설계 방법은 머니 트레이닝 24일 차 '나에게 맞는 보험과 연금 찾기'에서 상세히 살펴보자.

■ 연령별 보험 가입 가이드라인

구분	20~30대			40대		50대		60대
	미혼 남녀	기혼 남성	기혼 여성	남성	여성	남성	여성	남녀
월 소득의 보험료 비중	5퍼센트	7퍼센트	5퍼센트	10퍼센트 이하	5퍼센트 이하	10퍼센트 이하	5퍼센트 이하	15퍼센트 이하
1순위	의료 실손	사망 보장	질병 진단	사망 보장	질병 진단	질병 진단	질병 진단	질병 진단
2순위	질병 진단	질병 진단	의료 실손	질병 진단	의료 실손	의료 실손	의료 실손	의료 실손
3순위	재해 장해	의료 실손	사망 보장	의료 실손	사망 보장	사망 보장	사망 보장	재해 장해
4순위	사망 보장	재해 장해	재해 장해	재해 장해	재해 장해	재해 장해	재해 장해	사망 보장

머니 트레이닝 19 DAYS

목적별 저축 계획을 세우자

- 결혼, 내 집 마련, 여행 등 자신에게 필요한 목적을 찾는다.
- 목적에 맞는 저축 계획 실행안을 만들자.

결혼 자금, 적금을 우습게 보지 마라

계획 없는 저축은 결국 소비로 흐르기 때문에 위험하다고 말했다. 저축에서는 무엇보다 확실한 목표와 계획이 중요하다. 인생에서 필요한 자금은 크게 다섯 가지 결혼 자금, 주택 자금, 교육 자금, 노후 자금, 이벤트 자금으로 구분한다. 서로 필요한 시기도 다르고 성질도 다르기 때문에 따로 구분해서 적합한 계획을 세워야만 제대로 저축을 완성할 수 있다.

결혼 자금은 대표적인 단기 목적 자금이다. 보통은 직장 생활을 시작한 지 5년 이내에 결혼 계획을 세운다. 돈을 모아야 하는 기간이 짧으면 상대적으로 투자할 수 있는 여지도 좁아진다. 여유 자금이 아니라 2~3년 내에 목돈으로 써야 하는 자금이기 때문이다. 머니 트레이닝 9일 차 '저축과 소비의 황금비율을 찾아라'에서 학습한 대로 명확한 목표 금액을 설정하고 월 납입액을 높이는 것이 가장 중요하다.

결혼 자금을 모을 때 금리가 낮다는 이유로 정기 적금보다 CMA나 현금 유동성에 따라 자유 적금을 선택하는데 절대로 금물이다. 수많은 실패 사례를 양산할 뿐이다. 정기 적금은 금리가 낮아서 인기가 시들해지는 것이 사실이지만, 매달 100만 원씩 3년간 정기 적금을 붓는 것과 CMA 통장이나 입출금 계좌에서 남은 돈으로 자유 적금을 드는 것은 수년 후에 보면 꽤 큰 차이가 난다. 묶기 효과가 어떻게 나타나는지 보여 주는 것이다.

대학에서 시각 디자인을 전공하고 광고 회사에 다니는 김현수 씨는 결혼 자금을 마련하기 위해 금리가 낮은 적금 대신 매달 150만 원씩 CMA에 넣어 놓기로 했다. CMA 금리가 높을 때는 적금 금리와 별 차이가 없었기 때문이다. 하지만 직장 생활을 한 지 3년이 다 되어 가는데도 결혼 자금은 제대로 모이지 않았다. 김현수 씨는 상담을 하면서 비로소 저축의 묶기 효과가 얼마나 강력한 힘을 갖는지 깨달았다.

33개월 동안 150만 원씩 모았다면 지금쯤 5,000만 원은 족히 있어야 한다. 그런데 지금 김현수 씨가 가진 돈은 2,000만 원에 불과하다. 매달 150만 원씩 이체하지 못했던 것이다. 끊이지 않는 대소사나 이벤트로 인해 자꾸 다음 달로 미루는 습관이 생겼기 때문이다. 게다가 CMA에 넣어 둔 돈은 언제든 인출할 수 있다는 장점이 김현수 씨에게는 독이 되었다. 매년 한두 번씩 해외 여행을 하면서 결혼 자금으로 모으는 돈을 꺼내 쓴 것이다.

실제로 결혼 자금은 단기 자금이므로 목돈을 모았다가도 다른 데 쓰는 일이 많다. 특히 여러 건으로 나누어 가입하는 것은 별 도움이 안 된다. 50만 원, 30만 원, 20만 원으로 나누어 적금을 드는 것보다 100만 원 하나로 가입하는 것이 낫다. 셋으로 나누면 그중 하나는 차를 바꾸거나 물건을 살 때 써 버리기 때문이다. 좀 더 묶기 효과를 높이고 싶다면 만기 2,000만 원 짜리 적금, 만기 3,000만 원짜리 적금 등 만기 금액이 딱 떨어지는 금액으로 가입하면 된다.

■ 결혼 자금 마련을 위한 저축 예시: 연 3.0퍼센트 일반 과세 이자소득세 15.4퍼센트 차감

목돈 마련	1년	2년	3년	4년
2,000만 원	월 164만 원	81만 원	53만 원	39만 원
3,000만 원	246만 원	121만 원	80만 원	59만 원
5,000만 원	411만 원	202만 원	133만 원	99만 원

주택 자금, 저축과 투자의 투톱 시스템

주택 자금은 단기 자금(1~2년)의 성격과 단중기 자금(3~5년)의 성격을 동시에 갖고 있다. 주택 자금은 주택 구입 자금도 있지만, 전세 자금 상승에 대비하는 자금도 있기 때문이다. 전세 자금 상승을 대비하는 경우에는 장기로 운영하기 힘들기 때문에 단기 자금 성격으로 저축해야 한다.

전세 자금이 집값의 70퍼센트 수준에 이르는 상황에서 좋은 주택에 거주한다는 것은 주택을 구입하지 않는다 하더라도 많은 돈을 주택 자금에 쓴다는 의미다. 지속적으로 주택 자금을 모으려면 어떤 전략을 세워야 할까? 주택 자금은 단기에 필요한 자금도 있고 3년 이상 운영해야 하는 자금

도 있으니 머니 트레이닝 9일 차에 언급한 주택 자금 모으기 원칙에 의해 저축 계획을 세우자.

정기 적금과 적립식 펀드의 조합을 추천한다. 정기 적금은 2년 이내로 하여 전세 자금 상승에 대비한다. 물론 금리가 낮아서 이자 효과를 크게 기대하기는 어렵다. 하지만 소비 유혹을 뿌리치고 정해진 금액을 안전하게 옮겨 놓은 것만으로도 묶기 효과가 극대화되며 목돈으로 차곡차곡 쌓인다. 2년 후 전세 자금을 올려 주느라 이 돈이 들어간다고 해도 향후 주택을 구입할 때 종잣돈으로 쓰이거나, 더 좋은 주택으로 옮기는 데 필요한 종잣돈이 될 것이다.

10년 안에 내 집을 마련하고 싶다는 조수영 씨는 매달 100만 원씩 들어가는 주택 자금 계좌를 10년간 유지해서 내 집 마련에 도전하는 계획을 세웠다. 2년 단위의 정기 적금 50만 원과 적립식 펀드(주식형) 36개월 약정, 두 가지 상품으로 결정했다.

10년간 정기 적금은 다섯 차례 만기가 돌아오고 적립식 펀드는 세 차례 정도 약정 만기가 돌아온다. 전세 만기와 잘 맞지 않는다면 정기 적금을 1년으로 해도 무관하다. 만기에 타는 목돈은 투자 환경과 본인의 투자 성향에 따라서 예금 또는 중위험 중수익 투자 상품으로 다시 운용하면 된다.

적금은 이자율은 매우 낮지만 언제든 현금화가 가능하고 예금자 보호가 되는 안정 성향의 저축이다. 2년마다 돌아오는 만기 금액과 적립식 펀드 3년 약정 만기에 환매되는 금액 모두 안전한 예금으로 운영한다.

목돈은 적립식으로 분할 투자하는 경우보다 주가 변동에 민감하기 때문이다. 적립식 펀드는 예금자 보호가 안 되는 투자형 상품이다. 하지만 매월 분할로 투자하여 코스트 에버리지 효과가 극대화되므로 거치식 펀드에 비해 안전하며, 3년이란 투자 기간을 고려하면 장기 투자 효과에 의해 수익이 날 확률도 높아진다.

■ 금융 상품의 위험도에 따른 수익 추구 스펙트럼

안정 추구 → 수익 추구

위험 회피	안정형	중립형	위험 선호	공격형
예적금 금리형 연금 재형저축	RP, CMA, 장기 채권	주식 혼합형 펀드 주식형 펀드 ELS	거치식 펀드 랩어카운트 하이브리드 채권	주식 선물 옵션

■ 월 100만 원씩 10년간 주택 자금 저축 운영 예시

정기 적금 50만 원 2년 연 3퍼센트 총 5회 운영 + 적립식 펀드 평균 3년 3.3회 연 7퍼센트 수익 가정

정기 적금 ▨ 펀드 ▨ 예금 ▨

경과 기간	1년	2년	3년	4년	5년	6년	7년	8년	9년	10년
정기 적금 월 50만(1)	608	1,231	1,263	1,295	1,328	1,362	1,397	1,433	1,470	1,508
정기 적금 월 50만(2)		608	1,231	1,263	1,295	1,328	1,362	1,397	1,433
정기 적금 월 50만(3)			608	1,231	1,263	1,295	1,328	1,362
정기 적금 월 50만(4)				608	1,231	1,263	1,295
정기 적금 월 50만(5)					608	1,231
적금 누계액	608	1,231	1,871	2,526	3,199	3,888	4,596	5,322	6,066	6,830

경과 기간	1년	2년	3년	4년	5년	6년	7년	8년	9년	10년
적립식 펀드 월 50만(1)	622	1,287	1,994	2,045	2,098	2,152	2,207	2,264	2,322	2,381
적립식 펀드 월 50만(2)		622	1,287	1,994	2,045	2,098	2,152	2,207
적립식 펀드 월 50만(3)				622	1,287	1,994	2,045
적립식 펀드 월 50만(3.3)							622
펀드 누계액	622	1,287	1,994	2,667	3,385	4,146	4,874	5,648	6,467	7,255
주택 자금 총액	1,230	2,518	3,865	5,193	6,584	8,034	9,470	10,970	12,534	14,085

교육 자금, 조금씩 오래 준비하는 장학 기금 만들기

교육 자금은 장기간에 걸쳐 상당히 많은 자금이 투입되지만 한꺼번에 필요한 자금이 아니기 때문에 저축을 통해 목적 자금을 마련하기보다는 미래에 높아질 기대 소득에 의존하려는 경향이 강하다.

Certicate of Scholarship
장학금 증서

전지호에게
미래를 향한 힘찬 성장을 바라며

세상을 향해 당당하고
이웃을 향해 따뜻하며
많은 사람들에게 아름다운 사람으로
미래의 꿈을 마음껏 펼치는 데
소중하게 사용되길 바랍니다.

지급일 2017년부터
〈선택 1〉 중학교, 고등학교, 대학교 매년 교육 자금으로 지급함
〈선택 2〉 대학 입학 시 대학 자금 및 유학 자금을 지급함

2005년 4월 사랑하는 아빠와 엄마

앞의 예시는 2005년에 교육 자금 마련을 위해 장기 펀드와 저축성 교육 보험에 가입한 고객에게 자녀들한테 보여 주라고 선물한 장학 증서다. 실제로 이 고객은 아이가 초등학생이 된 지금까지 이 장학 증서를 거실에 걸어 두고 있으며, 아이에게 엄마 아빠가 교육 자금을 마련하기 위해 10년 전부터 꾸준히 저축한다고 말해 주었다.

아직까지 이 교육 자금을 꺼내 쓴 적은 없다. 하지만 장기 펀드나 교육 보험 모두 중도에 자금을 인출할 수 있는 만큼 학원비나 학자금이 필요할 때 사용할 계획이라고 한다. 이처럼 적은 돈이지만 교육 자금 저축을 일찍 시작하면 향후 큰 도움이 될 것이다.

교육 자금은 어떤 상품 전략을 세우는 것이 좋을까

교육 자금에 대비한 저축은 네 가지 특징을 가지고 있어야 한다. 첫째, 교육 자금이므로 안정성과 유동성, 수익성을 동시에 추구해야 한다. 둘째, 연간 혹은 월간 인출이 자유로워야 한다. 셋째, 장기 투자이기 때문에 투자 효과와 비과세 효과가 높아야 한다. 넷째, 장기 투자인 만큼 납입에 유연성이 있어야 한다.

총 투자 기간이 긴 터라 100퍼센트 금리형보다는 장기 운영 시 안정된 투자 효과를 기대할 수 있는 상품 중에서 선택한다. 0~7세 자녀를 위한 교육 자금 마련의 경우 대학 학자금까지 계산하면 20년에 가깝기 때문에 장기로 갈수록 비용 측면에서 유리한 변액유니버설적립보험이나 변액교육저축보험 등이 유리하다. 8세 이상의 자녀를 위한 교육 자금 마련은 10년 내외로 투자할 경우 유리한 적립식 펀드를 추천한다. 금융 상품의 기대 수익과 비용에 관한 내용은 머니 트레이닝 20일 차의 설명을 참조하기 바란다.

노후 자금, 일찍 시작하고 꾸준히 실천하자

10여 년 전 직장 선배의 부친상 소식을 듣고 병원 영안실을 찾은 기억이 떠오른다. 요즘은 100세 시대라는 말이 당연하게 들리지만 당시만 해도 돌아가신 어르신이 여든 초반이면 호상이라고 생각하는 시절이었다. 그런데 유족들이 과하다 싶을 정도로 무겁고 침통해 보였다. 그렇게 장례를 마치고 일주일 후 그 선배가 복귀했을 때 비로소 그 무거운 분위기의 실체를 알 수 있었다. 선배의 부친께서 돌아가신 이유는 지병도 아니고 사고도 아닌 자살이었다.

선배의 부친은 평생 교육자의 길을 걸어오신 분이며 국립대학교 교수로 정년 퇴직하셨다. 연금으로 생활하면 크게 어렵지 않은 노후였을 것이다. 그런데 퇴직하면서 받은 퇴직금을 모두 막내 사위의 사업 자금으로 주었고, 사업이 잘못되자 집까지 줄여 가는 곤혹을 당하면서 수년간 천식과 우울증에 시달렸다. 마지막에는 인천의 아주 작은 집에서 혼자 생활하셨던 것이다.

노후의 가장 큰 적이 자녀라고 하는데 지금 생각해 보니 정말 틀린 말이 아니다. 여기서 정말로 중요한 사실을 깨달아야 한다. 노후 준비는 자산이 아니라 소득으로 해야 한다는 점이다.

자산으로 노후를 준비하면 안 되는 이유는 무엇일까? 요즘 퇴직하는 공무원들을 보면 답이 보인다. 퇴직할 때 퇴직금과 연금 중에서 선택할 수 있는데 퇴직금을 선택하는 경우는 거의 없는 실정이다. 자산은 여러 가지 위험을 내포하고 있기 때문이다.

그렇다면 가장 이상적으로 소득을 만들어 내는 방법은 무엇일까?

3층 보장론을 넘어 3층 소득론이 필요하다

3층 보장이란 국가가 국민 생활을 최저 수준으로 보장해 주는 사회 보장인 공적연금, 기업이 종업원의 안정된 생활을 보장해 주는 퇴직연금, 개인이 만족스러운 생활을 위해 스스로 준비하는 개인연금을 말한다. 이 세 가지가 적절하게 조화를 이루어야 노후가 든든하다.

3층 소득이란 무엇일까? 기나긴 노후를 보내는 동안 최소한 세 곳에서 소득이 발생하도록 준비해야 한다는 것이다. 3층 보장과 같은 의미일 수도 있지만 다른 의미를 지닌다.

다음에 소개하는 사례를 통해 비교해 보자.

이인출 씨(67세)는 퇴직금과 아파트 평수를 줄여서 남은 돈을 안전한 은행에 맡기고 매월 150만 원씩 찾아 노후 생활을 하고 있다. 은행 거래를 하니 안정성은 높지만 돈이 조금씩 줄어드는 것을 보면 마음이 편할 리 없다. 만일 금리가 많이 하락한다면 쓸 수 있는 돈이 자꾸 줄어드는 건 아닌지 높아지는 인플레이션에 대한 불안감도 크다.

임대용 씨(66세)는 상가를 임대하고 월세로 160만 원을 받아서 노후 생활을 한다. 현재 받는 월세에 향후 상가의 시세 차익까지 생각하지만 상권이 변하면 혹시나 공실이 생길 수도 있고 나이가 더 들면 상가를 관리하는 것도 어려울까 봐 걱정이다.

김삼득 씨(69세)는 일찍 준비한 국민연금에서 45만 원, 퇴직금의 일부를 가지고 가입한 즉시연금에서 40만 원, 아파트 월세 50만 원 해서 매달 135만 원을 받는다. 자금이 부족할 때는 정기 예금에서 인출한다.

당신은 위의 세 가지 사례 중 무엇이 가장 바람직하다고 생각하는가? 세 가지 사례 모두 월 생활비는 150만 원 내외다. 하지만 소득의 출처가 하나인지 세 가지 이상인지에 따라 평가가 달라진다. 긴 노후 기간에 생기는 여러 가지 환경 변화에 대응하려면 세 가지 이상의 소득원을 유지해야 한다. 이인출 씨나 임대용 씨처럼 소득이 한 곳에서만 나오는 노후 준비보다는 김삼득 씨처럼 다양한 소득원을 보유해야 현명한 노후 준비라고 할 수 있다.

부동산은 어느 정도 인플레이션을 대비할 수 있는 장점이 있다. 경우에 따라 다르겠지만 상권이 유지된다면 월세를 올릴 수도 있고 상가의 가격도 올라간다. 하지만 부동산이란 입지 환경, 부동산 정책, 상권의 변화 등 불확실한 요소가 많으므로 확실한 소득 보장이 쉽지만은 않다.

반면 개인연금 같은 금융 상품을 통한 연금 소득의 경우는 지급이 안 되거나 문제가 생길 가능성이 없는 안전한 방법이다. 하지만 금리가 낮아지거나 투자수익률이 하락하면 지급 금액이 줄어들 가능성이 존재하기 때문에 한 가지 방법으로 노후 생활을 준비하는 것은 바람직하지 않다.

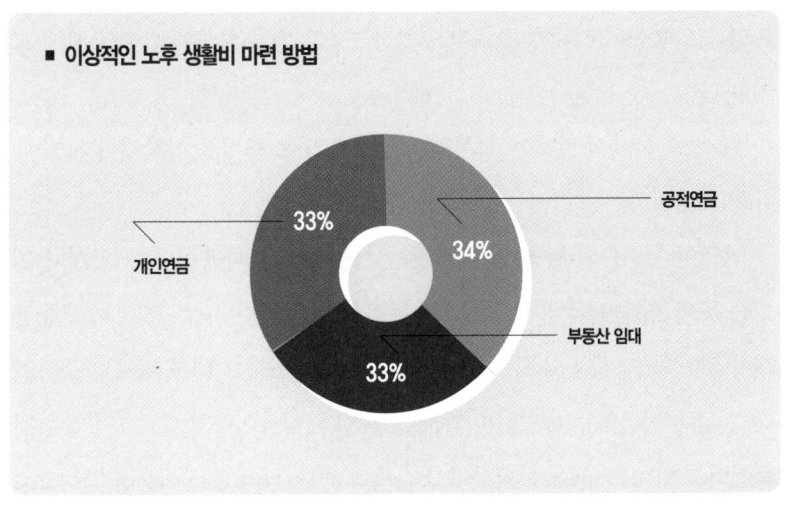

시간과 투자의 레버리지를 이용하자

　인생에 필요한 자금을 준비하다 보면 노후 자금은 자꾸 뒤로 밀리고 만다. 어쩔 수 없는 현실이다. 행복한 인생을 위해 급한 일보다 중요한 일을 먼저 하라고 하지만 말처럼 쉽지 않다. 급한 일을 먼저 하지 않으면 지금 바로 불편해진다고 생각하기 때문이다. 노후 준비를 처음부터 거창하게 시작할 수 없는 이유다. 아직은 결혼하고 집 사고 아이 키우느라 그럴 만한 여유가 없는 것이다. 그래서 노후 준비는 시간과 투자의 레버리지를 통한 방법을 권한다.

　앞에서 말한 3층 소득론에 의하면 공적연금과 개인연금 외에 노후 소득의 일부를 부동산 임대 소득으로 만들면 좋다고 했는데 이 부분만큼은 시간과 투자의 레버리지 효과를 기대하기 어렵다. 지금부터 조금씩 모아서 수십 년 후 임대용 부동산을 마련하기란 쉽지 않기 때문이다. 따라서 이 부분은 결혼 자금과 주택 자금 외에 다른 가능한 자금을 가지고 만들어 가야 한다. 만약 시간과 투자의 레버리지 효과를 극대화하고 싶다면 아주 적은 돈이라도 당신의 미래에 조금씩 송금하는 개연연금 상품에 관심을 가져 보기 바란다.

　3층 소득론에서 말하는 것처럼 연금으로 노후 준비를 시작해야 하는 이유는 무엇일까?

　적금이나 펀드와 달리 연금만 갖는 기능적 특징 때문이다. 적금이나 펀드는 묶기 효과가 낮아서 노후까지 돈이 남지 않는다. 최소 15년 이상 운용해야 하는 장기 상품의 특성상 원금 외의 이자 소득에 대한 과세도 중요한데, 연금은 현존하는 유일한 비과세 상품이다. 적금이나 펀드로 5억 원을 만들었다고 하자. 65세에 은퇴한다고 가정하면 연 2.8퍼센트 이율을 기준으로 연간 3,600만 원씩 인출할 경우 82세에 잔고가 바닥난다. 반면 연금 상품으로 5억 원을 만들면 연간 3,600만 원씩 죽을 때까지 지급을 보장받는다.

이벤트 자금, 때로는 자신에게 상을 주자

정해 놓은 예산 안에서 알뜰살뜰 아끼며 검소하게 지내지만 불편함 없으며, 인생의 마스터플랜에 맞춰 한걸음씩 나아간다는 만족감과 성취감은 돈을 안 써도 기분이 좋아지는 특별함이 있다. 말 그대로 안 먹어도 배부른 독특한 기쁨이다. 월급만으로 부자가 된 직장인은 모두 그런 기쁨에 중독된 사람들이다.

하지만 첫 월급의 70퍼센트를 저축으로 시작하고 목적 자금별로 뚜렷한 계획을 세워 저축하다 보면 팍팍한 일상에 몸과 맘이 지치는 날이 있다. 사막 속 오아시스처럼 때로는 기분 전환을 위한 이벤트 자금이 꼭 필요하다. 월 예산을 초과하는 여행이나 특별 소비 등에 대비할 수 있는 자금이 필요하다는 말이다.

놀 때 쓰는 돈도 일정한 예산을 두고 따로 모아 다른 돈과 섞이지 않게 관리해야 한다. 노는 데도 돈이 든다. 하지만 계획하고 놀면 새는 돈을 아낄 수 있다. 계획에도 없는 갑작스런 이벤트를 위해 결혼 자금, 주택 자금, 노후 자금에서 돈을 빼는 일이 생겨서는 안 된다.

외국계 회사의 회계팀장으로 근무하는 박수희 씨(30대)는 재무 설계 보고서를 받고 그대로 실천할 만큼 많은 저축과 투자 때문에 다소 팍팍하게 생활하지만 일정한 금액 안에서 자신에게 휴식을 선물한다. 해외 여행은

2년에 한 번, 국내 여행은 1년에 두 번, 생일이나 기념일에는 자신을 위한 선물 비용으로 50만 원 내외 지출이라는 이벤트 자금 룰을 운영하는 것이다. 매달 이벤트 자금 통장으로 30만 원씩 송금해서 매년 500만 원 수준을 유지하는 박수희 씨. 즉흥적인 이벤트 때문에 저축과 인생 계획이 자꾸만 어그러지는 많은 젊은이들에게 귀감이 될 만하다.

이벤트 자금은 철저하게 저축하고 월 예산 범위에서 소비한 자신에게 주는 비정기적인 상이다. 이벤트 자금은 얼마나 필요할까? 상황에 따라 다르겠지만 적절한 예산을 정해서 월급, 저축, 소비, 예비 통장과 별도의 통장에 나누어 놓고 주기적으로 일정 수준을 유지하도록 관리하면 훌륭한 이벤트 자금 통장이 될 것이다.

경제를 모르면 재테크감이 떨어진다

머니 트레이닝 20 DAYS

▫ 경제 관련 정보를 올바르게 얻고 나에게 잘 적용하는 방법을 생각해 보자.
▫ 금융 상품의 비용과 기대 성과에 대해 이해한다.

언제인가부터 세상을 살아가는 데 필요한 지식 가운데 많은 부분을 경제 지식이 차지하기 시작했다. 매일 접하는 뉴스의 첫머리나 끝마무리에는 어김없이 3대 경제 지표가 등장한다. 바로 금리, 주가, 환율이다. 그런데 일상에 파묻혀 정신없이 생활하다 보면 이런 경제 지표가 나와는 아무런 상관이 없어 보인다. 내가 주식을 갖지 않았으면 주가는 관심 밖의 일이 되고, 오늘 당장 해외 여행을 가거나 무역 업무를 하는 것이 아니라면 환율은 큰 의미 없는 숫자에 불과하다. 은행에 돈을 맡기거나 빌린 일이 없다면, 설사 그런 일이 있다 해도 매일 변하는 시장의 금리 변화가 크게 와 닿지 않는다.

오랜 시간 경제에 관심을 두지 않으면 경제의 흐름을 잘 이해하지 못해서 지금 당장은 불편함이 없더라도 결정적인 판단을 할 때 재테크감이 떨어질 수 있다. 우리가 사는 사회는 돈 문제, 다시 말해 경제 문제가 어떤 방식으로든 연관되어 있는 터, 인생에서 마주치는 수많은 선택의 순간에 현명한 결정을 못 할 수도 있다.

경제를 쉽게 읽지 못하는 이유는 어려운 경제 용어 때문이다. 바쁜 일상 중에 시간을 내서 일일이 찾아보거나 학습할 시간도 부족하다. 그렇다면 어떻게 경제를 알아 가는 것이 좋을까? 몇 가지 실천할 수 있는 경제 지식 함양 방법을 제시하고자 한다.

첫째, 3대 경제 지표를 매일 확인한다. 매일 바뀌는 경제 지표의 숫자가 무슨 의미가 있는지 당장 이해되지 않는다 하더라도 관심 있게 보라는 뜻이다. 사실 경제 지표의 방향은 딱 두 가지밖에 없다. 오르거나 또는 내리거나. 오늘은 주식이 올랐는데 금리는 떨어지고, 오늘은 환율이 올랐는데 주가는 떨어지는 식으로 반복되는 것이 경제 지표다. 이 뜻 모를 숫자를 계속 확인하는 것이 과연 의미가 있을까?

한 달 정도 지나면 묘하게 추세라는 것이 눈에 들어오기 시작한다. 예를 들어 금리는 오르고 내리고를 반복하지만 전반적으로 오르는 추세구나, 주가는 오르고 내리고를 반복하지만 내려가는 추세구나 하는 흐름이 눈에 들어오기 시작하면 그때부터 경제 지표와 함께 전해지는 뉴스의 경제 단신들이 내가 확인하는 경제 지표의 숫자와 맞물려서 들리기 시작한다. 물론 시간을 내서 경제를 공부하고 경제 지표의 변동을 공부한다면 더할 나위 없이 좋겠지만 그렇지 못하기 때문에 매일 경제 지표를 확인하는 일은 아주 작은 시작이지만 경제를 읽는 눈썰미를 키우는 첫걸음이 된다.

둘째, 경제 기사를 매일 세 편 이상 정독한다. 첫 번째 내용의 연장선상일 수도 있다. 첫 번째 과제를 한 달 이상 실천하면 시키지 않아도 경제 기사를 읽는 습관이 생긴다. 주의해야 할 점은 경제 기사 타이틀에 신경 쓰지 말라는 것이다. 보통 타이틀을 보고 내용을 단정하거나 판단하는 경향이 강하다. 하지만 경제 지식을 쌓는 데 악영향을 미치는 대표적인 악습이다. 100퍼센트 이해되지 않아도 끝까지 읽는 습관이 필요하다. 이 과제를 6개월 이상 실천한 사람들은 입을 모아 말한다. "자꾸 똑같은 이야기가 반복되네요."

경제 기사를 6개월 이상 꾸준히 읽으면 왜 이런 말을 하는 걸까? 경제가 계속 반복되기 때문이다. 자본주의 경제의 축소판이랄 수 있는 주식 시장에 이런 격언들이 있다. '주식 시장은 제목만 다를 뿐 줄거리는 항상 똑같은 연극을 무대에 올리는 극장 같다.' '지하철과 주식은 뒤쫓아 가려고 애쓸 필요가 없다. 조금만 인내심을 갖고 기다리면 기회는 또 온다.'

추세가 눈에 들어온다면 자연스레 공부로 이어질 것이다. 흥미도 없이 덥석 책부터 사서 공부하지 말라는 의미다. 몇 장 넘기다 그 책을 영원히 덮어 버릴 우려가 크다.

셋째, 사업을 경영하는 지인과 자주 대화한다. 엄밀히 말하면 대화라기보다 경청한다는 쪽이 맞다. 경제 서적에나 나오는 딱딱한 지식이 아니라 실물 경제와 연관된 살아 있는 현장 이야기가 훨씬 의미 있고 경제 지식을 쌓는 데도 도움이 되기 때문이다. 그러면서 경제 지표가 나의 주머니와 무슨 연관성이 있는지 계속 상상해야 한다. 예를 들면 미국에 금리 인상 분위기가 있다는 기사를 보고 맞든지 틀리든지 나 혼자 상상해 보는 것이다. 경제는 절대 공식으로 움직이지 않는다. 요즘은 예측을 벗어나는 경우가 더 많다.

대출 상환이 먼저인가,
저축이 먼저인가

　상담을 하다 보면 대출을 갚는 게 먼저인지, 저축이 먼저인지 우선순위를 묻는 일이 많다. 따져 보면 어렵지 않은 질문이다. 대출 금리는 4퍼센트인데 적금 금리는 3퍼센트라면 당연히 매달 여유 자금 100만 원으로 대출 상환을 해야 한다. 물론 100만 원이란 여유 자금 사용 가치가 연 3퍼센트밖에는 안 된다는 고정된 틀에서만 적용되는 사실이다. 매달 100만 원이란 돈이 어딘가에 투자되어 사용 가치가 훨씬 더 높아진다면 3퍼센트의 이자 월 2,500원을 줄이기 위해 대출을 상환하는 것은 오히려 기회 비용의 손실일 수도 있다.

　100만 원이면 보증금 5,000만 원에 월세 50만 원짜리 상가에서 커피숍을 운영할 수 있는 돈이다. 커피숍에서 이자와 임대료를 제하고 매달 200만 원의 순수입을 낸다면 100만 원의 사용 가치는 3퍼센트가 아니라 30퍼센트 이상 되는 것이다. 무턱대고 대출을 상환할 것이 아니라 원금 상환액을 활용하여 더 높은 사용 가치를 발휘할 곳이 있는지 점검해 봐야 한다.

　여윳돈을 활용하지 않고 통장에 놔둔 채 대출 상환을 미루는 것은 곤란하다. 그런 경우는 대출을 상환하는 것이 맞다. 조금만 눈을 돌려 보면 사용 가치를 높일 수 있는데도 3퍼센트대 초저금리 대출의 원금 상환을 강박적으로 서두르는 모습은 이해할 수 없다. 반대로 마땅히 저축을 하지도 않으면서 저금리라는 이유로 대출 상환을 미루는 것도 바람직하지 않다. 필자는 5 대 5의 원리를 활용하는 편이다. 매달 대출 상환을 하다가도 어느 순간엔 대출 상환을 미루고 상환하던 금액을 고스란히 소비로 지출하는 경우가 있기 때문에 저축과 대출 상환을 5 대 5로 하여 일부는 저축과 투자를 하고 일부는 상환을 하는 것이다.

똑같은 돈이라도 사용 가치를 높인다면 대출 비용은 절약하고 수익률은 올리는 일석이조의 효과가 있다. 내가 가진 돈이 적재적소에서 높은 사용 가치를 발휘하는지 항상 생각해 보는 지혜가 필요하다.

금융 상품의 비용과 기대 성과를 알면 재테크에 성공한다

10만 원짜리 저축 또는 보험이나 연금 같은 금융 상품에 가입했다고 하자. 우리는 10만 원짜리를 산 것이 아니다. 적금은 길면 3년, 연금은 약 10년, 보험은 20년 가까이 내기도 한다. 10만 원이 아니라 360만 원, 아니 1,200만 원 또는 2,400만 원짜리를 사는 셈이다. 금융 상품의 장점과 단점 그리고 특징을 정확히 알아야 잘못 가입하거나 내게 맞지 않는 상품 가입을 피할 수 있다. 금융 상품 비용에 대해서도 대수롭지 않게 생각하고 넘어가는 경우가 많은데 이번 기회에 금융 상품의 시간 비용과 금전 비용을 이해하자.

금융 상품에는 기회 비용, 금융 비용, 상품 비용이 있다.

100만 원짜리 저축에 가입한다면 매달 100만 원으로 할 수 있는 다른 기회를 버리고 정기 적금을 선택한 것이므로 이 정기 적금은 다른 기회를 저버린 비용을 지불하고 가입한 셈이다. 이것을 기회 비용이라고 한다.

100만 원을 투자해서 10퍼센트의 수익이 난다면 100만 원을 빌려 3퍼센트의 이자를 지불하고라도 투자할 것이다. 매달 100만 원을 투자하는 상품에 가입하기 위해 돈을 빌리는 데 들어가는 비용(이자)을 금융 비용이라고 한다.

상품 비용이란 금융 상품에 가입한 후 이 상품이 만기가 되기까지 상품 자체에서 떼는 제도상의 비용을 말한다. 투자형 상품의 운용 보수나 보험의 사업비(계약 체결 비용 및 유지비) 등이 있는데, 고객 입장에서는 국가에 납입하는 이자소득세도 비용이라고 볼 수 있다.

비용의 공제 내용과 방법을 이해하기 위해 은행의 정기 적금, 자산운용사의 적립식 펀드, 보험사의 (투자형) 변액연금 상품에 붙는 기간별 비용을 알아보자.

상품명	비용	관련 기관	운용 방식	사용 목적	장점과 단점
정기 적금	이자소득세	**판매 기관** 은행, **운용 기관** 은행	시중 금리 변동 방식	2년 내 단기성 목적 자금	**장점** 목돈 마련이 용이하고 5,000만 원까지 예금자 보호가 된다. **단점** 이율이 낮고 이자소득세가 차감되어 실제 수익률이 매우 낮다.

은행의 정기 적금 상품은 단기(1~2년)에 목돈을 마련할 때 적합하다. 만기 전에 해지하면 약속된 금리를 모두 적용받지 못하지만, 원금이 보장되는 점과 금융 기관이 파산하더라도 5,000만 원까지 예금자 보호가 된다는 장점이 있다. 하지만 인플레이션을 감안하면 실제 실효 수익률이 마이너스에 가깝고 낮은 이율과 이자소득세(15.4퍼센트)로 인하여 명목 수익률도 매우 낮은 것이 단점이다. 은행의 정기 적금이 만기까지 가는 경우가 절반

이하라는 통계에서 보듯이 이자 외 원금이 보장된다는 점이 오히려 묶기 효과를 약화시켜서 돈이 잘 모이지 않을 수도 있다. 금액과 사용처가 뚜렷한 목적 자금을 위한 단기 저축에 사용하는 것이 바람직하다.

상품명	비용	관련 기관	운용 방식	사용 목적	장점과 단점
펀드	판매 보수, 운용 보수, 수탁 보수	**판매 기관** 은행, 증권사 **운용 기관** 자산운용사 **수탁 기관** 은행	투자 실적	3~5년 단중기 목적 자금	**장점** 단중기로 목돈을 모을 때 투자 실적이 좋을 경우 정기 적금보다 높은 수익률을 기대할 수 있다. **단점** 투자 실적이 나쁠 경우 원금 손실의 위험이 있다.

펀드는 여러 측면에서 볼 때 단중기(3~5년) 자금을 운용하기에 적합한 상품이다. 펀드는 투자수익률이 좋으면 수익률이 높지만 그렇지 못할 경우 원금 손실의 위험이 있다. 단기간보다는 3년 이상 운용해야 장기 투자 효과가 나타나서 수익률이 좋아질 확률이 높다. 비용은 상품마다 다르지만 판매사의 판매 보수와 실제 펀드를 운용하는 자산운용사의 운용 보수 그

상품명	비용	관련 기관	운용 방식	사용 목적	장점과 단점
개인 연금	**사업비** 계약 체결 비용, 계약 관리 비용	**판매 기관** 은행, 보험사 **운용 기관** 금리형은 보험사, 변액은 자산운용사	**금리형** 시중 금리 적용 **투자형** 투자 실적	10년 이상 장기 노후 자금 장기 목적 자금	**장점** 장기적으로 노후 자금을 마련할 수 있으며 이자 소득세가 면제되어 투자수익률이 극대화된다. **단점** 단기에 해지하거나 투자 실적이 악화되면 원금 손실의 위험이 있다.

리고 돈을 보관하는 수탁 보수 등이 있다.

개인연금 상품은 장기(10년 이상) 목돈 마련이나 노후 생활비 마련을 목적으로 하는 장기 운용에 적합한 상품이다. 10년 이상 장기 운용 시 발생하는 이자 수익에 대해 이자소득세가 면제되고, 연금 수령 시 안정된 생활비가 지속적으로 나온다는 장점이 있다. 하지만 단기 해지하면 초기 사업비 공제로 인해 원금 손실이 있으며 투자형인 변액 상품의 경우 투자수익률이 나쁘면 원금 손실의 위험이 있다. 하지만 단기가 아닌 10년 이상의 투자는 장기 투자 효과와 비과세 효과가 크게 나타나 단기 상품을 여러 번 운용하는 것보다 유리한 측면이 있다. 장기 목적 자금, 즉 노후 자금 같은 목적을 위해 가입하는 것이 바람직하다.

상품별 특징을 살펴보면 다음과 같다.

■ **적금과 펀드, 연금 비교하기**

정기 적금 연 3퍼센트 적립식 펀드와 변액연금 연 7퍼센트 시 월 100만 원 10년 납입 이후 10년 거치 총 20년 투자 비교(펀드 판매, 운용 보수 평균 2.5퍼센트 사업비 10퍼센트 적용 시)

구분		정기 적금	적립식 펀드	투자형 연금
예상 금액		1억 7,874만 원	2억 7,599만 원	2억 5,820만 원
비용	이자소득세	904만 원	채권형 30퍼센트 가정 시 508만 원	없음
	운용 보수	없음	2,820만 원	0.4~0.04퍼센트
	사업비	없음	없음	1,128만 원
최종 만기 금액		1억 6,970만 원	2억 4,271만 원	2억 4,692만 원

※ 본 상품 비교는 상품의 특징을 설명하기 위한 가정으로 실제 상품의 내용과는 차이가 있을 수 있다.

첫째, 정기 적금 상품: 20년 예상 비용 904만 원(3퍼센트 적용 시)

20년간 정기 적금을 붓는 경우 단리 상품으로 금리 3퍼센트 수준을 가정하여 계산해 보면 만기 시 이자소득세 15.4퍼센트라는 비용으로 904만 원 정도 차감된다. 단기 목돈 마련에 적합한 상품이라 장기간 운용하면 점점 더 불리해진다. 이러한 비용 공제 방식은 나중에 뗀다고 하여 후취형 비용 방식이라고 한다.

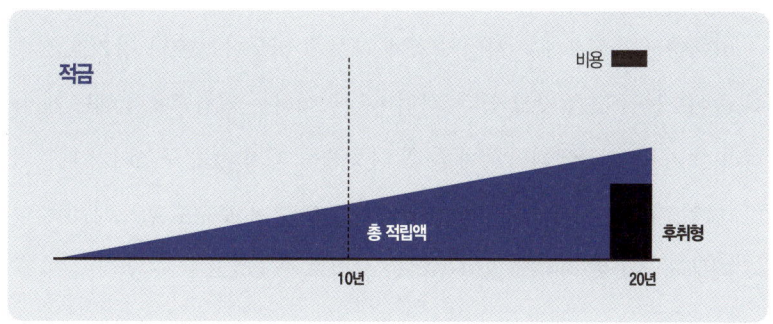

둘째, 적립식 펀드 상품: 20년 예상 비용 2,820만 원(7퍼센트 적용 시)

적립식 펀드는 처음에는 비용이 적으나 갈수록 높아지는 구조를 갖고 있다. 운용 보수의 경우 납입 금액에서 비용을 공제하는 것이 아니라 적립

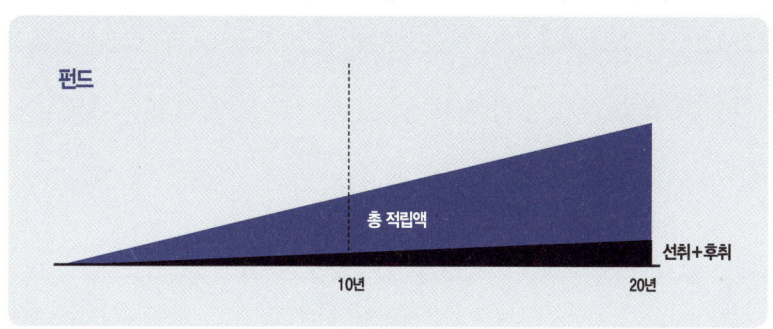

금에서 공제하는 방식이므로 원금과 수익으로 적립 금액이 계속 늘어나면 보수가 갈수록 커지기 때문이다. 물론 장기로 갈수록 장기 투자 효과로 수익률도 높아질 가능성이 크겠지만 비용도 그만큼 계속 증가하는 구조다. 판매 보수처럼 먼저 떼는 방식과 운용 보수처럼 나중에 떼는 방식 둘 다 적용하므로 선취형과 후취형 비용 방식 모두 갖고 있다.

셋째, 개인연금(변액) 상품: 20년 예상 비용 1,128만 원(7퍼센트 적용 시)

변액연금은 처음에는 사업비 공제 때문에 비용이 높으나 장기로 갈수록 줄어드는 구조를 갖고 있다. 사업비를 늘어나는 적립액에서 떼는 게 아니라 초기 납입 금액에서 공제한 후 나중에는 떼지 않는 구조이기 때문이다. 납입 기간이 지난 이후에는 사업비가 없고 운용 보수도 펀드에 비해 낮기 때문에 초반에 비용을 많이 취하는 선취형 구조라고 할 수 있다.

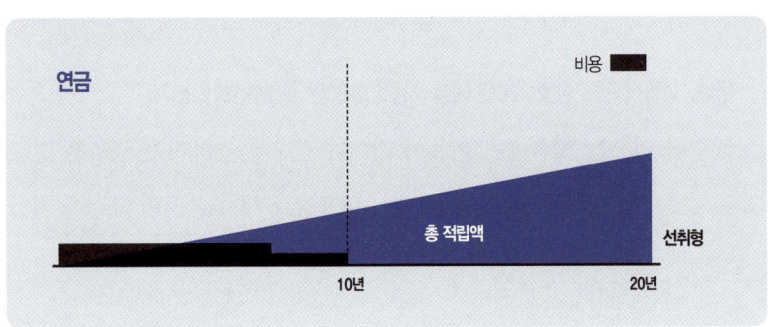

현명한 소비 습관 만들기

머니 트레이닝 21 DAYS

▫ 고정 지출과 변동 지출 중에서 현명하게 줄일 수 있는 방법을 찾아보자.
▫ 소예산 관리 방법을 이해하고 실천해 보자.

현명하게 지출을 통제하는 방법

불편함을 최소한으로 줄이면서도 지출을 통제하고 싶다면 우선 월 지출 내용을 정확하게 파악해야 한다. 이를 위해 다음의 표를 작성하면서 나의 월 지출을 확인해 보자. 내가 한 달 동안 어떤 항목으로 얼마큼 사용하고 있는지 꼼꼼히 체크하는 기회가 될 것이다. 막연하게만 생각했던 금액들도 정확하게 알 수 있다. 단 변동 부분이 있으므로 적어도 6개월 치 카드 청구서를 보면서 그 평균값으로 월 지출을 적는다. 명절, 계절 옷 구입, 생일, 경조사 등 평상시에 사용하지 않는 비용은 제외한다.

고정 지출		변동 지출	
과목	금액	과목	3~6개월 월 평균
Ⅰ. 경직성 고정 비용		Ⅲ. 외식비	
대중교통비		커피 값(전문점)	
중식비		외식비	
월세와 관리비			
인터넷 사용료와 기타 공과금		소계 ③ :	
부모님 생활비(정기적)		Ⅳ. 문화생활비	
기타		공연 관람	
소계 ① :		도서 구입	
Ⅱ. 탄력성 고정 비용			
통신비		소계 ④ :	
대출 이자		Ⅶ. 쇼핑비	
주유비(업무용 제외)		의류 구입	
모임 회비와 학원		기타	
기타			
소계 ② :		소계 ⑤ :	
고정 지출(①+②)	만 원	변동 지출(③+④+⑤)	만 원

위의 지출 내역은 평상시 사용하는 내용만 기재한 것으로 카드 명세서를 꺼내서 지난 수개월간의 사용 내역을 되짚어 보면 각 지출 항목 중 유독 지출이 과다한 항목이 있을 것이다. 왜 그런지 원인을 생각해 보자.

고정 지출 항목에 새는 돈은 없는가

　고정 지출을 줄여 보자. 앞에서 작성한 고정 지출 내용을 보면 아무리 눈 씻고 찾아봐도 줄일 것이 없다고 생각할 수 있다. 특히 경직성 고정 비용은 여간해서는 줄어들지 않는다. 하지만 고정 지출은 한번 줄여 놓으면 그만큼 저축 여력이 높아질 수 있으며, 아무리 작은 돈이라도 1년이면 열두 달이니 그만큼 줄어드는 효과가 발생한다. 특히 탄력성 고정 비용을 보면 불필요하거나 과다해서 개선의 여지가 있는 것들을 찾을 수 있다.

　고정 비용은 매달 같은 돈이 지출되다 보니 익숙해져서 무감각해지는 부분이 있는 게 사실이다. 나에게 불필요하거나 과다한 부분이 있다면 지혜롭게 줄이는 방법을 생각해 보자. 예를 들어 통신비는 내가 사용하는 패턴과 요금제가 잘 맞는지, 혹시 과다하지 않은지 주의 깊게 살펴봐야 한다. 대출 이자도 마찬가지다. 고정 지출을 제대로 파악하고 아끼다 보면 작은 차이지만 긴 시간이 지나면서 큰 차이를 만들 수 있다. 나의 고정 지출 항목 중 불필요하거나 과다한 것이 있는지 찾아보자.

　이제 현재의 월 소비 금액을 그대로 유지해도 당신이 세운 저축 계획을 실행할 수 있는지 확인해 보자. 만일 그렇지 못하다면 월 예산을 줄이고 줄어든 예산만큼 실제로 지출을 줄여야 한다. 무엇을 줄일 것인지 우선순위를 생각해 보자.

　허유정 씨(30세)는 자타가 공인하는 월급 관리형이다. 계획하지 않은 충동 구매는 절대 하지 않으며 데이트 비용도 공동으로 기금을 만들어서 알뜰하게 지출한다. 그런데 상담 후 고정 지출이 많다는 얘기를 듣자 당황하는 기색이 역력했다. 그녀는 당장 고정 지출 내용을 꼼꼼히 점검한 뒤 줄일 수 있는 것은 과감히 줄이는 작업에 들어갔다. 그녀가 줄인 고정 지출 감소 내용과 그 팁을 소개한다.

■ 허유정 씨의 고정 지출 내용

변경 전	변경 후
월세 60만 원	월세 40만 원
통신비 10만 원	통신비 6만 원
교통비 10만 원	교통비 8만 원
인터넷 TV 5만 원	인터넷 TV 3만 원
관리비 5만 원	관리비 5만 원
동생 용돈 10만 원	동생 용돈 비정기로 변경
부모님 용돈 10만 원	부모님 용돈 10만 원
대출 이자 14만 원	대출 이자 11만 원
124만 원	83만 원(-41만 원)

1 | 월세 줄이기

소득에 비해 월세가 비싼 집은 지속적인 고정 지출을 늘리는 주원인이다. 우선 보증금 5,000만 원에 월세 60만 원짜리에서 보증금 8,000만 원에 월세 40만 원짜리로 이사하여 월세를 줄였다. 보증금을 올린 돈은 결혼 자금으로 예금해 놓은 3,000만 원을 활용했다. 예금 금리는 2퍼센트에 불과하지만 월세 금리는 5~6퍼센트에 달하기 때문에 잘 찾아보면 보증금 1,000만 원당 월세 5~6만 원을 줄일 수 있다. 낮은 예금 금리를 감안하면 훨씬 이익이 되는 셈이다.

2 | 통신비와 인터넷 TV 요금 줄이기

전화 한 통으로 해결했다. 평상시 무심코 지나쳤는데 통신 회사에 전화를 걸어 나의 통신 요금 패턴을 조회해 보니 무료 통화는 45퍼센트, 무료 문자는 5퍼센트, 데이터는 83퍼센트밖에 사용하지 않았다. 요금이 부과되는 앱 중 사용하지 않는 부가 서비스도 전부 삭제했다. 복잡한 고지서를 보면서 고민할 필요 없이 전화 한 통으로 나에게 맞는 요금제를 찾아 자주 변경하기를 권한다.

3 | 교통비 줄이기

대부분의 직장인들이 교통비가 생각보다 많이 나오는 이유는 간단하다. 아침에 늦게 일어나서, 친구들 모임이 늦게 끝나서, 야근 후 피곤해서 택시 타는 일이 잦기 때문이다. 현금을 사용하거나 카드로 결제하다 보니 한 달에 택시비로 얼마나 쓰는지 제대로 파악하지 못하는 경우가 많다. 따라서 교통비 할인 카드로 별도의 교통비 카드를 만들어서 교통비 누적 금액을 그때그때 확인하면 도움이 된다. 너무 많이 쓴 달에는 택시 타는 일이 자연스럽게 줄어든다.

4 | 부모님 용돈과 동생 용돈

부모님께 드리는 돈은 한번 올린 금액을 낮추기가 쉽지 않다. 부모님께 상황을 설명하고 꾸준히 드릴 수 있는 금액을 설정하는 것이 바람직하다. 동생 용돈은 명절이나 생일, 기념일 등 특별한 경우에 주는 비정기적 용돈으로 변경하는 것이 좋다.

5 | 대출 이자 줄이기

신용 대출은 아무런 담보 없이 신용으로만 대출해 주는 만큼 금리가 높다. 다행히 연봉 이하로 제한하는 경우가 많아서 거액의 대출은 어렵지만 5,000만 원 내외는 전세 자금 대출로 전환하면 1~1.5퍼센트 이상 낮은 금리로 갈아탈 수 있다. 신용 대출에 비해서 준비 서류나 과정이 약간 복잡하지만 3,000만 원이면 많게는 월 5만 원 이상의 고정 비용을 줄일 수 있다.

변동 지출을 줄이는 소예산 관리

불필요한 부분을 줄이면 저절로 지출 금액이 줄어드는 고정 지출에 비해 매월 사용하는 곳이 달라지는 변동 지출은 관리하기가 어렵다. 정확한 월 예산을 정하고 소비 통장에 그 예산을 송금해서 소비하는 것이 최우선 과제다.

하지만 아무리 신경 써도 지출이 갑자기 커지는 경우가 생긴다. 이때 사용하는 지출 관리 노하우가 소예산 관리법이다. 직장에서 부서별 예산을 사용하는 경우를 예로 들어 보자. 예산은 하나의 항목으로만 존재하지 않고 사용 성격에 따라서 소예산으로 구분되어 있다.

소예산 구분은 소비의 성격을 명확히 하고 하나의 용도에 과다한 지출이 이루어지지 않도록 통제하는 역할을 한다. 이러한 소예산 관리 방법을 개인의 변동 지출 관리에 적용한다면 변동 지출을 효율적으로 관리할 수 있다.

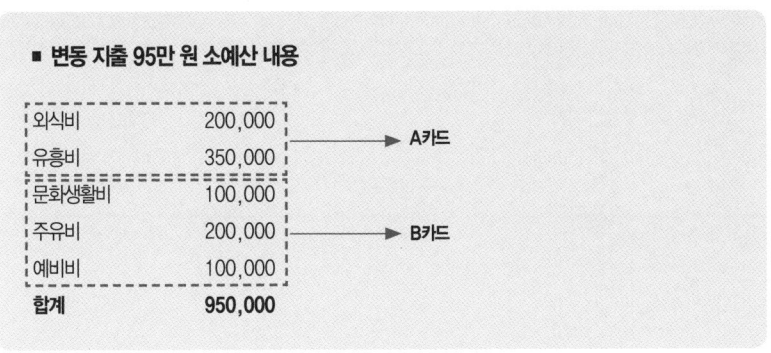

지출 내용별로 체크카드 또는 신용카드를 분리해 사용하여 청구서가 따로 나오게 하면 더욱 좋다. 예를 들어 외식비와 유흥비 예산에서 돈을 사용해야 하는 경우 요식업에서 할인이나 혜택이 주어지는 체크카드 또는 신용카드를 사용하고, 영화 관람 같은 문화생활비와 주유비 예산에서 돈을 사용해야 하는 경우에는 또 다른 신용카드를 사용함으로써 각각의 예산이 범위 내에서 잘 사용되는지 자동으로 체크되는 방법을 이용하는 것이다. 실제로 지출 내용별 소예산 관리를 위해 어떤 곳에서 주로 결제하는가에 따라 혜택이 달라지는 신용카드 상품이 나와 있으니 자신의 소비 패턴에 맞춰 알맞은 상품을 활용하기 바란다.

"구슬도 꿰어야 보배."라는 속담이 있다.

그동안 자신의 문제점과 월급 관리를 혁신해야만 하는 진정한 의미를 깨달았다면 이제 실행하는 일만 남았다. 우리는 언제나 눈앞의 급한 일에만 파묻혀서 정작 중요한 일을 놓치는 경우가 많다. 6단계에서는 실제로 금융 기관을 방문하고 상품에 가입하는 등 나의 월급 관리를 혁신하는 행동을 병행하는 과정이다. 지금부터 안내하는 순서에 맞추어 하나하나 행동으로 옮기는 변화의 시간을 즐기기 바란다.

스마트한 월급 관리의 법칙

6단계

스스로 만드는 스마트한 월급 관리

통장 쪼개기와 부스러기 빚 정리하기

- 은행을 방문해 통장을 나눈다.
- 신용카드를 없애고 체크카드 생활을 시작한다.

반나절 투자로 끝내는 중요한 일들

바쁘게 일하다 보면 은행 가는 일을 차일피일 미룰 때가 많다. 통장 쪼개기, CMA 통장 만들기, 마이너스 통장과 소비 통장 분리하기 등 생각은 있는데 일상에 파묻혀 하루 이틀 미루다 몇 개월, 심지어 1년을 넘기곤 한다. 일상을 잠시 멈추고 반나절만 투자해 보자. 반차 휴가를 낼 수 없다면 일주일만 점심 시간을 반으로 줄여 보자. 반나절 투자로 은행 일을 끝낼 수 있다면 손에 잡히는 월급 관리가 그만큼 앞당겨질 것이다.

첫째, 월급 통장과 소비 통장 정하기

월급 통장은 매달 월급이 들어오는 통장으로 자금을 각 통장에 뿌려 주는 모(母) 통장 개념이다. 월급 통장에 신용카드나 체크카드, 현금인출카드가 설정되어 있다면 당장 소비 통장으로 전환하자. 새롭게 소비 통장을 만들고 새로운 통장으로 각종 카드 대금 이체를 옮기는 번거로움을 줄일 수 있다. 그리고 은행에 가서 자유입출금 통장을 만든다. 새롭게 만든 통장을 월급 통장으로 정해서 회사 인사과에 제출하면 된다. 이제 월급 통장과 소비 통장을 분리했다. 체크카드가 없다면 당장 은행에 가서 발급받자.

둘째, 저축 통장 정하기

저축 통장을 따로 두지 않고 월급 통장에서 저축 금액이 빠져나가게 하는 것은 절대 금물이다. 반드시 저축 통장을 따로 만들어야 한다. 이제 각종 적금, 펀드, 보험, 연금 상품의 자동 이체를 월급 통장에서 저축 통장으로 옮긴다. 은행, 증권사, 보험사의 고객센터에 전화해서 처리하면 된다. 이 기회에 그동안 궁금했던 가입 상품 정보를 문의하고 기록해 놓는다. 특히 보험은 증서가 있는데 잃어버렸다면 메일 또는 우편으로 증서 재발행을 청구한다. 이체 날짜는 말일을 피하되 월급날 2~3일 이내로 설정한다.

셋째, 예비 자금 통장 만들기

수시 입출금을 하더라도 일정한 수익을 생각한다면 예비 자금 통장으로 CMA 통장을 만들어 보자. 우선 증권사를 방문한다. 증권사도 은행처럼 업무 처리 시간이 있기 때문에 시간을 확인하고 내방한다. CMA 계좌는 네 가지인데, 예비 자금의 입출금이 빈번하다면 RP형 또는 MMF형을, 입출금이 빈번하지 않다면 종금형이나 MMW형을 선택한다. CMA 계좌를 만들면 현금인출카드처럼 CMA카드를 발급해 주는데 증권 회사의 HTS(home trading system)로 인터넷 뱅킹만 사용할 것이 아니라면 함께 발급받는 것이 편리하다. 예비 자금 통장, 즉 저수지 역할을 하는 통장을 만들었다면 저수지에 물을 채우듯 예비 자금을 송금한다.

넷째, 이벤트 자금 통장 만들기

기존에 있는 여분의 통장을 사용하거나 CMA 통장을 하나 더 개설하여 이벤트 자금 통장을 만든다. 월급과 매달 쓰는 소비 자금 그리고 저축과는 완전히 다른 현금 흐름인 이벤트 자금을 한 곳에 모아 두면 절대 안 된다. 당장 쓸 돈도 아닌데 통장에 넣어 두는 게 맞는지 의문이 들 수 있다. 아마도 수천만 원을 이벤트 자금 통장에 넣어 두지는 않을 것이다. 이벤트 자금은 여행이나 특별 이벤트, 그러니까 소비를 위해 대기하는 돈이다. 다른 돈과 섞이지 않아야 하고, 반드시 이 범위 안에서만 사용해야 하며, 목표로 한 금액이 모이기 전에는 사용하지 말아야 한다.

다섯째, 마이너스 통장을 독립 통장으로 만들기

마이너스 통장을 사용한다면 이제 마이너스 통장에서 현금 입출금이 생기지 않도록 마이너스 통장을 홀로 외롭게 두자. 저축 계획 중에 대출 원금을 상환하는 내용이 있다면 매달 원금을 갚아 나가는 돈만 입금하고 이자가 인출되는 통장으로 두어야 한다. 본인이 세운 상환 계획에 따라서 마이너스 대출 금액이 조금씩이라도 줄어드는 모습을 눈으로 감상해 보자. 지금처럼 마이너스 통장에 다른 돈들이 끊임없이 들어오고 나감을 반복한다면 착시 현상으로 인해 마이너스 대출을 상환하지 못할 우려가 크다. 지금 당장 마이너스 통장과 월급 통장, 저축 통장, 소비 통장을 분리하자.

지금까지 열거한 내용을 이미 다 끝내서 할 일이 없을 수도 있다. 하지만 아직 완결하지 못한 부분이 있다면 하나씩 체크하면서 보완하고 마무리하자. 드디어 월급 관리의 사륜구동식 통장과 스페어 타이어 같은 별도의 이벤트 자금 통장이 만들어졌다. 이제 사륜구동식 통장 시스템에 스스로 세운 소비와 저축 계획을 태워서 멋지게 달리는 일만 남았다. 당신이 계획한 저축 예산을 제외한 월 소비가 예산 범위 내에서 무난히 잘 지켜진다면 아무런 문제가 없다.

혹시 목표한 소비 예산 범위를 잘 지켜 낼 자신이 없다면 고정 지출 줄이기와 소예산 관리를 통해서 일상의 지출을 컨트롤하는 노력이 필요하다. 그럼에도 불구하고 소비 컨트롤이 어렵다면 최후의 방법은 신용카드를 사용하지 않는 것이다.

여섯째, 신용카드 생활에서 탈출하기

당신은 신용카드 없이 생활할 수 있는가? 당연히 가능하다. 시도해 보지 않았을 뿐이다. 대출은 담보 대출, 신용 대출, 마이너스 통장만이 아니다. 엄밀히 말하자면 이번 달 당신의 카드 값 청구서가 바로 그 부스러기 빚이다. 당신이 지난달에 외상으로 사용한 금액을 한 달 후인 지금 갚는 것이기 때문이다. 당신이 처음 신용카드를 쓴 그 첫 달만 무이자로 자금을 빌려서 사용한 것이지, 그 이후에는 계속 자금을 빌려서 지난달에 빌린 금액을 메우는 빚의 순환이 계속되고 있는 것이다. 신용카드 생활에서 벗어나고 싶다면 이번 달에 부스러기 빚을 정리하고 당장 지금부터는 체크카드를 사용해 보자. 이번 달 소비 통장에는 전월 부스러기 빚 정리 자금과 이번 달 월 소비 예산을 함께 입금해야 한다(그림 ⓐ+ⓑ).

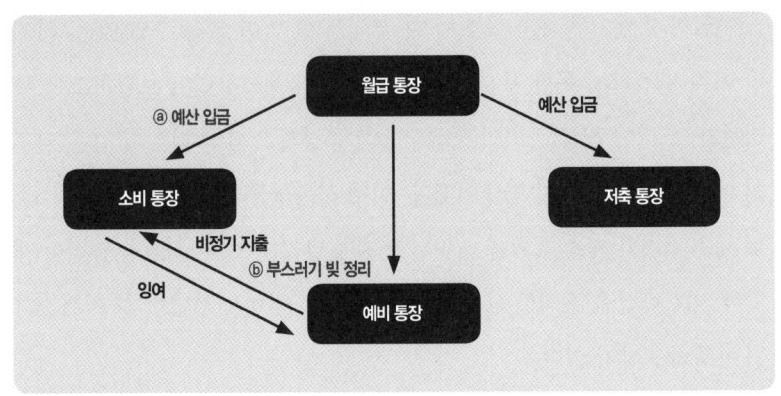

지난달에 사용한 신용카드 금액까지 부스러기 빚으로 정리하면 쓴 돈을 갚는 구조에서 완전히 벗어나 수중에 지닌 돈을 쓰는 현금의 선순환 구조로 들어선다. 하지만 반드시 신용카드를 꺾어 버리고 현금과 체크카드만 써야 하는 것은 아니다. 월 소비 예산을 정확하게 지킨다면 신용카드를 사용해도 크게 문제 되지 않는다. 월 소비 예산 범위 내에서 쓰는 것이 어려울 때 권하는 방법일 뿐이다. 신용카드를 버리고 체크카드만 사용한다면 부스러기 빚에서 벗어난 자유를 누릴 것이다.

하지만 신용카드를 쓰지 않겠다고 굳게 결심해도 여러 번 고비가 찾아온다. 매달 반복되는 소소한 소비가 아니라 비정기적인 큰 소비라면 또다시 신용카드가 등장하여 무이자 할부로 당신을 유혹하기 쉽다. 월 예산을 초과하는 소비의 경우 예비 자금의 도움을 받으면 된다. 무이자 할부나 포인트 적립의 유혹을 떨치고 체크카드만 사용해 보자.

머니 트레이닝 23 DAYS

적금과 펀드로 라인업을 완성하라

□ 적금과 펀드의 올바른 가입 방법을 알아본다.
□ 적금과 펀드 상품을 고르는 기준을 제대로 파악한다.

기본이 되는 적금부터 시작하라

월급 관리를 제대로 하기 위해서는 적금, 예금, 펀드, 연금, 보험 등 다양한 금융 상품을 올바르게 활용할 줄 알아야 한다. 은행에 가서 창구 직원이 권유하는 상품을 믿고 가입하다 보면 똑바로 이해하지 못해서 분명 손해 보는 일이 발생하기도 한다. 머니 트레이닝 23일 차에서는 가장 기본이 되는 적금과 펀드 상품에 대해 제대로 공부해 보자. 확실하게 이해한 후 자신에게 맞는 라인업을 완성하자.

적금은 정기 적금과 자유적립식 적금이 있다. 정기 적금은 말 그대로 만기까지 매월 정해진 금액을 납입하는 상품이며, 자유적립식 적금은 만기까지 자유롭게 납입하는 상품이다. 우리는 정해 둔 목적 자금을 일정 기간

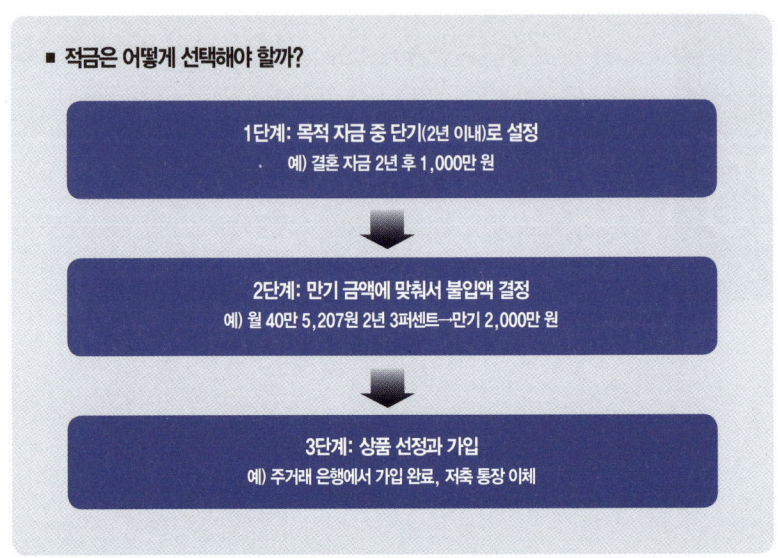

동안 만드는 것이 목표니까 정기 적금을 선택해야 한다. 월 적금 불입액은 50만 원, 70만 원 하는 식으로 매달 얼마를 넣느냐가 아니라 만기에 타는 금액을 기준으로 설정한다. 만기까지 묶기 효과와 목적 자금에 대한 집중도를 높이는 방법이다.

정기 적금 상품을 한눈에 비교할 수 있는 사이트도 참고할 만하다. 정기 적금을 가입할 때 주의할 점은 고객의 입장에서 적금 상품을 고를 때 무조건 금리가 0.1퍼센트라도 높은 것을 선택하는 경향이 있는데, 은행마다 여러 가지 마케팅 기법으로 우대 금리를 적용하는 상품들을 준비해 놓았다는 것이다. 이런 상품에는 조건이 따라붙는데 단순히 금리가 높은 것에 초점을 맞추지 말고 실제 우대 금리를 통해서 얻을 수 있는 혜택과 우대 금리를 받기 위한 조건이 무엇인지 꼼꼼히 살펴보는 것이 중요하다. 은행의 신용카드를 일정 금액 이상 사용할 경우 우대 금리가 적용된다든지, 이벤트나 행사에 참여하는 경우 우대 금리가 적용된다든지 등의 조건이 붙는다. 큰 차이가 없다면 주거래 은행에 가입하는 것이 낫다. 거래 실적이나 신용을 주거래 금융 기관에 집중하는 것이 바람직하기 때문이다.

적금이 만기가 되어 새로운 상품에 가입하려고 은행을 찾은 최정은 씨는 1~2년 정기 적금의 경우 이율이 2퍼센트 초반대가 보통인데 3퍼센트에 가까운 금리를 적용하는 신상품이 있다는 은행 직원에 말을 듣고 흔쾌히 신상품 적금에 가입하기로 했다. 신용카드도 발급받았다. 우대 금리를 적용하는 조건이 신용카드 사용액이 연간 600만 원이 넘어야 하는 것이기 때문이다. 매달 소비 내역을 고정 지출과 변동 지출로 나누어서 각 예산별로 관리하는 터라 월 50만 원 정도는 변동 지출용 카드로 이번에 만든 카드를 사용한다면 충분히 해당 조건을 충족할 수 있기 때문이었다. 본인의 상황과 여건이 부합되는 경우에 우대 금리를 챙기는 것은 작은 금액일지라도 실속과 혜택을 모두 얻는 일이다.

펀드도 적금과 마찬가지로 매월 동일한 금액을 납입하는 적립식 펀드가 있고, 일정 기간 동안 자유롭게 납입하는 임의식 펀드가 있다. 적금과 마찬가지로 목적 자금을 일정 기간 동안 만드는 것이기 때문에 반드시 적립식 펀드에 가입해야 한다. 그럼 적립식 펀드가 수익을 내는 원리를 알아보자. 펀드가 수익을 내는 원리를 알아야 상품 선택에 대해 설명하는 내용을 이해할 수 있기 때문이다.

적립식 투자가 수익을 내는 원리를 가장 잘 보여 주는 것이 평균 비용 매입 효과(cost average effect)다. 평균 비용 매입 효과란 일정 금액을 정해 놓고 매월 꾸준히 투자하는 기법이다. 주가가 낮을 때는 수량을 많이 사들이고, 주가가 높을 때는 적게 사들이는 식으로 꾸준히 투자하면 주식의 평균 매입 가격이 낮아지는 효과가 나타나기 때문에 일정 기간 이후 수익이 나타날 확률이 매우 높아진다.

주가는 장기적으로는 우상향하지만 단기적으로는 가격이 등락을 반복하는 성질이 있기 때문에 적립식 펀드를 통해 평균 비용 매입 효과를 극대화하는 전략이 필요한 것이다. 우선 본인이 필요한 목적 자금 중 단중기 자금 중에서 불입액 규모를 설정하고 본인의 투자 성향에 맞는 상품을 추천받아 가입한다.

이제 나에게 적합한 펀드를 고르는 방법을 알아보자. 펀드는 10년 이상 장기로 투자하는 경우도 있겠지만 보통 3~5년 단중기에 목적 자금을 마련하는 방법을 찾아 가입하는 것이 좋다. 적금같이 정해진 금리로 운용되는 것이 아니기 때문에 만기 금액에 맞춰서 불입 금액을 정할 수는 없다. 적금과 펀드 그리고 단기성 월 저축 총 금액 대비 주식 등의 위험 자산이 몇 퍼센트인지 생각하고 펀드 금액을 정해 보자.

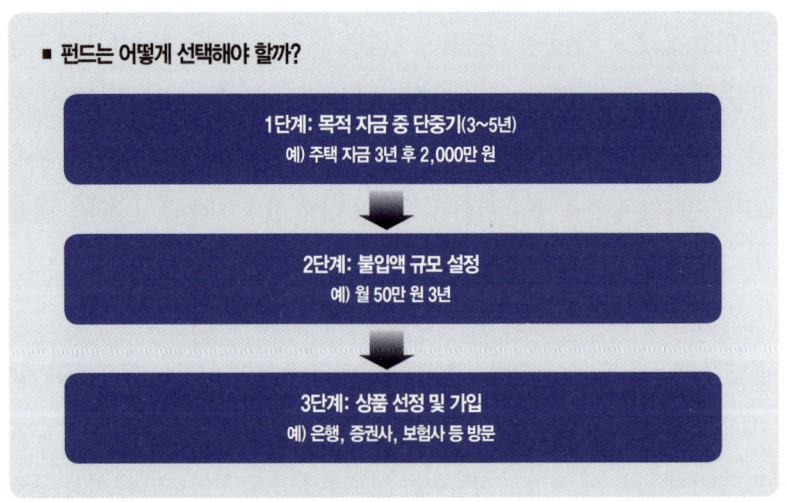

단기 저축에서 30퍼센트를 투자형으로 가입할 경우, '적금 70만 원+주식형 펀드 30만 원' 또는 '적금 55만 원+주식 혼합형 45만 원' 정도 비율로 하면 된다. 주식형 펀드는 대부분 주식에 투자하지만, 주식 혼합형은 60퍼센트 이하로 주식에 투자하고 나머지 40퍼센트는 상대적으로 안전한 채권과 유동성 자산에 투자하기 때문이다.

좋은 펀드를 직접 골라 보자

보통 펀드는 본인이 선택하기보다 금융 회사의 판매 직원이 추천하는 상품을 선택하는 경우가 많다. 추천하는 상품에 가입하더라도 펀드의 기본 성격과 특징을 잘 알아야 하는데, 펀드명에 기본 정보가 담겨 있기 때문에 펀드명의 의미를 이해하는 것이 중요하다.

KB 밸류 포커스 증권 자투자신탁(주식) A
❶   ❷   ❸   ❹   ❺

① 자산운용사
② 어떤 종류의 자산에 투자하는지 설명
③ 투자 방식이나 투자 철학 설명
④ 펀드의 구조
⑤ 수수료와 보수 방식

위의 펀드명이 나타내는 기본 정보를 풀어 보면 다음과 같다. ① KB자산운용사가 운용하여 ② 가치주에 투자하는 ③ 집중하는 투자 방식이다. ④ 모자(母子) 구조에서 자(子) 펀드 형태이며 ⑤ 선취 수수료가 있는 대신 신탁 보수가 낮은 방식이라고 설명할 수 있다. 이처럼 펀드는 펀드명을 보면 기본 정보를 알 수 있다.

첫째, 펀드의 기본 사항을 체크한다

우선 자산운용사를 확인해야 한다. 운용사의 운용 능력은 펀드를 고를 때 가장 중요한 요소다. 운용사의 펀드 운용 규모가 크고 경험이 많다면 대량 거래를 통해 비용을 절감하고 시장의 흐름을 주도할 수 있다. 두 번째는 펀드 설정일이다. 설정한 지 1년 이상 운용한 펀드를 선택하는 것이 좋다. 설정 금액이 유출보다는 유입이 많아서 계속 커지는 흐름의 펀드가 바람직하다. 마지막은 설정 금액이다. 500억 미만의 펀드는 피하고 되도록 규모가 큰 펀드를 선택한다. 자산운용사의 간판 펀드를 선택하는 것이 안전하다. 아래 도표처럼 펀드를 고를 때 한눈에 알기 쉽게 기본 사항을 체크할 수 있다. 꼼꼼히 기본 사항을 확인한 후 펀드에 가입하자.

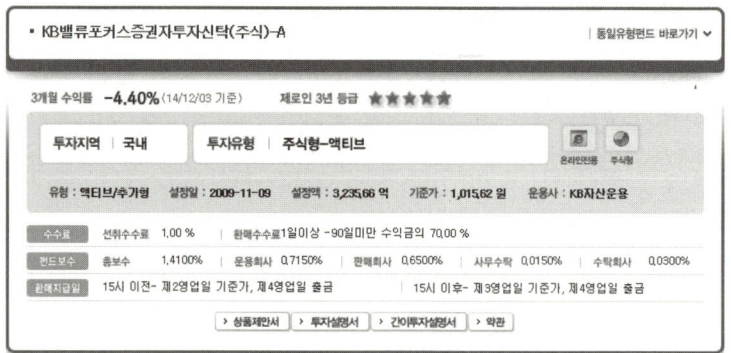

둘째, 단기 수익률보다 장기 수익률이 좋은 펀드를 선택한다

펀드를 판단할 때 가장 객관적인 자료는 과거 수익률이다. 6개월 내의 단기 수익률보다는 1년 이상의 수익률을 봐야 이 펀드의 꾸준한 관리 능력을 가

	기간수익률	월간수익률	위험지표			(단위:%)
	구분	1개월	3개월	6개월	1년	3년
펀드	수익률	-1.67	-4.40	0.95	4.02	26.18
	펀드순위	951/1492	213/1447	179/1393	132/1208	277/1057
	벤치마크	0.38	-4.26	-3.82	-6.04	0.09
동일 유형	평균수익률	-1.18	-6.35	-3.02	-3.04	0.03
	최고수익률	4.53	0.77	11.45	20.95	55.66
	최저수익률	-7.32	-12.61	-10.48	-15.28	-18.60

늠할 수 있다. 시장은 항상 좋을 수도 없고 항상 나쁠 수도 없다. 시장의 변화에도 불구하고 꾸준한 수익률을 냈는지 봐야만 펀드의 실제 운용 능력을 판단할 수 있다. 펀드의 수익률은 누구나 확인할 수 있다. 짧게는 3개월, 6개월이며 길게는 3년까지 확인 가능하니 잊지 말고 장기 수익률을 확인하자.

셋째, 펀드의 보수와 투자 방식이 적합한지 파악한다

펀드 유지 비용 중 가장 큰 비중을 차지하는 것이 신탁 보수다. 따라서 동일한 유형의 펀드라면 판매 보수보다는 신탁 보수가 낮은 상품을 고르는 것이 좋다. 신탁 보수는 운용적립금에서 차감하는 성격의 비용이라 장기로 가면서 적립금이 커지면 커질수록 펀드의 수익률에 영향을 준다. 펀드를 1년 이상 장기로 운영하는 경우는 판매 보수로 선취 수수료를 차감하더라도 신탁 보수가 낮은 A클래스를 선택하는 쪽이 유리하고, 단기로 운영하는 경우는 신탁 보수가 다소 높더라도 선취 수수료가 없는 C클래스를 선택하는 것이 유리하다.

넷째, 설정액이 꾸준히 늘어나며 줄지 않는 펀드를 선택한다

설정액이 꾸준히 늘어나며 줄어들지 않는 펀드는 장기적으로 좋은 수익률을 낼 확률이 매우 높다. 그만큼 많은 사람들이 투자한다는 뜻이기도 하지만 수익률 증가에 따라서 썰물 빠지듯 빠져나가는 것이 아니라 전체적으로 장기 투자의 기반을 갖췄다고 할 수 있다.

아래 그림을 보면 2013년 12월부터 2014년 12월까지 1년 기간 동안 설정액이 점점 높아지고 있음을 확인할 수 있다. 이렇듯 설정액이 꾸준히 증가하는 펀드를 선택하자.

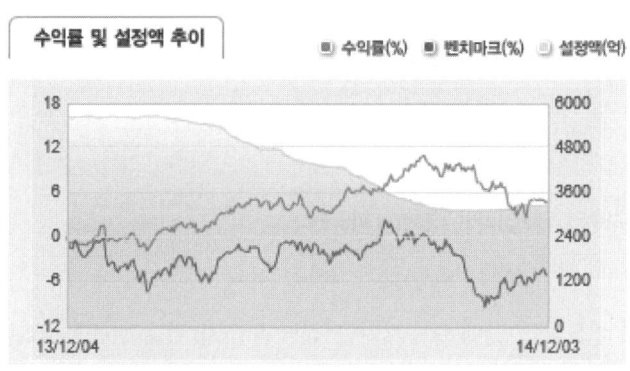

다섯째, 운용 스타일이 명확한 펀드를 찾는다

배당주, 성장주, 가치주 등 운용 스타일이 명확한 펀드를 선택하는 것이 좋다. 펀드에 여러 가지 특징을 섞다 보면 펀드 구조가 복잡해지고 운용 목적도 불분명해지는 경우가 많은 데다 운용 전략이 수시로 바뀌어 장기적으로 좋은 수익률을 내기가 어렵다.

머니 트레이닝 24 DAYS

나에게 맞는 보험과 연금 찾기

□ 올바른 보험 상품 가입의 기준에 대해 알아보고 나에게 필요한 보험 상품을 파악한다.
□ 올바른 연금 상품 가입의 기준에 대해 알아보고 나에게 필요한 연금 상품을 파악한다.

보험 가입을 위한 가이드라인

많은 사람들이 보험은 정말 필요한 것인지, 필요하다면 어떤 상품을 들어야 하고, 얼마 정도의 비용을 내야 하는지에 대해 늘 고민한다. 이 문제의 해답을 찾으려면 보험의 목적부터 깨달아야 한다. 예상치 못한 사건 때문에 생기는 경제적 충격으로부터 가족들을 지키는 보호 수단을 마련하는 것이 보험 가입의 유일한 목적이다. 앞에서 살펴본 4대 위험으로부터 자신과 가족을 지키기 위해 어떤 보험에 가입해야 하는지 알아보자.

4대 위험	조기 사망	장해	질병	장수
경제력	영구적 상실	영구적 상실	일시적 상실	점진적 상실

첫째, 보험료는 가계 소득의 5~10퍼센트가 적당하다

보험료 수준은 상황에 따라 다르다. 자녀가 많아서 가장의 책임 기간이 길다면 보험도 더 커져야 한다. 반면 아이가 없거나 보험의 역할을 할 만한 자산이 많다면 보장성 보험은 크게 필요하지 않을 것이다. 물론 요즘은 자산이 많을수록 절세 목적으로 보장성 보험에 가입하는 일이 많다. 맞벌이인가 외벌이인가에 따라서도 보험의 성격은 달라진다. 보험료가 너무 작으면 보장의 크기가 문제 될 수 있으니 점검해 봐야 한다.

보험료를 너무 많이 내는 경우는 어떨까? 보험료가 높으면 보장의 크기도 그만큼 높겠지만 주의할 점이 있다. 저축성 보험료와 보장성 보험료의 혼란에서 오는 문제다. 종신보험, 변액보험처럼 보장성 보험에 저축의 성질을 포함한 상품은 실제 위험 보장의 크기에 비해 보험료가 매우 높기 때문에 보장의 크기가 나에게 적합한지 확인해야 한다. 소득의 10퍼센트가 안 넘는 보험료를 내고 있으니 아무 문제 없다고 생각해서는 안 된다.

둘째, 원인에 관계없이 보장되는 보험이어야 한다

보장성 보험의 경우 보험료를 아주 조금 내는데도 수억 원의 보험금이 지급되는 상품들이 있다. 이를테면 공휴일에 비행기나 열차, 선박 등 특수한 사고로 보험가입자가 사망한 경우에 한해서 보험금을 지급하는 상품이다. 우리나라 주요 사망 원인 통계를 보면 자살을 제외한 재해사망률은 전체의 6퍼센트로 질병 사망에 비해 매우 낮으며, 그중에서도 이런 특수한 경우에 한정한다면 1퍼센트 미만에 불과하다. 사망 원인에 따라 보험금이 차이 나는 상품은 가족을 지키는 보험이 아니라 확률이 아주 낮은 도박이 될 수밖에 없다. 보험은 원인에 관계없이 보장되는 것이 중요하다.

셋째, 필요한 시기에 필요한 만큼 보장되어야 한다

'어느 날 내가 세상을 떠난다면 우리 가족들의 생계는 어떻게 될까?'

많은 가장들이 이런 생각으로 종신보험에 가입한다. 그런데 유가족에게 필요한 돈의 크기는 시간이 흐름에 따라 계속 줄어든다. 시간이 흐를수록 부모의 경제적 책임은 줄어들기 때문이다. 경제적 측면에서만 본다면 아이가 한 살일 때 부모가 사망하는 것이 가장 커다란 위험이다. 반면 아이가 25세가 넘으면 경제 문제는 고려하지 않아도 된다. 이러한 특성을 고려해 가입부터 종신토록 동일한 금액을 보장하는 종신보험을 리모델링하는 사람이 늘어나고 있다. 한정된 보험료의 재원을 가지고 필요할 때 필요한 보장을 받기 위해서다. 아이가 성장하면서 사망에 대한 위험은 줄어드는 대신 질병이나 생존에 대한 위험이 커지기 때문이다.

넷째, 구체적인 계획이어야 한다

사람은 본능적으로 죽음을 싫어한다. 죽음이란 누구도 피할 수 없는 일이면서 누구도 경험해 보지 못한 일이라 본능적인 공포를 자아내는 것이다. 세상을 살아가는 많은 사람들에게는 죽음에 대한 본능적인 두려움 말고 또 다른 두려움이 있다. 바로 죽음 이후에 벌어지는 상황에 대한 두려움이다. 죽음 자체보다는 죽음 이후 가족에게 다가올 엄청난 어려움이 두려움과 공포의 진짜 원인인 것이다. 진정으로 가족을 사랑한다면 죽음이 가져올 수 있는 문제를 하나하나 열거해 보고 지금 대비할 수 있는 보험 계획을 합리적으로 세우는 것이 매우 중요하다. 보험 계획은 구체적이어야 한다. 전문가의 도움을 받으며 현재의 보험 계획을 주기적으로 점검하는 일은 정기적으로 건강 검진을 받는 것과 같다.

보험 설계의 기본이 되는 방법

보험은 본인이 직접 설계하기보다 컨설턴트의 추천을 받고 가입하는 경우가 많다. 하지만 보험을 설계하는 기본만은 꼭 알아 둬야 한다. 이해를 돕기 위해서 '대장금(大長金)'이란 설계 방법을 소개한다.

- **대(大)** 보장 범위가 커야 한다. 사망, 질병, 입원, 수술의 보장 범위가 커야 한다.
- **장(長)** 보장 기간이 길어야 한다. 사망, 가장 책임 기간, 질병은 100세 시대 평균 수명의 비약적인 증가에 맞게 80세 이상의 보장 기간이 필요하다.
- **금(金)** 보장 금액이 커야 한다. 사망, 질병, 의료비 금액이 적정해야 한다.

지금 보험에 가입했다면 가입 금액을 기준으로 자신의 보험 계획을 점검해 보자.

첫째, 사망 보장이 커야 한다

가장이라면 사망 보장액이 자녀 독립 기간까지 연 소득의 다섯 배 이상이어야 한다. 부채가 있다면 부채 상환 자금이 더 필요할 것이다. 재해 사망의 경우는 보험금이 가족에게 전달되지 못하고 보상 또는 합의에 사용될 가능성이 있기 때문에 재해 사망 보장을 추가로 가입하는 것이 바람직하다.

35세에 연봉 5,000만 원을 받는 기혼남의 사망 보장 설계를 살펴보자.

사망 보장의 종류

1. 질병 사망: 사망 원인이 질병인 경우에 한한다.
2. 재해 사망: 사망 원인이 재해인 경우에 한한다.
3. 일반 사망: 질병과 재해를 모두 포함한다.

※ 보장 내용을 확인하고 가입한다. 사망 원인에 관계없이 지급되는 일반 사망을 기준으로 설계하되 재해 사망은 1억 정도 추가 보장을 받는 것이 좋다.

아이가 다섯 살이라 연 소득의 다섯 배가 보장돼야 한다. 일반 사망 시 2억 5,000만 원을 보장하고, 재해 사망 시 1억 원이 더 지급되도록 설계한다. 적어도 아이가 독립할 때까지 보장되어야 한다.

둘째, 질병 보장 범위를 확인한다

질병 보장은 암 같은 중증 질환을 말하는데 실제 생존률이 70퍼센트를 넘어서고 있다. 하지만 경제 활동이 일시적으로 중단되기 때문에 3년간의 기본 생활비 보장은 필수이며, 특정 부분에 한정되는 보장이 아니라 일반 암 진단과 여러 가지 중증 질환을 폭넓게 보장하는 CI 보장을 함께 가입하되 최소 80세까지는 보장되어야 한다.

예를 들어 35세에 연봉 5,000만 원을 받는 기혼남이라면 3대 질병인 암, 뇌졸중, 심근경색 진단에 대비한 3년 기본 생활비 보장이 필요하다. 일반 암은 7,000만 원 보장으로 설계하고 혹시 모를 고액 암에 대비하여 3,000만 원이 추가 지급되도록 설계한다.

> **질병 보장의 종류**
>
> - 특정 암 보장: 상품마다 특정한 암을 지정해 그 경우만 한정하여 보장한다(남성 특정 암 : 위암, 폐암, 간암 등 / 여성 특정 암 : 유방암, 자궁암, 난소암 등).
> - 고액 암 보장: 백혈병, 뇌종양 등 고액 암에 한해서 보장한다.
> - 암 진단 보장: 일반적으로 모든 암을 보장한다.
> - 급성심근경색: 급성심근경색 진단 시 보장한다.
> - 뇌졸중 보장: 뇌출혈 또는 뇌경색으로 인한 뇌졸중 진단 시 보장한다.
> - 뇌출혈 보장: 뇌출혈에 한하여 보장한다.
> - CI 보장: 암, 뇌졸중, 급성심근경색 외 19종의 중증 질환을 보장하나 일부 소액 암과 특정한 경우는 보장에서 제외된다.
>
> ※ 보장 내용을 자세히 살펴보고 가입한다.

연금 상품 가입을 위한 가이드라인

목적 자금은 돈과 시간과 수익률의 곱이라는 공식이 있다. 오늘 정확히 30세인 내가 월급에서 30만 원을 떼어 지금 사용하면 30만 원이겠지만, 이 돈을 30년 후 은퇴한 60세의 내가 쓴다면 수익률 10퍼센트를 가정했을 때 523만 원이 된다. 다음 달이 되어 30세 2개월인 내가 월급에서 30만 원을 쓰지 않는다면 훗날 60세 2개월인 나에게 생활비 523만 원을 지급할 수 있다. 이처럼 현재의 내가 미래의 나에게 생활비를 송금하는 금융 상품이 연금이다.

전문가들이 노후 준비를 위한 금융 상품 중 유독 연금을 강조하는 이유는 뭘까?

첫째, 적금과 펀드는 묶기 효과가 낮아서 노후까지 남지 않는다.

둘째, 적어도 15년 이상 운용해야 하는 장기 상품의 특성상 원금 외의 이자 소득에 대한 과세가 중요한 문제인데, 연금은 현존하는 유일한 비과세 상품이다.

셋째, 연금 상품은 종신 지급이 가능하다.

물론 연금 같은 금융 상품만으로 노후 준비를 할 수는 없다. 하지만 임대용 부동산처럼 목돈이 들어가는 노후 준비는 모두에게 가능한 방법이 아니기 때문에 소득이 있다면 기본으로 연금에 가입하는 것이 바람직하다. 과연 노후 생활비는 얼마나 필요할까? 월 노후 생활비의 구조를 알아보자.

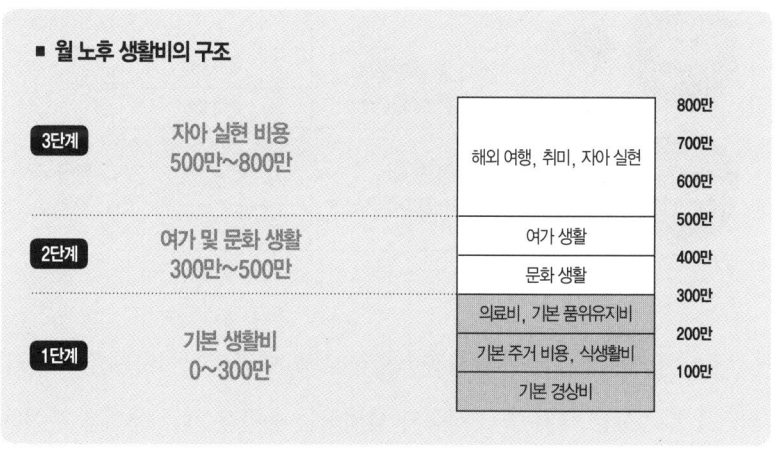

월 200만 원까지는 기본 경상비와 관리비, 의식주 기본 비용에 들어가고, 200~300만 원에 추가된 100만 원은 의료비, 건강관리비, 품위유지비

로 쓰이므로 300만 원(1단계) 정도라면 도시에서 기본 생활을 할 수 있다. 그 외에 문화 생활과 여가 생활, 여행 등이 가능하려면 추가 비용(2단계)이 필요하고, 그 이상의 문화 생활과 윤택한 여가 생활에는 더 높은 생활비(3단계)가 들어간다.

300만 원이 필요한 기본 생활비(1단계)는 공적연금이나 개인연금으로 해결하는 것이 가장 바람직하다. 2단계 또는 3단계는 필수 요소가 아니기 때문이다. 어떠한 경우라도 생존 시에 지급되는 연금 상품에서 기본 생활비를 확보하는 것이 바람직한 이유다.

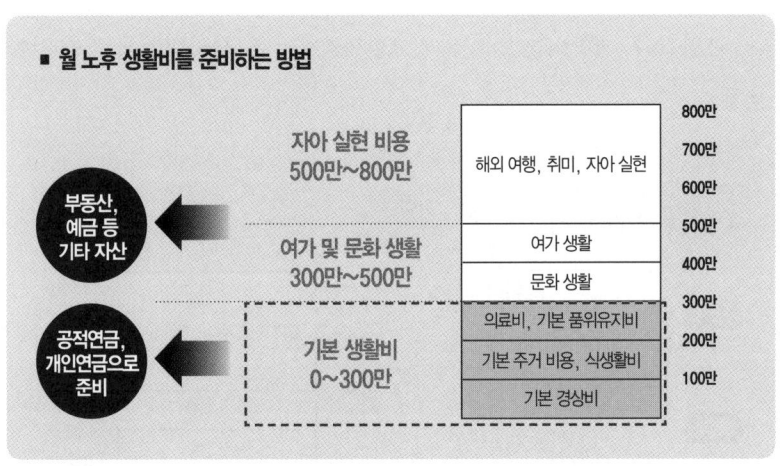

이제 나에게 적합한 연금 상품을 알아보자. 연금은 납입하는 동안 세금 혜택을 부여하는 세제 적격 상품과 납입하는 동안은 세금 혜택을 부여하지 않지만 연금 수령 시 비과세 혜택을 부여하는 세제 비적격 상품으로 나뉜다. 상품의 특징이 다르기 때문에 꼼꼼히 챙겨 보고 가입해야 한다.

연금을 납입하는 동안에는 세제 혜택을 주고 수령할 때는 비과세 혜택

■ **연금 상품 분류 방법**

세제 혜택 적용 여부	상품명	운용사와 운용 형태	과세 여부		장점과 특징	단점
			납입 기간 동안	연금 지급 이후		
세제 적격 연금 A	개인연금 저축보험 A-1	보험사 시중 금리 변동	세액공제 일률 12퍼센트 세금 환급	연금 수령 시 5.5퍼센트 과세와 소득세 합산	연 48만 원 세액공제. 과거는 고소득자에게 유리, 현재는 저소득자에게 유리	① 일시금 선택 불가 ② 연금소득세 5.5퍼센트 과세 ③ 종합소득세 합산 가능성 ④ 중도 인출 불가
세제 비적격 연금 B	비과세 금리형 연금 B-1	보험사 시중 금리 변동	세액공제 없음	비과세	시중 금리로 운영되며 투자형에 비해 안정된 운용을 원하는 경우에 유리. 50대 가입, 60대 후반 수령	장기 상품을 금리형으로 운영 시 인플레이션 헤지 불가능
	비과세 변액연금 (투자형) B-2	보험사 투자 실적	세액 공제 없음	비과세	KOSPI 채권에 투자. 장기 운용 시 높은 수익률 가능(만기 원금 보장). 30~40대 가입, 60대 이후 수령 시 유리	단기 운용 시 원금 손실 가능성

을 주는 이유가 뭘까? 다른 금융 상품과 달리 노후 생활이라는 목적을 가진 장기 상품이라는 점과 국민의 안정된 노후를 보장해야 하는 국가의 책임을 실천한다는 점에서 세제와 비과세 혜택을 부여한다.

하지만 세제 혜택이 주어지는 만큼 몇 가지 제약 조건도 있다. 연금을 수령할 때 세금을 내는데, 과연 노후에 수령하는 연금을 당해 연도 소득으로 볼 것인가 하는 문제다. 논란의 화두가 된 부분인데 2013년 세법에서는 다음과 같이 규정하고 있다.

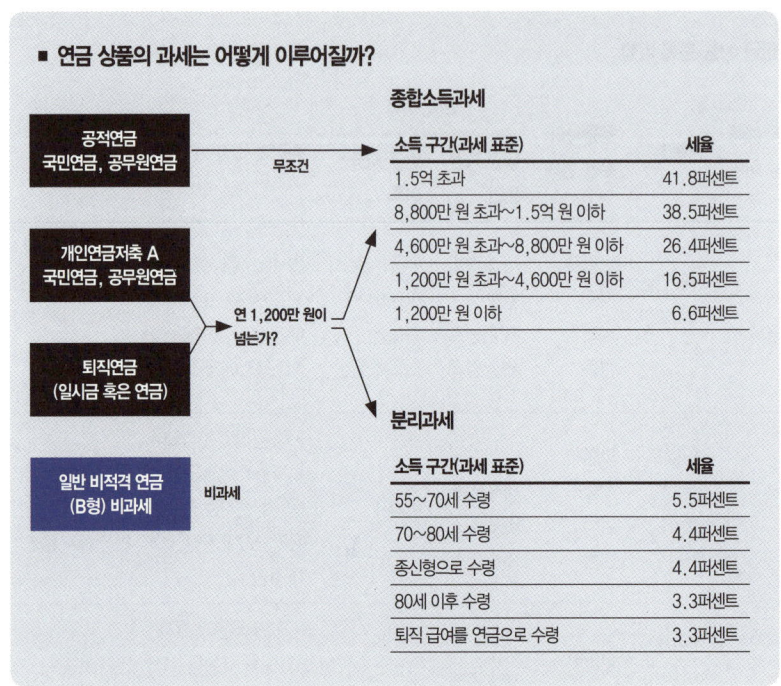

1 | A형: 개인연금저축보험

매년 400만 원 한도 내에서 세액공제 12퍼센트의 혜택을 주는 상품이다. 매년 400만 원이라면 월 33만 원을 불입해야 하는데, 매년 400만 원의 12퍼센트인 48만 원을 세금 환급해 주는 셈이다. 하지만 ① 5년 이상 납입 ② 55세 이후 만기 ③ 연금으로만 수령이라는 세 가지 제약 조건이 있다. 연금 수령 시 5.5~3.3퍼센트까지 연금소득세가 부과되며 총 연금 소득이 연 1,200만 원을 넘으면 종합소득과세에도 해당될 수 있다.

2 | B—1형: 비과세 금리형 연금

납입하는 동안은 아무런 세제 혜택이 없는 세제 비적격 상품이다. 하지만 연금이나 일시금을 수령할 때 가입 후 경과 기간이 10년을 넘으면 이자소득세에 대해 비과세 혜택이 주어진다. 시중 금리에 따라서 변하는 보험사의 공시 이율로 운용되는 상품이다.

3 | B—2형: 비과세 변액연금

납입하는 동안은 세제 혜택이 없는 세제 비적격 상품이다. 가입 후 경과 기간이 10년을 넘으면 연금이나 일시금을 수령할 때 이자소득세에 대해 비과세 혜택이 주어진다. 주식과 채권에 장기간 투자되는 상품이므로 투자 실적에 따라서 적립금이 변하는 투자형 연금 상품이다. 투자 효과를 극대화하려면 30~40대에 가입하여 65세부터 수령하는 것이 유리하다.

빠를수록 유리하다

연금은 다른 금융 상품과 달리 지체 비용이 발생하는 상품이다. 그래서 가입이 늦으면 늦을수록 불리하다. 30세 때 수익률 10퍼센트 적용 시 매달 50만 원을 10년간 납입하고 60세에 연금을 개시하는 투자형(변액) 연금에 가입한다면 60세부터 매달 100만 원을 종신토록 지급받을 수 있다. 하지만 3년 전인 27세에 가입했다면 매달 115만 원을 받을 수 있다. 3년간 지체하면서 매달 15만 원을 잃어버린 셈이다. 반대로 35세에 가입했다면 60세부터 받는 연금액은 매달 75만 원 정도밖에 되지 않는다.

재정사명선언서를 만들자

□ 재정사명선언서(FMS)에 대해 생각해 보고 본인만의 FMS를 만들어 본다.

인생에서 강제로 해야 하는 세 가지

어른들은 인생에서 강제로 해야 하는 일 세 가지로 공부, 운동, 저축을 꼽는다. 이 세 가지는 스스로 하기가 쉽지 않다는 뜻이기도 하다. 필자는 머니 트레이너라는 개념을 소개했는데 혼자 월급 관리를 하는 데 어려움을 느끼는 직장인들을 바로 곁에서 도와주기 위해서였다. 스스로 알아서 저축을 잘하는 사람도 있지만 그렇지 않다면 강제성과 구속성을 높여야 한다. 지금껏 이 책을 읽으면서 많은 부분을 개선하자고 했는데, 과연 얼마나 실천했는지 생각하면서 다음 사항을 체크해 보자.

돈 관리는 눈에 보이지 않는 추상적인 것이 아니라 매일 내 앞에 펼쳐지는 현실이다. 큰 의미가 없을 것 같지만 다음에 제시한 여덟 가지 요소를 모두 완성했다면 분명 작은 차이가 쌓여서 큰 변화가 시작될 것이다. 당신은 여덟 가지 질문 모두 예스로 대답해야만 한다. 그렇지 않다면 다시 앞 단계로 돌아가서 그 내용을 정확히 확인하고 당장 실천하자.

> 저축의 강제성과 구속성을 높이는 요소를 체크해 보자.
> 1. (사륜구동식 통장) 월 소비 예산과 저축 예산을 분리해 놓았는가? ☐
> 2. (상품 이해) 각 상품의 장단점을 제대로 이해하는가? ☐
> 3. (저축 라벨링) 저축의 사용 목적이 분명한가? ☐
> 4. (예비 자금) 고정 지출의 세 배 이상 예비 자금을 가지고 있는가? ☐
> 5. (대출 상환) 마이너스 통장이 있다면 월급 통장과 분리했는가? ☐
> 6. (사륜구동식 통장) 월 잉여 자금이 월급의 5퍼센트 이하인가? ☐
> 7. (트레이너) 저축과 투자에 관한 자문을 받는 전문가가 있는가? ☐
> 8. (이벤트 자금) 이벤트 자금을 따로 관리하는가? ☐

돈 관리 철학을 바로 세우자

록펠러는 인류가 자본주의 시대를 맞이한 이래 가장 많은 돈을 벌어들인 세계 최고의 부자다. 그가 벌어들인 돈은 현재 가치만 따져도 빌 게이츠의 세 배 정도라고 한다. 가난한 집에서 태어나 자수성가한 록펠러는 억만장자가 된 후에도 근검절약 정신을 잃지 않았다. 평생 회계 장부를 철저히 썼으며, 수입을 온전히 계산해서 항상 같은 비율로 기부했다고 한다.

록펠러의 가족들은 어려서부터 돈에 대해 철저한 교육을 받았는데 그 가운데 하나가 현금출납부를 작성하는 일이다. 어려서부터 용돈을 받으면

3분의 1은 저축하고, 3분의 1은 다른 사람을 돕거나 기부했으며, 나머지 3분의 1만 자신을 위해 사용했다. 또한 돈을 어디에 어떤 용도로 썼는지 늘 기록하여 나중에 정말 잘 사용했는지 되돌아보았다고 한다. 세계 최고의 부자도 작은 돈부터 소중히 하는 마음가짐과 다른 사람을 위해 사용하는 배려심을 가르쳤고, 돈뿐 아니라 이러한 정신을 함께 물려주었기 때문에 지금까지 널리 회자되는 부자로 남은 것이다.

돈 관리를 바르게 해 나가는 것은 지금 당장의 문제 해결을 넘어 아이에게도 좋은 본보기가 되는 중요한 일이다.

재정사명선언서를 작성하라

재정사명선언서(FMS, financial mission statement)란 스스로 세운 목표에 대한 행동 선언이자 목표 달성을 위해 계획한 모든 실천 방안을 점검하는 기준이 되는 글이다. 재정 목표를 정하고 실천하는 가장 좋은 방법은 먼저 재정 목표에 대한 신념을 작성하는 것이다. 재정사명선언서는 당신이 의사를 결정하고 행동을 선택하는 데 지침이 되는 개인 헌법의 역할을 한다. 일상을 위협하는 어려운 상황이나 흥분된 상태에서 의사 결정을 할 때, 그날그날 부딪치는 일들을 판단할 때 기준 체계를 제공해 줄 것이다. 각종 소비 유혹과 격변하는 환경에서 살아가는 당신에게 강력한 힘이 되어 줄 것이다.

재정사명선언서

나의 재정 목표

1. 65세에 경제적으로 자유로운 진짜 은퇴(자산 6억 7,000만 원)를 한다.
2. 50세에 결혼 20주년을 맞아 유럽 10개국 일주 여행(경비 2,500만 원)을 한다.
3. 딸이 중학교에 입학하는 2025년까지 고등학교와 대학교 교육 자금(총 1억 원)을 만든다.
4. 42세까지 개포동에 내 집(총 9억 원)을 마련한다.

목표	연령	필요 금액		목표를 위한 재정사명
		현재	미래(2퍼센트 인플레이션)	
경제적으로 자유로운 진짜 은퇴하기	65세 2045년	3억 8,000만	7억 5,600만	경제 활동 없이도 그동안 수고한 나와 아내의 존엄성이 잘 지켜질 수 있는 안정된 노후를 만든다(월 300만 원). 1) 친구들과 아들, 딸 그리고 손자 손녀를 자주 보기 위해서 서울 33평 아파트에 거주한다. 2) 현재 화폐 가치로 300만 원의 월 생활비를 확보한다. 3) 국민연금과 부동산 임대 소득, 개인연금을 준비한다.
임대용 부동산 갖기	60세 2040년	2억	3억 2,800만	월 70만 원의 소득을 올릴 수 있는 임대용 아파트를 소유한다.
결혼 20주년 유럽 여행	50세 2030년	2,500만	3,700만	결혼 20주년을 맞이하여 부부가 유럽 여행을 간다.
아들 딸의 교육 자금 마련하기	45세 2025년	1억	1억 2,180만	서울 강남권에 33평 아파트를 마련한다. 아들이 입학하는 시점에서 전세를 끝내고 아파트의 주인이 된다.
우리 가족 보금자리 주택 마련하기	42세 2022년	3억 6,000만	4억 1,000만	서울 강남권에 33평 아파트를 마련한다. 1) 현재 거주 중인 아파트를 아들이 입학하는 시점에 구매한다. 2) 현재 전세 자금과의 차액 3억 6,000만 원을 마련한다.

재정 목표를 달성하기 위한 나의 원칙

1. 어떠한 경우라도 100만 원 이상 상대방이 모르는 돈을 만들지 않는다.
2. 100만 원 이상의 지출은 반드시 합의하여 결정한다.
3. 현재 월 소득의 40퍼센트인 370만 원을 매월 저축하며, 매년 저축액을 늘린다.
4. 철저한 공부를 통해 투자를 두려워하지 않는다.
5. 모든 소비와 저축, 투자는 예산을 정해 통장을 나누고, 수중에 돈을 남기지 않는다.

월급으로 대표되는 현대인의 돈은 흔히 물에 비유되곤 한다. 물은 어디론가 흘러가게 마련이다. 우리는 그동안 돈의 흐름을 잘 관리하기 위해 일종의 파이프를 설계하고 이 파이프를 설치하는 작업을 했다. 하지만 설치만으로는 물이 원하는 곳을 향해 제대로 흘러가는지 알 수 없다. 점검의 단계가 꼭 필요하다. 남은 5일은 월급이란 현금 흐름이 내가 만든 월급 관리 파이프를 타고 정상으로 흘러가는지 최종 점검하는 시간이다. 아울러 이런 현금 흐름이 10년 후에 어떤 변화를 가져올지 알아보자.

**스마트한
월급 관리의
법칙**

7단계

마지막
5일간의
최종 체크

머니 트레이닝 26 DAYS

10년 현금흐름표 만들기

□ 지금까지 만들어 놓은 금융 상품을 정리하자.
□ 앞으로 10년을 위한 현금흐름표를 만들자.

그동안 확립한 마스터플랜과 재무 목표를 위해 가입한 금융 상품들을 한 곳에 모아 '10년 현금흐름표'를 만들어 보자. 현금흐름표란 현재의 금융 상품을 통해 저축과 투자를 지속할 경우 앞으로 10년 또는 20년 동안 나의 현금 흐름이 어떻게 증가하고 어떻게 변화하는지 한눈에 보여 주는 것이다. 재무 목표를 위해 계획한 저축과 투자를 지속적으로 실행하는 데 큰 도움이 된다.

미혼인 김수동 씨(가명, 31세)는 결혼 자금과 주택 자금, 노후 자금 그리고 자기 계발 자금을 목표로 현금흐름표를 작성했다. 각 목표에 따른 금액은 표 하단에 상세하게 산출 방법에 적어 놓았다.

■ 김수동 씨의 마스터플랜과 재무 목표

구분	목표 시기	마스터플랜	재무 목표	
			총 필요 금액	향후 준비 금액
결혼 자금	2년 (33세)	부모님이 준비해 주는 돈을 1억~1억 5,000만 원으로 예상하고 2년 안에 결혼 자금 5,500만 원을 모은다. 광진구에서 20평형 전세 아파트로 시작한다.	5,500만 원	2,100만 원
주택 자금	10년 (41세)	광진구의 28평형 아파트를 소유한다. 인플레이션을 감안해서 적어도 지금 가격의 80퍼센트 이상 자금을 확보해야 가능하다. 미래 배우자와 함께 주택 자금을 확보한다.	4억 원	1억 9,920만 원
노후 자금	29년 (60세)	공적연금은 65세 이후 100만 원이 예상된다. 연금으로 100만 원, 임대용 부동산으로 월 100만 원을 수령하는 준비를 한다.	월 300만 원	임대용 부동산 5억 원, 연금 월 100만 원 국민연금, 월 100만 원
자기 계발 자금	매달	특별 소비, 학업, 여행 등에 필요한 자금을 확보한다.	월 200만 원 유지	매달 10만 원 적립

- 결혼 자금 2,100만 원 산출 방법
  총 결혼 자금 2억 500만 원−부모님 예상 지원 1억 5,000만 원−현재 보유 자금 3,400만 원
- 주택 자금 3억 3,000만 원 산출 방법
  (현재 주택 4억×물가상승률 2.9퍼센트 10년 적용)−첫 전세 자금 2억×60퍼센트(40퍼센트는 배우자)
- 노후 자금 중 연금 월 100만 원 산출 방법
  31세 기준 월 50만 원, 7퍼센트 수익률 변액연금 가입 기준, 60세 은퇴 시 종신연금형 수령 가정

위의 마스터플랜에는 각각의 재무 목표, 필요 자금, 목표 시기가 나와 있다. 재무 목표에는 현재 준비된 자금을 제외한 향후 준비 자금을 표시했다. 이 재무 목표를 실행하는 데 가장 적합한 금융 상품을 계획하여 다음과

같이 실행했다. 금융 상품의 예상 수익률은 과거 수익률을 참고로 최고치를 적용하기보다는 평균값을 적용한다.

예를 들어 정기 적금은 연 이자율 3퍼센트, 적립식 펀드는 연 수익률 7퍼센트, 변액연금은 7퍼센트로 잡았다. 정기 예금은 연 이자율 3퍼센트, 거치형 펀드의 연 수익률은 5퍼센트, ELS 역시 5퍼센트 등으로 이는 과거의 경험치를 가지고 개인이 설정하면 된다.

따라서 목표에 따른 금융 상품 선택은 다음과 같은 형태가 될 것이다.

■ 김수동 씨의 재무 목표에 따른 실천 방안

재무 목표	상품명	월 불입액	기간	예상 만기 금액
결혼 자금 2,100만 원	S은행 정기 적금	426,231원	2년	1,050만 원
	K은행 정기 적금	426,231원	2년	1,050만 원
주택 자금 1억 9,920만 원	S자산운용 적립식 펀드	500,000원	10년	원금 6,000만 원+수익
	I은행 청약저축	50,000원	10년	721만 원
노후 자금 월 300만 원	S사 변액연금	500,000원	10년↑	60세 월 100만 원
	국민연금	157,500원	30년↑	65세 월 100만 원
이벤트 자금	K사 CMA RP형	100,000원	수시	평상시 잔고 200만 원
총 합계		2,002,462원 (원천징수되는 국민연금 제외)		

■ 상세하게 살펴보는 10년 포트폴리오

계좌구분		나이 (경과 10년 예시)	김수동	32세	33세	34세	35세	36세	37세	38세	39세	40세	41세
			배우자	28세	29세	30세	31세	32세	33세	34세	35세	36세	37세
			자녀	-2세	-1세	0세	1세	2세	3세	4세	5세	6세	7세
		총 유동성		3,019	5,997	5,899	7,990	10,157	12,502	14,860	17,318	19,895	22,548
		예비 자금 계좌		200	200	200	200	200	200	200	200	200	200
		이벤트 자금 계좌		200	200	200	200	200	200	200	200	200	200
		결혼 자금 계좌		1,036	2,100								
		주택 자금 계좌		1,227	2,518	3,863	5,262	6,699	8,275	9,823	11,446	13,141	14,862
		노후 자금 계좌		356	979	1,636	2,328	3,058	4,637	5,472	6,354	7,286	
단기		S은행 정기 적금(426,231원)		518	1,050								
		K은행 정기 적금(426,231원)		518	1,050								
단중기		I은행 청약저축 50만 원		605	1,231	1,869	2,566	3,255	4,038	4,795	5,576	6,381	7,210
		S자산운용사 적립식 펀드 50만 원		622	1,287	1,994	2,074	2,157	2,243	2,333	2,426	2,523	2,624
							622	1,287	1,994	2,074	2,157	2,243	2,333
										622	1,287	1,994	2,074
													622
장기		S사 변액연금 50만 원		356	979	1,636	2,328	3,058	3,827	4,637	5,472	6,354	7,286
수시		K사 CMA RP형 매월 10만 원		200	200	200	200	200	200	200	200	200	200

결혼 자금: 정기 적금의 경우는 2년에 종료
주택 자금: 청약저축 10년과 펀드 3년 운용 환매 3회 반복
※ 환매한 금액은 안전한 예금이나 ELS로 운용, 평균 4퍼센트 예시
노후 자금: 보험사 변액 상품이며 투자형 연금으로 가입 운용, 평균 7퍼센트 예시
이벤트 자금: 매달 10만 원씩 CMA 통장으로 이체하지만 수시로 출금하여 200만 원 유지

가족과 함께 재정 로드맵을 만들어라

머니 트레이닝 27 DAYS

□ 가족과 함께 재정 로드맵에 대한 대화를 나누어 본다.

    이제 현금흐름표를 보면 결혼 자금은 몇 퍼센트로 운용 시 몇 개월 후에 달성되는지, 주택 자금은 몇 퍼센트로 운용 시 몇 년 후에 달성되는지 한눈에 들어올 것이다. 하지만 아직까지는 차가운 숫자에 불과하다. 이 숫자들을 마음에 담고 따뜻한 생기를 불어넣는다면 비로소 현실감 있는 그림으로 다가올 것이다. 온 가족이 모여 현금흐름표를 보며 재정 로드맵을 만들어 보면 어떨까? 미혼이라도 딱딱한 숫자로 존재하는 재무 목표와 현금흐름표를 그림으로 자유롭게 표현해 보면 좋을 것이다.
    산에 오를 때마다 깨닫는 사실이 있다. 등산 코스를 전혀 모르고 산에 오르면 많은 체력이 소모되고 힘에 부치는 반면, 어디쯤 쉼터가 있으며 내리막이나 오르막이 심한지 알고 출발하면 좀 더 가뿐하게 정상에 이른다는 것이다. 산에 오를 때 쉼터를 만나면 멈추고 멋진 풍경이 펼쳐지면 잠시

감상하는 것처럼 재정 로드맵에도 가족이 공동으로 꿈꾸는 이벤트를 중간 중간 계획해 넣는다면 함께 오르는 등산길이 별로 힘들지 않을 것이다.

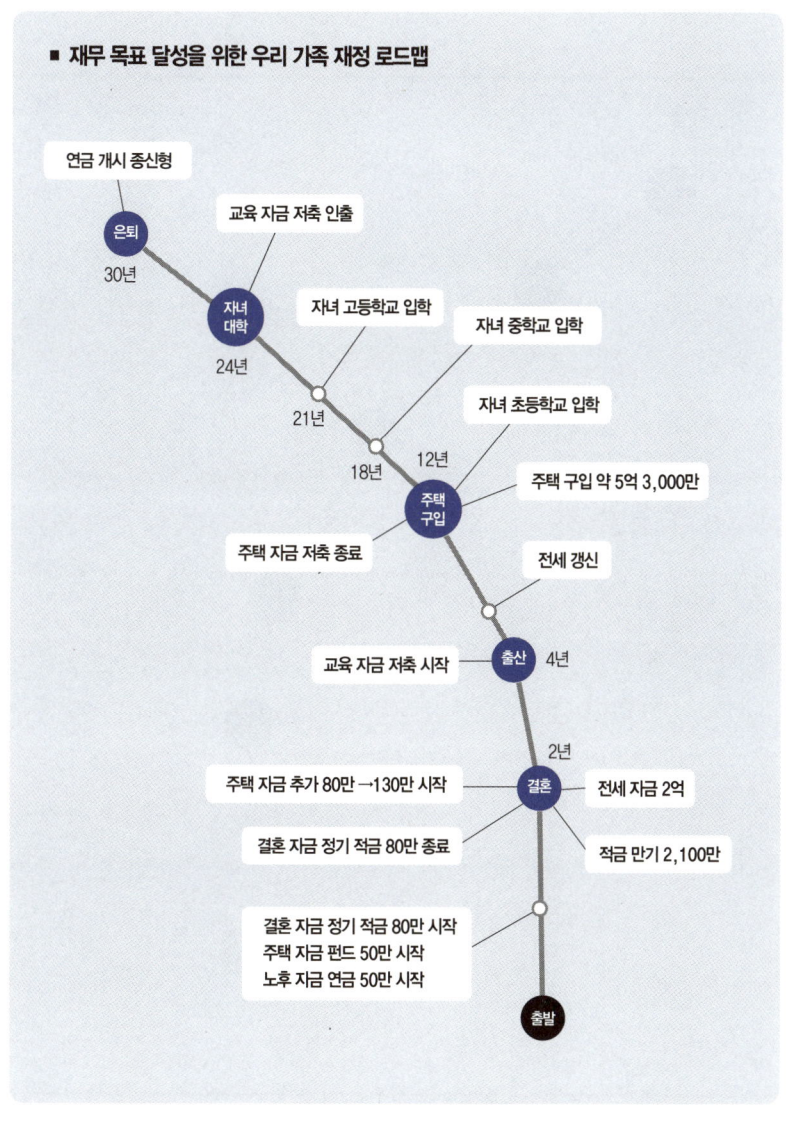

■ 재무 목표 달성을 위한 우리 가족 재정 로드맵

■ 당신만의 로드맵을 완성해 보자

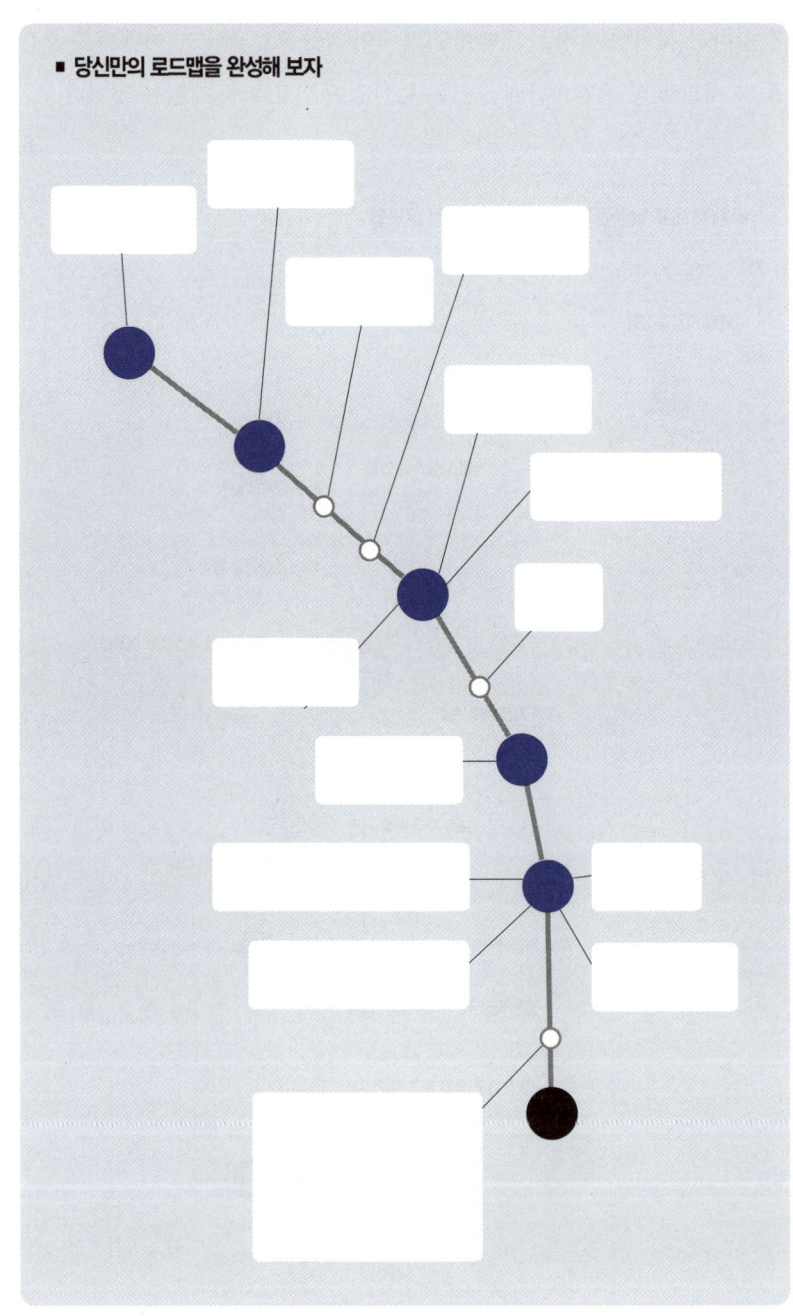

가족회의로 목표를 공유하라

머니 트레이닝 28 DAYS

▫ 스마트 월급 관리를 위한 재정 가족회의를 열어 보자.

아무리 멋진 계획이라도 혼자만 아는 계획, 혼자만 실천하는 계획이라면 언제든지 중단, 변경, 취소될 가능성이 크다. 가족회의를 열어서 월급 관리에 대한 의지와 계획을 설명하고 동의를 구하는 절차는 반드시 필요하다. 혼자서 무리하게 추진하는 재테크 전략은 다른 가족 구성원들에게 스트레스를 줄 수 있다. 모두가 함께 공유하여 그 취지를 이해하고 공감할 때 재정 관리는 더 큰 의미를 가진다. 따라서 가족회의를 통해 모두가 함께 참여할 수 있는 재정 관리를 진행하자.

차질없는 준비를 통해 가족회의를 더욱 알차게 진행할 수 있다. 기존에 어떻게 돈을 썼는지, 어디서 많은 비용이 나가는지에 대한 사전 정보가 필요하다. 또한 가족 구성원들에게 발표할 마스터플랜과 재무 목표, 재무 목표별 저축과 투자 계획에 대한 준비가 필요하다. 물론 회의를 통해 더 좋은 의견이 나온다면 이를 반영해 목표를 수정하고 계획을 재조정할 수도 있다.

가족회의는 다음과 같은 순서에 맞춰 진행하면 좋다.

> **가족회의 진행 순서**
>
> ① 기존 돈 관리(월급 관리)의 문제점에 대한 피드백
> ② 월급 관리 체질 개선에 대한 필요성
> ③ 마스터플랜과 재무 목표 발표
> ④ 재무 목표별 저축과 투자 계획 발표
> ⑤ 현금흐름표와 재정 로드맵 발표
> ⑥ 월급 관리 통장 시스템(사륜구동식 통장) 설명
> ⑦ 재정사명선언서 발표
> ⑧ 의견 수렴(가족 구성원 피드백)과 협조 사항 설명

가족회의는 부부 단둘이라 하더라도 형식을 잘 갖추어서 미래에 대한 깊이 있는 대화가 오갈 수 있도록 해야 한다. 밥상머리에서 갑자기 얘기를 꺼내는 등 갑자기 시작하지 말고 미리 예고하여 단계를 거치는 것이 바람직하다.

이처럼 스마트 월급 관리를 위해 가족회의를 진행할 때 일정과 회의의 취지를 사전에 미리 예고해서 알리자. 또한 알찬 회의를 하기 위해서는 사전에 마스터플랜과 재무 목표 등 자료를 준비한다. 회의는 무엇보다 의견이 오가야 한다. 따라서 회의에서 주고받는 가족의 의견에 귀를 기울이고 협조를 구해야 한다. 회의가 다 끝난 다음에는 회의 내용을 바탕으로 가정 경제의 윈윈합의서를 작성하여 계획대로 실천할 수 있도록 힘쓴다.

■ 우리 가족의 재정을 위한 가족회의안

회의 주제
_____

일자 :   장소 :
_____

참석자 :   회의 시간 :
_____

1. 현재 가족 돈 관리의 문제점 공유(자녀는 용돈에 대해 발표하자)

_____

2. 마스터플랜과 재무 목표 발표 및 의견 수렴

_____

3. 10년 현금흐름표와 재정 로드맵 발표 및 의견 수렴

_____

4. 재정사명선언서 발표 및 의견 수렴

_____

5. 전체적인 가족 의견 수렴

재테크 조력자를 구하라

▫ 스마트 월급 관리를 도와주는 조력자를 선정하자.
▫ 다양한 분야에서 조력자를 찾아보자.

　재테크 세계에서는 영원한 승자도 패자도 없다. 흔히 재테크에는 왕도가 없다는 말을 하는데 어제의 정답이 내일은 오답이 되기도 하고 어제는 아니었던 것이 오늘은 최적의 방법이 되기도 하기 때문이다. 이것이 바로 돈 관리다.
　언제나 옳고 누구에게나 맞는 재테크 방법이란 없다. 단기 성향이 전혀 개선되지 않을 사람에게 장기 상품이란 고통을 수반할 수밖에 없고, 장기적인 마인드가 충만한 사람에게 단기 상품은 메리트가 되지 못한다. 마스터플랜과 재무 목표를 세웠다고 해서 모든 의사 결정이 끝난 것은 아니다.
　10년 목표로 주택 자금 저축을 들었지만 대출을 받아서라도 집 사는 시기를 앞당기는 편이 유리한 상황이 생길 수도 있다. 적립식 펀드에 가입했지만, 경제 상황이 달라져서 일단 해약하고 예금에 넣을지 다른 투자형 상품에 넣을지 선택해야 할 수도 있다. 돈 관리는 끊임없는 선택의 문제다. 이런 상황에서 의사 결정을 돕는 조력자가 있다면 어떨까?

세계 정상에 우뚝 선 박인비 선수 옆에는 항상 그를 돕는 캐디 브래드 비처가 있었다. 골프선수에게 플레이 방향을 잡아 주고 매 순간 조언하는 캐디는 우리가 아는 것 이상으로 중요한 존재다.

당신에게는 어떤 조력자가 있는가? 조력자는 멀리 있는 것이 아니라 당신 가까이 있을 수 있다. 조력자 하면 전문 지식이 많아야 한다고 생각하기 쉬운데 꼭 그런 것은 아니다. 당신과 다른 시각과 관점을 가졌다면 누구나 조력자가 될 수 있다. 당신 혼자 벽에 액자를 건다면 비딱하게 걸 수밖에 없겠지만 누군가 등 뒤에서 균형을 봐 준다면 액자를 반듯하게 걸 수 있다.

고민해서 내린 결정이라 해도 조력자의 눈을 통해 한번 더 확인하고 도움을 받는 것은 좋은 습관이다. 머니 트레이너 같은 외부 조력자를 만드는 것도 권할 만하다. 나보다 경험과 지식이 많은 사람에게 조언을 받을 수 있다면 큰 도움이 될 것이다.

구분	이름	연락처	비고
가족 조력자			부모, 형제, 배우자 등
선배 조력자			직장, 학교 선배
전문가 조력자			금융전문가

머니 트레이닝 30 DAYS

최종 실행 점검을 위한 체크리스트

- 30개의 체크리스트를 통해 최종 점검을 해 보자.
- 부족한 부분은 다시 되돌아가서 살펴보자.

책을 펼치고 처음으로 월급 관리 종합 검진을 하던 때를 떠올려 보자. 과연 어떤 변화가 있는가? 지금까지 얘기해 온 행동 원칙과 조언을 얼마나 실천하고 있는지 최종 실행 점검 체크리스트를 통해 파악해 보자.

	Yes	No
1. 월 소비 예산과 월 저축 예산을 숫자로 정확히 정했는가?	☐	☐
2. 월 소비 통장과 저축 통장을 분리했는가?	☐	☐
3. 소비 예산과 저축 예산 외에 예비 자금 통장이 있는가?	☐	☐
4. 예비 자금 통장의 잔액이 일정한 수준을 유지하는가?	☐	☐

	Yes	No

5. 신용카드 대신 체크카드만 사용하는가? 또는 신용카드를 사용하지만 월 소비 예산 범위를 지키는가? ☐ ☐

6. 월급날 월 예산을 각 통장(저축, 소비, 예비)에 정확히 송금하는가? ☐ ☐

7. 결혼, 주택, 교육, 노후 자금에 대한 마스터플랜을 세워 놓았는가? ☐ ☐
   예: 결혼 2년 5,000만 원, 노후 60세 이후 월 생활비 300만 원(현재 화폐 기준)

8. 결혼, 주택, 교육, 노후 자금에 대한 마스터플랜 실행 방법을 구체적으로 세워 놓았는가? ☐ ☐
   예: 10년 후 교육 자금 6,000만 원을 위해 A 장기 펀드 월 50만 원 가입

9. 첫 월급의 70퍼센트를 지금도 저축하는가? ☐ ☐

10. 자동차 주유비가 소득의 5퍼센트를 넘지 않는가? ☐ ☐

11. 주택용 대출 이자액이 월 소득의 5퍼센트를 넘지 않는가? ☐ ☐

12. 나의 연봉이 거주하는 주택 가격의 20퍼센트 이상인가? ☐ ☐

13. 월급 관리 혁신을 선언하고 그 내용을 세 명 이상에게 알렸는가? ☐ ☐

14. 앞으로 월급을 얼마나 더 받을지 계산해 보고, 그것이 평생 월급에서 몇 퍼센트를 차지하는지 체크해 보았는가? ☐ ☐

15. 정기 소득과 비정기 소득이 정확하게 얼마인지 아는가? ☐ ☐

16. 비정기 소득이 계획하지 않은 소비로 흘러가지 않도록 관리하는 방법이 있는가? ☐ ☐

17. 대출 상환 계획이 확실한가? ☐ ☐

	Yes	No

18. 나쁜 대출(빚)을 가지고 있지 않은가? ☐ ☐

19. 월 정기 소득 중 월 저축과 월 소비 예산을 빼고 남는 월 잉여 금액이 월 소득의 10퍼센트 이내인가? ☐ ☐

20. 부부라면 한 명이 컨트롤 타워 역할을 하며 모든 정보를 공유하는가? ☐ ☐

21. 가정 경제 원원합의서를 작성했는가? ☐ ☐

22. 재무 목표에 따라서 기간별로 나눈 저축을 실행하는가? ☐ ☐

23. 2년 이내의 결혼 자금은 월 납입액을 높여서 정기 적금 상품으로 준비하고 있는가? ☐ ☐

24. 2년 이후의 결혼 자금은 월 납입액을 높여서 적금 또는 펀드 같은 투자형 저축으로 준비하고 있는가? ☐ ☐

25. 5년 이후의 주택 자금은 투자형 저축을 선택하여 3년 이상 운용을 목적으로 하고 있는가? ☐ ☐

26. 5년 이후의 주택 자금을 위한 투자형 저축 만기 시 목돈은 투자보다 예금 같은 안전 자산으로 운용하는가? ☐ ☐

27. 10년 이후의 자녀 교육 자금은 아이 출생과 더불어 적은 금액이라도 오래도록 납입하는 장기 저축으로 대비하고 있는가? ☐ ☐

28. 나의 국민연금(공적연금) 예상 수령액을 정확히 아는가? ☐ ☐

29. 나는 첫 월급을 기준으로 소득의 10퍼센트 이상을 10년 이상 장기 납입하는 개인연금에 가입했는가? ☐ ☐

30. 재테크에 대해 조언받을 수 있는 전문가를 멘토로 두고 있는가? ☐ ☐

| 에필로그 |

"미래의 두려움을 희망으로 바꾸자!"

　　영화사의 새 장을 연 SF영화 《터미네이터》 시리즈를 보면 주인공이 위험에 빠지게 될 자신을 구원하기 위해 로봇을 과거로 보낸다. 얼마 전에 개봉한 영화 《인터스텔라》에서도 다른 시공간에 있는 아버지가 딸에게 벌어질 위험을 알려 주기 위해 애쓰는 모습이 등장한다. 이처럼 현재를 살아가는 우리에게도 영화처럼 미래의 일을 미리 알려 주는 존재가 있다면 얼마나 좋을까? 그렇다면 우리에게 생길 위험을 피할 수 있을 것이다.

　　아침마다 일기예보에 귀를 기울이듯이 이제는 미래를 알려 주는 예보에 귀를 기울일 때가 됐다. 저성장과 장기 불황이라는 낱말이 일상이 된 오늘날, 하우스 푸어나 소득절벽 같은 사회 현상들은 우리가 앞으로 무엇을 해야 하는지 알려 주는 '미래에서 온 편지'가 아닐까?

　　영화에서는 주인공이 미래에서 온 메시지를 제대로 이해하고 현실에 반영하여 해피엔딩을 맞이한다. 그렇다면 우리 앞에 전달된 미래의 메시지는 무엇일까? 바로 '지금 당장 스마트 월급 관리를 시작하라'다. 이 책이 미래에서 온 메시지를 실천하는 데 좋은 지침서가 되기 바란다.

지난 10년간 재무 상담을 하면서 수많은 성공 사례와 실패 사례를 보았다. 그 과정을 통해 다른 사람들의 미래를 엿보는 기회도 가질 수 있었다. 그 누구도 미래를 경험한 사람은 없지만 지금 당장 나와 내 가족을 위해 스마트 월급 관리를 시작한다면 미래의 두려움은 이제 희망으로 바뀔 수 있을 것이다.

이 책에 나오는 많은 법칙은 대부분 고객들의 좋은 사례에서 그 아이디어를 얻었으며, 오늘도 고객과의 상담을 통해 많은 부분을 배우고 있다. 이 책을 쓸 수 있도록 용기와 영감을 준 황규복 본부장님과 다양한 아이디어로 도움을 준 정희철 대리 그리고 글 작업을 한다고 반년 넘게 주말마다 방에 틀어박혀 있는 남편에게 한마디 불평 없이 응원을 보내 준 아내, 아들 준호와 딸 성은이 그리고 작은 누나와 어머니에게 감사의 말을 전한다. 마지막으로 한없이 부족한 존재에게 큰 능력을 주시는 하나님께 감사드린다.

2015년 1월
김경필